AF322363

ETHNOLOGIE COLONIALE

J.-C. VAN EERDE

PROFESSEUR A L'UNIVERSITÉ,
DIRECTEUR DE LA SECTION ETHNOLOGIQUE DE L'INSTITUT COLONIAL D'AMSTERDAM

Ethnologie Coloniale

(L'Européen et l'Indigène)

PRÉFACE DE M. JOSEPH CHAILLEY

PARIS

AUX ÉDITIONS DU MONDE NOUVEAU

42, BOULEVARD RASPAIL, 42

1927

PRÉFACE

Pour cet ouvrage du professeur Van Eerde : l'Ethnologie Coloniale, l'éditeur de l'Edition française m'a fait l'honneur de me demander une préface. J'ai d'abord décliné son offre honorable. Le lecteur, quand il sera au terme du livre, comprendra pourquoi : un tel auteur se recommande hautement lui-même et n'a nul besoin d'être, par qui que ce soit, présenté au public. Mais il a insisté et ma résistance prolongée n'eût plus paru être seulement l'effet d'une juste modestie. D'ailleurs, il me parut que j'avais compris les raisons qui les inclinaient à s'adresser à moi.

I

Parmi tant d'hommes qui, il y a trente ou quarante ans, sous l'influence de Gambetta, de Jules Ferry, de Paul Bert et d'Etienne, se lancèrent dans l'étude des questions coloniales, je fus un de ceux qui crurent devoir orienter leurs travaux vers l'examen des méthodes de ces nations qui, comme nous ou avant nous, avaient, dès le XVIIe siècle, fondé des établissements outre-mer, mais, plus heureuses que nous, les avaient sans interruption gardés jusqu'à nos jours; je veux dire l'Angleterre et la Hollande. Durant trois siècles, elles avaient traversé des épreuves, dégagé une expérience et formulé des règles qui nous seraient un précieux enseignement. Aujourd'hui surtout que nous n'avons plus de Colonies au sens strict du mot, mais des Possessions : Afrique du Nord, Indochine, Côte

Occidentale d'Afrique (n'étaient encore à nous ni le Congo ni Madagascar); nations jeunes ou nations vieillies, dont il nous fallait apprendre à connaître et à gouverner les peuples. Nous méditerions sur la manière dont l'Angleterre et la Hollande ont traité les leurs. Sans doute, tous ces peuples sont bien différents et ce qui convient à l'un risque fort de ne pas convenir à l'autre. Mais les mêmes procédés sont ordinairement efficaces pour s'en approcher et pénétrer leurs caractères. Tel serait le profit à retirer de l'étude des procédés de nos rivales en colonisation.

C'est dans ce dessein, commun à plusieurs autres et à moi, que tout d'abord fut écrite la « Colonisation de l'Indochine » (1890).

Un peu plus tard (1892), envoyé en mission en Hollande et accueilli par le charmant baron Van Dedem, ministre des Colonies, qui avait groupé autour de sa table les plus hautes autorités de la Science, la Politique et l'Administration coloniales, je proposai de fonder un Institut Colonial International, dans lequel les nations intéressées aborderaient successivement, en des sessions ordinairement annuelles, les problèmes les plus urgents et les plus intéressants, chacune produisant ses lois et ses méthodes, l'Institut les publiant et les soumettant à une critique mutuelle. La proposition fut assez fraîchement accueillie. Un des convives me dit joyeusement : « Je vois combien ce serait utile à votre pays; mais, grâce à Dieu, le nôtre a franchi cette étape ». Heureusement d'autres me vinrent en aide : notamment le Professeur Van Der Lith, auquel se joignit plus tard M. Fransen Van den Putte, l'illustre Ministre réformateur des colonies hollandaises. En France, M. Léon Say me donna son appui. En Belgique, le fameux Commandant (plus tard Général) Thys et Camille Janssen; en Angleterre, Lord Reay et l'admirable Sir Alfred Lyall se joignirent à nous. Et l'organe fut créé. Il a aujourd'hui trente-quatre ans d'existence, a publié cinquante volumes de législation comparée et de discussions et vient de tenir à La Haye sa dix-neuvième session.

Toujours dans le même esprit et avec les mêmes ambitions, j'allai sur place étudier les institutions des Hollandais et des Anglais que j'ai décrites dans deux livres : Java et ses habitants (1900), et l'Inde Britannique, la Politique Indigène (1910). Ces voyages ont été l'enchantement de ma vie et l'enrichissement de mon esprit. Les Hollandais et les Anglais ont cette particularité qu'ils ne dissimulent pas leurs erreurs; leur amour-propre ne les engage ni à les taire ni à les excuser. Ils les exposent simplement, et aussi comment ils s'en sont guéris, avec tant d'ampleur parfois et de détails qu'on pourrait se demander s'ils ne comptent pas ensevelir la vérité sous l'abondance des révélations. Mais pareille accusation serait bien injuste. La Hollande, en particulier, n'a rien tu : au cours du temps, son âpreté au gain, ses cruautés, ses injustices, puis ses troubles de conscience, ses repentirs, son souci, puis son amour des peuples à elle confiés (lisez notamment ci-après les pages 201 à 226); et elle a édicté et pratiqué depuis déjà longtemps une conduite profitable à ses sujets et honorable pour elle. Sa littérature coloniale est infiniment riche. Ses administrateurs et ses écrivains comptent des hommes honorés partout, dont quelques-uns même n'ont pas d'égaux. Dans l'enseignement (Colonisation comparée) que, durant tant d'années j'ai donné à l'Ecole des Sciences Politiques, je disais souvent à mes Elèves : « voulez-vous acquérir et un savoir incomparable et une grande réputation? Apprenez le hollandais et lisez-en les ouvrages sur les colonies, ou bien pour les traduire, ou bien pour les récrire à l'usage de nos compatriotes. Vous aurez rendu à notre pays un immense service et conquis pour vous un magnifique instrument de travail ».

C'est, j'imagine, cette volonté de m'instruire auprès de pareils maîtres et l'aptitude probable à les comprendre qui m'ont valu d'être choisi comme préfacier à ce remarquable ouvrage.

Avant d'en aborder l'examen, une préoccupation s'impose à moi. Je ne voudrais pas que ce juste éloge du savoir et de la technique de ces deux grandes nations coloniales donnât à penser que la France contemporaine n'a nul mérite à mettre en regard des leurs. On n'a pas le droit d'être si modeste pour elle. J'ai constaté et je ne peux pas taire ses progrès.

Certes, elle avait beaucoup à oublier et à apprendre et à reconstruire. Un hiatus de près de cent années, pendant lequel elle n'a pour ainsi dire pas eu de colonies, après qu'elle eût perdu ses possessions des Indes et du Canada (1763) et, plus tard, de Saint-Domingue — jadis gouvernés avec des talents et des succès remarqués — l'avait fatalement dépouillée d'une partie de son savoir et de son expérience d'autrefois. Le résultat fut qu'elle négligea quelque peu les bribes qui lui restaient. En 1830, surprise par la conquête et l'occupation de l'Algérie, elle y avait paru inexpérimentée et avait commis des fautes lourdes soit dans l'organisation du pays soit dans le maniement de ses habitants : Arabes et Berbères. Mais déjà, en Algérie même, avec un Bugeaud, un duc d'Aumale et un Maréchal Pélissier, elle s'était ressaisie. Ailleurs, un Faidherbe au Sénégal (1854-1865) et de grands amiraux (notamment La Grandière) en Cochinchine, (1858-1870), avaient lancé des idées fécondes et fourni des exemples pratiques dignes d'être imités. Aussi se montra-t-elle moins empruntée quand, après 1870, elle chercha dans des terres nouvelles un contre-poids aux pertes éprouvées en Europe : en Tunisie, au Tonkin, en Afrique Occidentale et Equatoriale, à Madagascar. Le Gouvernement eut d'ailleurs la sagesse de placer à la tête de ces Possessions des hommes exceptionnels : Paul Cambon en Tunisie; au Tonkin-Annam, Paul Bert; en Afrique Occidentale, Ballay; à Madagascar, Galliéni; des choix également heureux portèrent plus tard un Jules Cambon et un Jonnart à la tête de l'Algérie et un Lyautey au Maroc.

Sous leur impulsion et aussi grâce à des études théoriques passionnément entreprises, des progrès apparurent, d'abord discrets, puis plus marqués, puis éclatants.

Toute l'œuvre coloniale moderne s'appuie, doit s'appuyer sur ce qu'on appelle la Politique Indigène, l'art de connaître et de conduire les Indigènes. En France, dans la Métropole, on s'en était tenu longtemps à la thèse de l'assimilation : en 1889, dans le Congrès Colonial tenu durant l'Exposition Universelle, cette thèse avait obtenu encore la majorité des suffrages. Elle fut complètement abandonnée, en 1900, dans des circonstances comparables. Dans les Colonies, au régime uniforme de l'administration directe Jules Ferry, qu'inspirait M. Hanotaux, substitua celle du protectorat en maint endroit : Annam et Tonkin, Tunisie, certains territoires de l'Afrique Occidentale, plus tard Maroc, où j'ose dire que le maréchal Lyautey a édifié un chef-d'œuvre. Peu à peu une saine doctrine de politique indigène s'édifia partout : connaître l'indigène, sa langue, sa religion, ses lois, ses mœurs, ses coutumes, son caractère; la science une fois acquise, en profiter pour le respecter, le soutenir, l'aimer. Avec ce but, en France, l'école des Langues Orientales fut agrandie; l'Ecole Coloniale, chargée de former les fonctionnaires, fondée; les Ecoles Supérieures d'Alger transformées en facultés; l'Ecole Française d'Extrême-Orient créée par le Gouverneur Général Doumer et placée sous la direction de l'Institut de France. Le Maroc organisa des centres scientifiques pleins d'intérêt, et enseigna l'arabe et le berbère; des lois spéciales furent faites pour les Possessions, notamment au Maroc, où une Commission présidée par l'illustre jurisconsulte Louis Renault rédigea des codes qui peuvent se comparer aux meilleurs. Galliéni et Lyautey lancèrent pour la pacification des règles fameuses : dans chaque région, en confier le soin à l'homme qui aura demain à l'administrer et montrer ouvertement sa force pour n'avoir pas à en faire usage. Les travaux publics furent largement dotés : voies ferrées et routes carrossables, hydraulique et irrigation. La santé des indigènes devint le souci et la préoccupation principale du Ministre et de ses Gouverneurs.

Pendant ce temps, administrateurs et savants travaillaient avec *passion. La littérature coloniale devenait imposante par le volume et bientôt par la valeur. L'Indochine avait déjà une base magnifique avec les publications des amiraux de Cochinchine et des ouvrages de fond comme ceux de Luro, Philastre, Aubaret, et d'autres; toute une pléiade surgit au cours des trente dernières années pour étudier l'administration, la religion, la loi, l'art, etc... L'Algérie déploya une érudition vaste et solide et aborda de front l'Islam, l'histoire, la religion, le droit, l'archéologie, l'agriculture; l'Afrique Occidentale elle-même, quoique si jeune, a produit des auteurs du plus rare mérite, dont je ne citerai qu'un seul : l'admirable Delafosse. Enfin la théorie, je dirais la dogmatique elle-même attira des auteurs distingués et qui font école.*

Et cela, dans une brève période où le domaine colonial de la France vient seulement de se reconstituer et de se compléter; où l'on peut affirmer qu'il y a à peine quelques années — depuis la Grande Guerre — que la nation se rend compte de l'utilité et de la valeur de ses possessions d'outre-mer et où le Parlement qui jadis, en 1840, entendait réclamer l'évacuation de l'Algérie, a encore entendu vers 1890, réclamer celle du Tonkin et, plus récemment, vers 1926 et 1927, celle du Maroc.

La France désormais n'a plus à s'incliner devant personne. Elle comprend et déjà, à son tour, elle enseigne.

J'arrive maintenant à l'édition française de ce beau livre sur l'Ethnologie Coloniale.

II

M. Van Eerde pose en principe que le problème essentiel est le Gouvernement des Indigènes; mais très spirituellement, il commence par dire l'embarras d'un Gouvernement d'opinion pour discerner, à l'époque où nous sommes, dans le conflit des opinions contradictoires, le but à se proposer et les méthodes à suivre. Le passage entier est à citer : « *Tel parti demande « un développement intellectuel et physique de la population des colonies »; tel autre désire « une politique de mission morale favorisant à la fois le bien-être matériel et l'amélioration des conditions sociales ainsi que le développement autonome de la population indigène »; un troisième promet « le bien-être des colonies en relation avec celui de la Métropole »; un quatrième voudrait « une politique désintéressée qui prendrait consciencieusement à cœur les intérêts moraux et matériels de la population indigène »; un cinquième se propose de « faire une politique désintéressée ayant pour but d'amener les Indigènes à un niveau plus élevé de développement intellectuel et matériel »; un sixième préconise « le développement des énergies propres à la population »; un septième entend s'efforcer d'obtenir un développement constant de l'évolution dans le domaine intellectuel et social des régions d'outre-mer »; un huitième réclame « l'égalité de toutes les races, la blanche et la jaune »; un neuvième se donne pour tâche « l'établissement d'une autonomie complète des peuples qui habitent les colonies »; un dixième enfin prétend améliorer la condition sociale des Indigènes et apporter la libération et l'autonomie aux populations des Indes, en marchant de pair avec leur culture intellectuelle. En outre, plusieurs d'entre eux, pour autant qu'ils ne préconisent pas des principes négatifs ayant pour conséquence une ingérence étrangère, voudraient voir la population se développer plus ou moins graduellement et s'élever peu à peu à l'autonomie et à la liberté politique, de telle sorte que ces colonies formeront des communautés indépendantes dans l'Etat. Et l'on va jusqu'à penser qu'il serait désirable de leur reconnaître de façon absolue le droit de libre disposition ».*

Quel embarras! Mais, poursuit M. Van Eerde, — et il entre alors en plein dans son sujet — en présence de cette incertitude, « l'ethnologie est là qui veille ». C'est elle qui doit guider et guidera les gouvernants. Jadis elle était moins qu'aujourd'hui indispensable.

PRÉFACE

En ces temps-là, « le fonctionnaire de l'administration intérieure pouvait frayer en personne avec la population des Gouvernements extérieurs. Dans ses voyages à travers le territoire qu'il administrait, grâce à son séjour dans les factoreries indigènes et grâce aussi à des excursions en bateau ou à cheval, il était en contact continuel avec la population et ses représentants. Chacun pouvait, pour ainsi dire, l'approcher et lui parler et il avait la faculté d'appliquer ou de pallier comme bon lui semblait la rigueur des mesures prises en haut lieu. Mais aujourd'hui il en est des Gouvernements extérieurs comme de Java : on voyage en auto ou bien l'on rentre le soir chez soi; des inspecteurs dépendant immédiatement de Batavia imposent la volonté centrale, et plusieurs fonctionnaires, avant d'être déplacés, s'appliquent à la mettre le plus vite possible en pratique. Le Gouvernement devient de plus en plus une administration, une exécution d'ordres, une application de règlements, qui font du fonctionnaire un instrument du gouvernement au lieu d'apparaître comme un protecteur veillant personnellement à défendre une situation qu'il connaît à fond ».

J'ai autrefois lu, dans les ouvrages anglais sur l'Inde Britannique, et recueilli de la bouche de hauts fonctionnaires de ce pays, les mêmes plaintes. Sir John Strachey et Sir Alfred Lyall ont maintes fois devant moi regretté que l'introduction du télégraphe et des chemins de fer eût tué chez les agents le sens de l'initiative et le goût des responsabilités. Au lieu de décider et d'agir, ils avaient pris l'habitude de consulter et d'obéir, ce qui permettait à Calcutta, Bombay et Madras d'étendre à travers leurs Présidences des règles uniformes souvent mal adaptées aux nécessités locales.

À cause de cela, dans ces pays si vastes, l'uniformité des solutions tend à prévaloir en dépit de la diversité des problèmes. Et l'intérêt des Métropoles comme des Possessions est, au contraire, que l'on cherche des solutions qui se plient aux besoins variés des régions et des populations. Cette recherche, c'est la tâche de l'Ethnologie. « L'Ethno-

logie théorique, dit M. Van Eerde, a fait son temps; désormais elle doit faire partie de l'éducation de tout citoyen qui veut mettre ses forces au service du bonheur et de la prospérité de ses semblables ».

« Il est clair, dit-il encore dans un autre passage, qu'il existe un rapport étroit entre l'état de l'Ethnologie et la bonne marche des affaires coloniales, si bien que cette étude peut être indirectement utile à la métropole même, puisque seule la nation est digne de possessions coloniales, qui donne aux colonies un bon gouvernement et une juste direction à l'œuvre d'éducation intellectuelle, morale et économique de la population du pays... En veillant sur le bien-être des Indigènes, il est nécessaire d'étudier leur âme, afin de se procurer des indications quant à la façon dont l'œuvre de civilisation peut être entreprise utilement. Si l'on tient sérieusement compte des résultats pratiques de cette étude, on arrive, finalement, non plus à (ici l'auteur met des guillemets pour une citation, et, moi, je crois devoir souligner) « un semblant de civilisation qui pare la race indigène de quelques oripeaux plus ou moins usés, défroque spirituelle de la Mère-Patrie, mais à une civilisation s'adaptant aux dispositions intérieures, issue d'elles et s'adaptant aussi aux conceptions et aux idées de la race indigène ».

Pour élever des enfants, dit ailleurs M. Van Eerde, on fait appel à la pédagogie. « *La pédagogie à appliquer aux indigènes, c'est la politique indigène ». Son objet est d'adapter à la civilisation des indigènes ce qui dans la nôtre est utilisable et désirable pour eux. Allons-nous sous les tropiques couvrir leurs épaules nues de fourrures, parce que nous en portons en Europe? Ce serait les conduire à leur perte. De même, ils ne supporteraient pas la charge superflue du bagage intellectuel de l'Européen. C'est à l'Ethnologie d'indiquer ce que leur état psychologique leur permet de supporter. L'ethnologie s'implante ainsi au beau milieu de la vie pratique coloniale. Elle est utile à tous, au missionnaire comme à l'administrateur, au planteur comme au navigateur, au commerçant, à l'industriel. Car ils ne* peuvent rien sans l'indigène. Et qui de nous ignore aujourd'hui que le produit le plus précieux des Possessions, c'est l'indigène lui-même?

Seulement, la difficulté de le connaître est extrême. Les plus habiles s'y trompent. Exemple : le Dr Kohlbrugge, dans un ouvrage, cite quelques traits du caractère javanais. L'illustre Professeur Snouck-Hurgronje, longtemps adviseur du Gouvernement des Indes pour les affaires indigènes à Java, rendant compte de cet ouvrage dans la Revue le Gids, pose cette question : « le livre ouvert où M. Kohlbrugge prétend avoir lu était-il bien celui de la psychologie javanaise?» Et le Dr Van Eerde multiplie les exemples de telles contradictions entre auteurs qui font autorité.

Au surplus, quand nous nous plaisons à énumérer les défauts de l'indigène, n'avons-nous pas songé que beaucoup d'entre eux sont des défauts non pas indigènes, mais humains, qu'on relève chez l'Européen dès qu'on l'étudie, et que d'autres sont des défauts de l'Europe que l'Européen a communiqués?

Appliquons donc, dit notre auteur, avant de légiférer, les plus sûres méthodes d'investigation. Etudions et connaissons l'indigène à fond. Ce sera double profit. Car ne nous y trompons pas. Vous pensez que la prise de contact de l'indigène avec la civilisation sera pour lui un immense bienfait. C'est possible, encore que ce puisse être aussi l'origine de maux immenses. J'y reviendrai. Mais cette pénétration pourrait être également un bien pour l'Européen, au moins pour l'Européen qui s'est établi parmi eux, car l'indigène abonde en qualités charmantes ou sublimes : calme, douceur, généro-sité, hospitalité, bonhomie, sentiments d'équité, sentiments d'hon-neur, etc...

La venue de l'Européen a incontestablement déterminé parmi les indigènes un grand accroissement de la richesse, du savoir théo-rique et pratique et du confort. On peut affirmer aussi qu'elle a introduit de meilleurs principes législatifs : peines proportionnées à la faute, moins de cruauté dans la répression et plus d'humanité et de douceur. Mais pour ce qui est de la culture morale, de la philosophie, le doute est permis. Les Japonais ont de leur mieux imité notre civilisation scientifique et matérielle. Mais pour la morale et la vie intérieure, ils s'en sont tenus à leur Bushido, vieux de bien des siècles. Et nombre de bons esprits affirment que nous avons avec notre civilisation apporté à nos sujets dans les colonies des maux peut-être irrémédiables. Et ces sujets le savent et, à cause de cela, toute une élite chez eux de penseurs et de chefs nous accuse et nous hait.

A ce propos je puis citer l'opinion considérable d'un savant français.

Il y a une couple d'années, à Paris dans une séance de l'Académie des Sciences Coloniales, association très intéressante parce qu'elle met en présence des hommes qui à une connaissance profonde de certaines questions coloniales joignent une connaissance suffisante de l'ensemble du problème, — ce qui fait que dans un tel milieu aucune affirmation ou fausse ou paradoxale à l'excès n'a chance d'impressionner les esprits, — M. Sylvain Lévi, Professeur au Collège de France et grand maître ès langues et choses de l'Asie, fut amené, à propos de l'éducation des indigènes, à faire les déclarations les plus émouvantes. Sa thèse, digne d'être lue dans l'original (1). peut se résumer ainsi : Entre sujets de civilisation aussi étrangères que l'Européenne et l'Asiatique, les moyens de bien se comprendre sont rares. Les langages ne sont pas du tout l'instrument sûr et facile qu'on croit posséder. Même à l'intérieur d'une même civilisation, nous savons combien ils diffèrent de classe à classe. Et, quand la communication doit s'établir entre hommes appartenant à des civilisations fort éloignées l'une de l'autre, les mots que les dictionnaires recommandent comme enfermant la même idée sont souvent loin d'avoir

1. *Académie des Sciences Coloniales, Comptes Rendus*, tome IV, 1924-1925, p. 345-352.

une signification identique. Cela, parce que, dans des milieux si différents, ni la nature ni les choses ne se ressemblent absolument, et pas davantage les idées que les hommes s'en sont faites ou les théories qu'ils ont bâties. En sorte que, sauf pour quelques individus peu nombreux, l'emploi correct d'un même langage par deux personnes de civilisation différente n'implique pas la certitude d'une compréhension mutuelle, surtout si elles prétendent pénétrer sur le domaine de l'abstrait.

Autrefois, il en pouvait être autrement : les conquérants cheminaient par terre et de proche en proche, traînant lentement leur bagage intellectuel et moral ou rencontrant en route des peuples aptes à servir d'intermédiaires entre eux et les peuples conquis. Mais, depuis le XVIe siècle, l'envahisseur colonial est venu surtout par mer et a pris contact tout d'un coup avec des nations entre lesquelles et lui n'existait presque rien de commun. De là une ignorance mutuelle redoutable, une incompréhension presque fatale et des heurts douloureux. A la longue, cependant, on a cru se pénétrer. Surtout, après que, dans chaque groupe une élite (ou une prétendue élite) a voulu posséder la langue de l'autre. Ce fut le cas surtout des indigènes, qui, pour des motifs divers, étaient ou sollicités ou impatients d'étudier. Mais ce put, ce dut être aussi le cas de plus d'un scholar ou d'un fonctionnaire européen. Ayant appris les mots et la syntaxe, on a cru s'être assimilé le savoir et la pensée. Mais c'est en vain qu'avaient été multipliées les écoles, élargis les programmes et recrutés des maîtres de mérite, la tâche entreprise était trop ardue, presque impossible ; nos cerveaux d'Occident contenaient et notre enseignement comportait trop de matières neuves et inconnues; les mots enregistrés et employés restaient le plus souvent vides de sens. Ou bien les choses étaient dissemblables ou inexistantes chez ces nations neuves ou bien les idées qu'elles s'en sont faites ne correspondaient à rien d'exact. Le mot ne s'appuyait pas sur une notion nette. Cela apparaissait, par exemple, quand, élève ou pro-

fesseur; l'indigène parlait de la Patrie, de la Renaissance, de la Réforme, etc. Tout en se servant de la même langue, on ne s'était pas compris. Et quand des termes employés on passait à l'exposé des faits ou des théories, tout de suite c'était le vide, le néant. De là, ce psittacisme tant de fois dénoncé. En conséquence, dans l'ordre moral, notre enseignement n'a pu fonder sur le solide; en revanche, il a pu détruire ce qui existait avant notre venue. Et les conséquences ont été désastreuses.

Cela exposé, je cite textuellement M. Sylvain Lévi :

« J'ai des amitiés que je peux affirmer sincères et profondes avec des Hindous; j'en ai avec des Chinois, avec des Japonais. J'en ai assez pour avoir confiance en eux. Je sais jusqu'à quel degré ils sont sincères. Je suis réellement épouvanté de voir à quel point tout ce monde, à quelque endroit que vous le preniez, a pris la haine de l'Europe. Il y a là un phénomène dont nous ne mesurons pas assez la portée que nous comprendrons plus tard, peut-être à brève échéance. »

Partout, en quelque point que ce soit, le reproche est le même : « l'Europe est venue troubler notre développement normal; elle nous a apporté les bienfaits apparents d'une civilisation qui n'est qu'une technique; ces bienfaits nous ont éblouis; nous nous sommes laissé entraîner derrière elle; nous avons abandonné nos traditions propres; nous avons abandonné une morale aussi belle, aussi forte que celle que cultive l'Europe, puisqu'elle a donné une société vertueuse et honnête, et nous n'avons plus rien à la place ». Et de nouveau et partout, d'un bout de l'Asie à l'autre, des cris de haine.

Voilà une déclaration, émanant d'un des hommes les mieux équipés pour voir et les plus qualifiés pour parler, qui mérite de retenir, de commander l'attention des nations qui ont charge d'âmes et d'intelligences outre-mer. Et les faits constatés au cours des dernières années la confirment de façon éclatante.

C'est ici qu'alors l'Ethnologie coloniale apparaît avec une tâche délicate et d'une extrême importance. Elle a à faire une enquête.

PREFACE

*On devine qu'elle sera immense. Ne la pressons pas. Attendons-la
à l'œuvre et au résultat. Et, après l'enquête de l'Ethnologie, l'œuvre
de l'Education, guidée par elle. Attendons et espérons. Le livre de
M. Van Eerde nous le permet.*

*« Lorsque, dit-il, on nous oppose avec le plus grand sérieux qu'on
ne réussira jamais à faire pénétrer chez l'habitant des tropiques nos
idées de probité, d'activité, notre sentiment du devoir et de la solidarité, notre philanthropie, etc., on pourra répondre que, dans plus
d'un précepte et plus d'une interdiction du droit d'adat, ainsi que
dans plusieurs produits de la littérature, on peut trouver un germe
si important de moralité, d'honnêteté, du sentiment du devoir et
de la solidarité, que le développement de l'indigène primitif ou à
demi-civilisé, à notre phase de civilisation, fera peut-être mûrir des
fruits spirituels, pouvant supporter, à plus d'un point de vue, la
comparaison avec ceux de la civilisation européenne occidentale,
comme le montrent déjà les traits de caractère de nombreux indigènes
intellectuels et moralement développés ».*

*J'ajoute que des progrès de cet ordre se sont déjà manifestés dans
l'Inde Britannique. J'en ai enregistré et cité des exemples.*

*Le beau travail de M. Van Eerde va donc être infiniment utile à la
Hollande. Il ne le sera pas qu'à elle. Il intéressera toute l'humanité.
Il intéressera surtout les nations colonisatrices : pour nous en tenir
à l'Europe, l'Angleterre, la Hollande, la France, la Belgique, l'Ita-
lie doivent en faire leur profit. Toutes ont à tenir dans le monde un
rôle magnifique. Quel exemple, quel succès et quelle autorité, si leur
politique indigène s'accorde en tous points! Déjà, les principes en
sont les mêmes; la politique indigène, à l'heure où j'écris, se formule-
rait partout en quelques termes identiques : connaître l'indigène;
l'instruire et l'éduquer selon ce que ses facultés permettent; l'estimer,
si la nature l'a fait ou si l'éducation l'a rendu estimable; en tous
cas, l'aimer. Seule l'application de ces principes peut différer, parce
que les sujets auxquels elle s'applique diffèrent tellement par la race,*

les aptitudes, l'histoire, la culture, et aussi parce que les dominateurs eux-mêmes diffèrent par le tempérament. Mais qu'on ne s'y trompe pas, ces différences entre les indigènes ne permettent ni ne comportent une très grande variété dans l'action. Les justiciables de la politique indigène, pour dissemblables qu'ils soient, se ressemblent tous, à l'impatience près, par les aspirations. En sorte qu'en face de toutes les nations dominatrices un même problème se dresse. Chez toutes les races indigènes, une classe, dite l'élite, est devenue séparée du gros de la population par une culture indiscrètement offerte et souvent insuffisamment digérée ; dès lors, se considérant, à cause de cette culture même, supérieure au reste de ses frères et, dans son opinion, sensiblement égale à l'Européen, son maître jusqu'ici dans tous les sens du mot, elle vise à le remplacer, à échéance plus ou moins prochaine, et à devenir elle-même toute l'administration, puis tout le Gouvernement. La masse de la population, d'ailleurs peu sensible à la culture, et profondément attachée aux croyances et aux traditions de ses aïeux, ne laisse pas que d'être fière de cette classe supérieure, qu'elle aussi croit bien être égale en tout aux Européens; elle est impressionnée par son langage et par son audace; peu à peu, elle est entraînée à croire en elle et à se joindre à elle dans ses luttes économiques et politiques, et peut-être un jour même dans ses entreprises armées. Peut-être ne répugnera-t-elle pas à lui remettre le soin de diriger leur pays.

C'est ici qu'intervient encore l'Ethnologie coloniale. A elle de discerner, suivant le programme de M. Van Eerde, ce qu'il y a là de possible pour l'élite et d'acceptable pour la masse. Quant aux Européens, ils me semblent avoir un devoir et peut-être un droit : sur le terrain du savoir et de la création de la richesse, créer pour les indigènes les enseignements convenables; sur celui de l'emploi de cette richesse, leur concéder toutes les libertés; c'est-à-dire préparer avec bonne foi et zèle tout ensemble leur instruction et leur éducation pratique et politique; mais ne leur abandonner le pouvoir que le jour où

PRÉFACE

l'Ethnographie assurera que la population, dans son ensemble, est arrivée à pouvoir discerner où est son avantage réel et laquelle des deux dominations lui sera la plus profitable et la mieux acceptable : celle de ses maîtres d'hier et d'aujourd'hui, éprouvée par le temps et riche désormais de ces bienfaits qui s'appellent la paix, l'équité, la sécurité, la richesse, la santé, le confort; ou celle de la classe dite l'élite, classe impatiente et ardente et peut-être plus riche jusqu'à aujourd'hui de préjugés et de partialité que d'expérience et de justice.

Et, en écrivant ceci, je ne songe pas moins au bonheur des indigènes dans leur ensemble qu'à la grandeur des métropoles.

Joseph **CHAILLEY**

ETHNOLOGIE COLONIALE

INTRODUCTION

La juste appréciation de la haute valeur que comporte la science, encore jeune, de l'ethnologie s'étend chaque jour davantage à des catégories de personnes dont l'activité s'exerce, avant tout, dans le domaine pratique. Si elle recrute aujourd'hui ses adeptes dans ces milieux nouveaux, ce n'est pas uniquement pour elle-même, en tant que science, mais aussi parce que, douant l'observation d'une compréhension plus nette, elle est utile aussi à ceux qui ne se bornent pas, en premier lieu, à dégager les normes ethnologiques et sociologiques de l'histoire du développement de l'humanité. L'opinion que la discipline de la pensée acquise par l'étude de l'ethnologie est nécessaire à quiconque est appelé à fréquenter des êtres humains différents par leur civilisation et leurs dispositions spirituelles et mentales, gagne chaque jour du terrain.

On a compris que les temps modernes (où se fait sentir le besoin de pensées et de mesures permettant d'apprécier les peuples étrangers) exigent impérieusement que l'esprit s'ouvre à l'observation exacte des richesses spirituelles de la civilisation de groupes ethniques établis sur d'autres points du globe et qu'il soit apte aussi à y pénétrer.

Citons comme preuve à l'appui de ces tendances nouvelles l'enseignement ethnologique donné aux fonctionnaires coloniaux, étudiants en droit, officiers, missionnaires, instituteurs, commerçants et agronomes.

— 1 —

INTRODUCTION

Partout on se rend compte de la nécessité absolue de l'enseignement ethnologique pour ceux qui se destinent à une carrière coloniale. Il est indispensable d'apprendre à connaître l'élève dont il faudra prendre en mains l'éducation, ceci afin d'éviter des conflits, toujours regrettables, pour les deux partis. La science ethnologique aidant, il sera plus aisé de se mettre, par la pensée, à la place d'individus appartenant à des groupements ethniques d'un degré de civilisation différent, de pénétrer leur pensée et de comprendre leurs besoins et leurs aspirations. Ceci permettra de se former plus rapidement une opinion sur ce qu'il est utile d'emporter de l'étranger, sur ce qu'on peut emprunter à cet apport étranger pour le greffer sur le sauvageon indigène et enfin sur ce qu'il est préférable d'abandonner à l'activité propre, à « l'auto-activité ».

Si un système colonial doit se conformer à ce qui est propre à la civilisation indigène et s'il peut être question d'auto-éducation coloniale en ce sens que les individus et les communautés indigènes gouvernés par l'Occidental constituent sous plus d'un rapport un ensemble de matériaux pouvant servir à l'éducation du dit occidental, faut-il en déduire qu'il est nécessaire pour ce dernier d'entrer en apprentissage chez l'indigène? Autrement dit peut-on parler d'un enseignement obligatoire pour les habitants d'un pays colonisateur?

La déception des coloniaux hollandais qui rentrant en Europe ne tarissent pas sur l'ignorance de la Métropole à l'égard de la Société et de la vie des Indes, peut être regardée comme une réponse affirmative à la question ainsi posée. On constate néanmoins un intérêt grandissant pour le problème colonial et l'on est frappé chaque jour, quand on fréquente les milieux qu'intéressent les questions coloniales, de trouver tant chez les maîtres que chez les élèves un enthousiasme et un état d'esprit favorable aux particularités et aux aspirations de l'indigène. Certains indices portent même à croire que la distance qui sépare l'Européen de l'Indigène est jugée moins grande dans la Métropole que dans les Indes, ce qui s'explique par notre domination politique et économique dans l'Archipel, de laquelle sont fonction là-bas nos sentiments à l'égard de l'indigène. De fait ces sentiments laissent à désirer là où une « poignée » de Hollandais exerce sa domination sur une population de plusieurs millions. Comme partout ailleurs, l'orgueil et le dédain animent une classe sociale puissante imposant sa volonté à d'autres groupes et le sentiment de supériorité d'une classe économiquement puissante à l'égard des faibles ainsi que les rapports entre les races aux Indes sont déterminés par des facteurs sociaux bien plus que biologiques.

Or cette façon de voir pèche, aussi bien par ce qu'elle a d'unilatéral que par ce qu'elle a d'incomplet. Car, même en faisant abstraction des obstacles que l'ignorance, l'injustice, les préjugés et la mesquinerie opposent au jugement porté sur un semblable se trouvant à un autre degré de civilisation, il subsiste, à côté de la dissemblance dans le domaine économique, un autre facteur d'éloignement : la répugnance qu'inspirent à d'aucuns les propriétés physiques et spirituelles différentes. Les différences de couleur, de religion et de principes de droit peuvent être autant d'obstacles à un rapprochement et à l'estime mutuelle entre les races chez orientaux et occidentaux peu cultivés.

Chez certains occidentaux s'expatriant aux pays d'outre-mer l'estime dont nous parlions plus haut ne se rencontre guère, soit que leur âme y reste fermée, ou que la fréquentation de leurs semblables et leur éducation aient agi en sens inverse, soit que le passage de la ligne ait fait naître chez eux un orgueil démesuré susceptible de prendre dans les pays tropicaux des proportions fantastiques.

Aux yeux de cette catégorie, la pigmentation plus foncée de la peau peut être, certes, un indice d'animalité.

INTRODUCTION

Et pourtant, la voix de la nature, indice de divergences biologiques, ne fait-elle pas entendre son avertissement chez ceux-là, même, qui sont pleinement disposés à voir un semblable dans l'homme de couleur et l'aversion mutuelle entre personnes appartenant à des races différentes ne subsiste-t-elle pas malgré tout?

Ce qui est indispensable pour comprimer en ses justes limites cet antagonisme des races, c'est l'auto-éducation de l'Occidental, conscient de sa culture supérieure et s'efforçant de ramener à de justes proportions l'abîme séparant deux civilisations. Si nous voulons porter une civilisation nouvelle à des peuples que nous désirons élever à un niveau supérieur de vie spirituelle, comprenant les intérêts d'un nombre aussi grand que possible d'individus, nous devons commencer par apprendre nous-mêmes. « The teachers must begin by learning almost everything that makes for really successful work [1] ».

Or, aux circonstances sociales et biologiques déterminant les rapports entre individus de race différente, une autre encore vient s'ajouter, car la dissemblance se manifeste surtout par des réactions psychiques différentes provoquées par une même impulsion, par un état d'âme différent né d'une même impression. L'abstention de tout signe de joie en acceptant des présents pourtant fort appréciés; l'absence de tout étonnement devant les résultats de la technique que nous jugeons prodigieux; les libertés prises avec la vérité; le fait d'abattre froidement la personne prise en flagrant délit de vol même lorsque l'objet volé est sans la moindre importance à nos yeux; la méconnaissance des louanges pour ne pas attirer sur la personne qui en est l'objet, l'attention de « ce qu'il y a de subtil » dans l'air, ce sont là autant d'indices de réactions psychiques différentes des nôtres.

Lorsque nous relevons des comparaisons avec un oignon,

1. Citation emprunté à une lettre de Sir Franc Swellenhans; voir Sir Richard Temple, *Anthropology as a practical science*, 1914, p. 44.

une noix de coco, un œuf ou un essaim d'abeilles dans la description de la beauté féminine et des images saugrenues dans celle d'un paysage, nous sommes bien forcés de reconnaître que ces impressions nous frappent différemment et que, par conséquent, nous les traduisons différemment aussi.

Nous nous heurtons ici à une différence ne se rattachant pas exclusivement à des influences économiques, mais pour une part tout aussi grande à des facteurs d'ordre social, historique ou géographique ou encore à la tradition. Si nous nous prévalons pompeusement de notre qualité d'élu « vierge de toute souillure étrangère »[1], l'indigène ramène modestement cet état d'élection au cercle plus restreint de son village, de sa tribu ou même de sa famille. En dehors de ce cercle tous sont « étrangers » c'est-à-dire impurs, portant malheur dans le sens magique du terme. Leur approche — pour les Européens leur « odeur de beurre » — est funeste aux malades, à la récolte, à la chasse, à la pêche, etc. Ces étrangers auront, par conséquent, à observer divers « rites de purification » en pénétrant dans la maison d'un malade, dans la grange contenant la récolte ou en approchant du terrain de la chasse ou de la plage. Même, à un niveau inférieur de civilisation, on les saluera en répandant des larmes ou en semant de la chaux afin de conjurer leur influence néfaste. Ou bien on les conduira d'abord au temple, on les fera traverser un cercle d'encens ou de ronces; ou encore, on tracera autour du village et sur les routes y donnant accès un cercle magique, moyen d'exclusion et de défense contre tout ce qui est étranger et par conséquent impur. Nous retrouvons ici nos antiques superstitions populaires toujours vivaces chez les indigènes et qui se manifestent d'ailleurs encore chez plusieurs d'entre nous, les portant à se tenir éloignés de personnes différentes d'eux-mêmes de par des dissemblances d'ordre somatique ou psychique.

1. Hymne national néerlandais.

INTRODUCTION

La question n'est pas uniquement de savoir si nous pouvons entrer en apprentissage auprès de ces peuples, mais aussi si c'est là un devoir pour nous et si, dans ce sens, il peut être question d'enseignement obligatoire quand nous disons que nous voulons entreprendre leur éducation. Car la colonisation est-elle, pour une large part, autre chose qu'un apprentissage dans le but de guider les autres peuples, une auto-éducation afin de les civiliser, une accumulation de richesses spirituelles dans le but de les distribuer avec une abondance. Or, pour les deux partis, cet échange réciproque devient extrêmement difficile du fait que notre attitude dans la vie à nous autres Occidentaux, est basée sur l'action, le froid calcul, la passion d'agir. En transmettant cette tension psychique à des peuples de volonté plus débile que la nôtre, nous leur apportons la libération et le moyen de croître; mais ce progrès ne s'accomplit pas sans compromettre momentanément l'équilibre et sans la recherche passionnée d'un point d'appui nouveau dans le souvenir du bonheur perdu. Car tout acte créateur est un anéantissement, et tout développement entraîne la lutte pour se soustraire à l'angoisse. S'il nous est, d'une part, difficile d'admettre que le but primordial de la colonisation réside, non dans le développement abstrait de l'esprit, mais dans la domination de la vie par celui-ci, il nous est, d'autre part, difficile aussi d'atteindre à la modestie nécessaire pour examiner objectivement les caractères particuliers des autres peuples et pour les apprécier à leur juste valeur. Mais celui qui a eu le privilège de travailler au milieu d'une population vivant sa vie propre avec tant d'intensité et de franchise que l'étranger qu'il était en a été frappé et pénétré, a dû nécessairement subir l'influence de cette autre civilisation. Et ceci revient à dire qu'il a bénéficié de cette civilisation différente si elle renfermait des trésors pareils à ceux qui se manifestent dans la religion et l'art indigènes. La transformation d'une civilisation de l'intérieur à l'extérieur présuppose une maturité spirituelle, un besoin agissant comme un stimulant sur cette disposition des esprits et enfin l'action de certaines personnalités assumant le rôle de guide. Dans le cas où ces guides sont des Européens à volonté de fer et les individus à guider des natifs peu cultivés subissant profondément l'influence de l'exemple, de l'autorité et de la suggestion, le processus pourra avoir pour conséquence non seulement l'adoption d'armements et d'objets d'usage courant, mais aussi l'acceptation plus ou moins complète d'institutions étrangères et l'imitation, superficielle, de la conduite des étrangers [1].

La personnalité des chefs de file sortis de la population indigène est d'importance capitale surtout au début. Tant que quelques personnalités seront seules à ressentir les aspirations nouvelles, le côté idéaliste prévaudra, mais le danger que des motifs d'ordre inférieur passent au premier plan s'accroît à mesure que le mouvement prend de l'ampleur. La violence et l'exagération, les échecs et les déceptions, ce sont là les précurseurs du progrès régulier que l'on ne parvient à réaliser qu'une fois qu'est atteint le point de maturité. C'est surtout lorsque, symptômes de la vie nouvelle, on voit marcher de pair le respect de la tradition et des sentiments, que ces sentiments forment une base solide pour le sentiment national naissant qui réunira les éléments dispersés en des groupes animés d'une même volonté et passionnés d'un même idéal.

Pour qu'un mouvement de cette nature aboutisse, il faut avant tout des chefs de file prévoyants et intègres sortis de la population autochtone et ayant conscience que les Pays-Bas ont exercé et peuvent exercer encore à l'avenir une influence prépondérante en faveur de l'idéal national en plein réveil.

Dans cet ordre d'idées, il convient de citer comme forces coordonnatrices plus ou moins agissantes dès à présent, les affini-

A. Vierkandt, *Die Stetigkeit im Kulturwandel* 1910, p. 116 u. s.

INTRODUCTION

tés de race indonésiennes, l'Islam et le Gouvernement néerlandais.

Il peut être intéressant de citer à ce sujet ce que M. Ramsay-Muir, professeur à l'Université de Manchester fait observer par rapport à l'Inde Anglaise dans son introduction à l'étude de R. N. Gilchrist (*Indian Nationality*, 1920, p. VII et 9.)

« Nous assistons aujourd'hui, fait remarquer M. Muir, à la période critique du choc entre les idées et systèmes occidentaux et l'ancienne civilisation de l'Inde. Parmi les innombrables problèmes qui demandent notre attention, nous aurons à nous prononcer sur cette question d'intérêt vital : de qu·lle manière et dans quelles conditions le système politique occidental peut-il être adapté aux besoins de l'Inde? Cette question n'est pas facile à résoudre. Elle n'est pas d'ordre purement politique ou administratif. Elle est de portée autrement vaste, attendu que les idées de la politique moderne occasionneront dans l'Inde, comme partout où elles ont trouvé leur application, un bouleversement social profond et gros de conséquences.

Pour nous faire une idée exacte de l'ampleur de la question, il suffit de nous demander quelles furent, en Occident, les idées dominantes et motrices dans le courant du siècle écoulé et en quelle mesure ces idées sont conformes à la pensée et aux convictions de l'Inde. »

M. Muir établit ici une distinction entre quatre principes dominants : l'inviolabilité de l'individualité, la loi applicable à tous, du fait qu'elle est l'expression de la volonté et de la conscience de la collectivité; la nation se soumettant volontairement à la loi et à l'ordre social; la nation se gouvernant elle-même par la voie des parlements.

Or, en quelle mesure un système occidental, basé sur la force de la personnalité, la communauté des intérêts et de la pensée, le gouvernement par la nation même peut-il prendre racine dans le sol indonésien?

La société indonésienne, en tant qu'elle se trouve encore à un point de développement primitif, offre, indéniablement, certaines conditions nettement défavorables à l'épanouissement de ce système. La personnalité se trouve paralysée par des puissances diverses d'ordre économique, religieux ou social; les aspirations vers la solidarité nationale se sont éveillées sous l'influence coordonnatrice du gouvernement néerlandais exercée sur les divers groupements ethniques; l'homogénéité n'existe que partiellement et devra se développer en une conception d'unité politique. Mais si l'on songe à notre propre développement national au cours des quatre siècles derniers, si l'on observe l'efflorescence de la société indonésienne dans ses multiples aspects, si l'on se rend compte qu'un système de gouvernement indo-européen nettement caractérisé est en voie de formation, si enfin, on est témoin des efforts accomplis par certains chefs de file indonésiens dans l'intérêt du commonwealth, on verra, à cet égard aussi, s'ouvrir des perspectives que bien peu de gens soupçonnaient, il y a quelque vingt-cinq ans.

La divergence des opinions que l'on constate, à cet égard, chez différentes personnalités connaissant la société indigène se rattache étroitement à leur éducation ethnologique, soit que celle-ci se parfît dans la fréquentation personnelle des indigènes, soit que l'étude ouvrît les cœurs à la sympathie envers les porteurs d'une civilisation différente.

Le manque de connaissances exactes et l'ignorance sont les pires obstacles à la juste appréciation qui, elle, entraîne nécessairement le rapprochement. La direction parfaite ne pourra être donnée qu'en connaissance de cause, ne fût-ce que parce que les résultats scientifiques sont susceptibles de servir de base au désintéressement, *conditio sine qua non* de tout succès colonial. Si la politique coloniale tout court se rattache bien souvent aux opinions et aux intérêts de tel groupe ou de tel parti, il n'en est pas moins vrai que la politique coloniale gouvernementale est d'ordre supérieur, en tant qu'elle se propose la direction des affaires coloniales dans l'intérêt des populations d'outre-mer et de la Métropole conjointement.

Or, nous sommes, à l'ordinaire, assez bien renseignés sur nos intérêts occidentaux, mais les enquêtes et l'étude deviennent nécessaires du moment qu'il s'agit de se mettre, par la pensée, à la place d'individus vivant dans un milieu que nous ne connaissons pas, et qui se trouvent à un niveau de civilisation profondément différent du nôtre, du moment aussi qu'il s'agit de comprendre leurs aspirations, leurs besoins et leurs revendications. Tant qu'on aura à tenir compte de leurs besoins et du développement de leur société, désirable pour nous aussi bien que pour eux, la véridique ethnologie aura sa tâche à remplir. Les temps sont passés où cette science était une science purement théorique prétendant rechercher la vérité sur le développement des civilisations humaines dans ce que nous observions chez les peuples dits primitifs. Si l'ethnologie a pris la place qui lui revenait de droit dans l'enseignement géographique et ethnographique, c'est parce que les pays colonisateurs ont senti la nécessité d'ouvrir les esprits aux manifestations de la civilisation des peuples avec lesquels on entrait en relations étroites.

C'est vers le milieu du siècle dernier que l'on entreprit la compilation des données enfouies dans les archives de l'humanité et conservées pieusement, depuis des siècles. Depuis lors, l'ethnologie a passé de plus en plus au premier plan, de même que son application pratique dans les rapports avec les groupements humains placés à un degré de civilisation inférieur, surtout en vue de leur éducation. On se rendit compte que l'ethnologie est une science indispensable à tous ceux qui doivent être renseignés sur les usages et coutumes, le niveau de civilisation, les possibilités de développement, les richesses spirituelles et matérielles des civilisations écloses dans les tropiques. Il importait de connaître la structure des sociétés autochtones, de connaître ce qui leur est cher, leur vie religieuse, leur sentiment d'équité et leur complexion sentimentale voire même leur orgueil national.

C'est ainsi que l'ethnologie a pu contribuer à juger avec une largeur de vue, plus que jamais nécessaire aujourd'hui, les courants politiques, économiques et spirituels. Elle a contribué aussi à rendre plus exacte notre opinion sur ce que nous observons dans les sociétés confiées à nos soins et chez les êtres humains qui les composent.

Aussi s'explique-t-on aisément que tant de missionnaires, tant de fonctionnaires du gouvernement et tant d'autres travailleurs dans les pays d'outre-mer se soient appliqués à l'étude de l'ethnologie. Quand ce n'étaient pas la soif de savoir et le désir de rechercher la vérité qui les portaient vers cette étude, c'étaient la nécessité et le désir de s'acquitter le mieux possible de leur tâche, qui les poussaient à prendre connaissance avec leur entourage. Car leurs paroles et leurs actes étaient jugés, par leurs disciples et leurs collaborateurs, d'après la norme indigène. Cette norme, il importait de la connaître avec ce qu'elle comporte d'imperfection, avec son inaptitude, à autoriser non seulement une opinion subjective, mais encore un jugement objectif de ce qui avait été, ou non, réalisé.

Pour autant que la mission se propose comme but la libre reconnaissance et la libre acceptation des principes du Christianisme et qu'elle tienne compte, par conséquent, de l'extrême importance qu'attache l'Indonésien aux besoins spirituels, elle doit forcément faire porter ses premiers efforts sur ce qui se passe dans les cerveaux et dans les cœurs des individus dont elle a charge d'âmes. Or, ce point de départ demande à être étudié, cette étude exige un apprentissage; pour faire cet apprentissage il faut s'adresser aux sujets mêmes.

INTRODUCTION

En tout premier lieu ceci : la vie humaine est sous l'influence perpétuelle du lien qui la rattache à des forces surnaturelles que l'Indonésien conçoit comme anthropomorphes et qui se manifestent à toute occasion. Dans n'importe quel événement, quelque insignifiant qu'il soit, on reconnaît l'intervention et la direction d'êtres surnaturels doués des qualités et défauts humains : bonté ou envie.

Les dieux et les esprits, les forces magiques, les ancêtres défunts sont partout présents, dans la maladie, dans la récolte perdue, dans les fêtes et dans la prospérité. Celui donc qui veut faire œuvre utile pour le plus grand bien de l'Indonésien devra avant toutes choses se pencher sur l'indigène, étudier sa vie et susciter en lui une activité nouvelle. Cette activité nouvelle peut être un bonheur en soi, à condition qu'elle ne dépasse pas les forces de l'individu ni celles de la communauté dont il fait partie. Ce bonheur, d'ailleurs, n'est pas uniquement le partage de celui qui éprouve en lui l'éveil de ce besoin nouveau et qui l'accepte comme une nécessité. Il est le partage aussi de celui qui découvre finalement chez l'homme primitif, le penchant vers « le noyau du christianisme » : l'amour pour son ennemi, l'esprit de sacrifice, la pitié, le pardon, l'humilité. Autant que l'homme moins civilisé se tournant vers la lumière nouvelle, celui qui a découvert cette vérité a éprouvé, dans son « ascèse psychique » l'association de deux manières de concevoir la vie.

L'Occidental qui a éprouvé quel charme apporte la lecture en une des langues indonésiennes de certains récits du Nouveau Testament, ne peut manquer d'avoir conscience de l'association dont nous avons parlé.

Mais pour obtenir ce résultat, il faut se libérer de toute fausse honte, se mettre à l'apprentissage de l'Oriental, pour se pénétrer d'abord des éléments de sa sagesse, et afin d'acquérir cette sagesse, l'interroger.

« Nos multiples questions », dit le regretté Dr Adriani, eurent pour effet de nous faire prendre pour des gens pas bien forts. Quand nous demandions le mot qui signifie sable, herbe, ficelle ou fer, on croyait que nous voyions ces choses pour la première fois. L'indigence de notre vocabulaire ne nous permettait pas de donner à la conversation le cours que nous désirions et de l'amener sur les objets que nous désirions connaître. Ainsi, quand nous voulions savoir le mot « moi » et que nous indiquions notre personne, les « Toradïas répondaient tout naturellement par le mot « toi », et si nous demandions le mot « ici » en indiquant la place où nous nous trouvions, ils répondaient : « là ».

M. von Miklucho-Maclay fit la même expérience lors de son séjour de quinze mois sur le littoral de la Nouvelle Guinée qui porte son nom. Il réussit finalement à être admis dans la familiarité des Papous, ce qui lui permit de noter de nombreuses particularités de leur morale. Au début, cependant, il se heurta partout aux difficultés que comporte l'exploration d'une région dont il ignorait la langue et où il ne disposait pas d'un interprète. C'est en indiquant les objets ou par d'autres gestes qu'il dut apprendre peu à peu la signification des mots. Ainsi, lorsqu'il montrait la feuille d'une plante à plusieurs personnes, l'une d'elles — il s'en rendit compte plus tard — répondait par le nom de la plante, une autre par le mot « vert », une autre encore par le mot « impur » ou « ne sert à rien ».

Voilà donc la position de l'occidental au début de son apprentissage chez l'Oriental. C'est à cette étude qu'il faut s'acharner si l'on veut garder sa supériorité sur lui dans le but de lui présenter les fruits de la culture occidentale dans sa propre langue, avec quelque chance de les lui faire accepter.

Un brahmane de Mysore déclara un jour à Bevan [1] qu'à un certain moment il eût été fort possible que les castes supérieures

1. *Indian Nationalism*, 1914, p. 82 e. s.

du district qu'il habitait eussent renoncé à toutes les mesures traditionnelles d'interdiction et eussent accepté de fréquenter librement les Européens. Mais lorsqu'on constata de la part de ceux-ci un manque absolu de complaisance à cet égard, les Indiens acquirent la conviction qu'ils ne gagneraient rien à abandonner leurs coutumes séculaires.

Quiconque veut obtenir un résultat dans ce domaine, doit avoir passé par l'école de la vie indigène, soutenu par un profond dévouement et une patience inlassable, afin de gagner la confiance du professeur primitif, sentiment indispensable à l'obtention du résultat cherché.

Il en est de même pour le gouvernement des indigènes et de leurs communautés, car gouverner, n'est-ce pas conduire dans des voies jugées désirables par les deux partis? Le gouvernement de « peuples mineurs » est-ce autre chose qu'une éducation et une mission laïque, une mission acceptant comme point de départ l'image que se forme du monde l'individu placé à un niveau inférieur de civilisation, une mission subordonnée par conséquent à la connaissance de la norme que cet individu applique à l'appréciation du bien et du mal, de la justice et de l'injustice, du désir et de l'aversion, de l'estime et de la méfiance? Exiger qu'on parte de ce point de départ, c'est là une revendication qui résulte du « droit à disposer de soi-même » qui est reconnu à toute la population et que nul gouvernement colonial moderne ne saurait négliger. Telles sont donc les connaissances que l'Occidental doit acquérir; elles lui réservent mainte surprise, mais elles comportent des avantages certains pour lui-même.

Le profane qui prend connaissance de la littérature des Malais du Centre de Sumatra se demande avec étonnement comment ces mêmes personnes qu'il voit se rendre au marché avec une cage à pigeon à la main ont su composer des récits aussi spirituels; son étonnement s'accroît encore, lorsqu'il apprend qu'on enseigne la morale à la jeunesse dans les écoles religieuses. Donnons un exemple.

« La vraie sagesse est l'apanage de celui qui est humble, qui ne méprise pas son prochain, qui ne profère pas de vaines paroles, dont le cœur est bon, qui est fidèle à la parole donnée et qui reconnaît ses fautes en se repentant. On connaît le sage à ses qualités intérieures et extérieures, c'est-à-dire le silence, l'empire sur soi-même, l'humilité, la douceur, la dévotion, les bonnes paroles, les actes agréables à Dieu, la piété, le repentir, la pénitence. On reconnaît les personnes stupides ou mauvaises à leur grossièreté envers leurs inférieurs, à leur orgueil, leurs moqueries, leur vanité, leurs fréquentations du mal et des méchants. L'homme supérieur pardonne la méchanceté et réfléchit avec humilité avant de juger; l'homme inférieur blesse et méprise orgueilleusement son prochain. Si je choisis quatre cents sentences vertueuses dans quatre mille bonnes conversations; si dans ces quatre cents sentences je choisis quarante paroles entre lesquelles j'en choisis quatre, je conserve celles-ci : ne conservez pas dans votre cœur ce qui vous pèse; faites le bien; ne soyez pas dépensier; ne souillez pas l'honneur de votre famille et de votre ménage. Faites votre profit de vos paroles. »

Quel abîme sépare ces leçons de moralité des cérémonies d'initiation des Papous ou des conditions régnant dans une grande partie de l'Indonésie où il ne peut être question d'éducation, dans le sens européen. L'enfant s'instruit tout seul. En imitant et en écoutant les grandes personnes de son entourage, il s'assimile ce qui peut lui être utile dans la société où il vit, c'est-à-dire ce qui est indispensable pour maintenir la société dans l'état actuel, telle qu'on l'a héritée des ancêtres; car il est inutile, superflu et même nuisible d'en savoir plus long qu'eux.

L'hindouisme avait fait son entrée dans l'Archipel indonésien

INTRODUCTION

en introduisant ou en généralisant l'art d'écrire, rendant ainsi accessible aux esprits les trésors spirituels de l'Asie méridionale. Puis, vint l'Islamisme, ouvrant à plusieurs un monde nouveau; finalement la civilisation occidentale, troisième courant de culture, vint y ajouter son apport.

Il en résulta une civilisation composée d'éléments divers qui poursuit son développement selon un processus étroitement lié à nos mesures et à nos responsabilités.

Ce sont ce développement, ces mesures et ces responsabilités que je me suis proposé d'étudier dans les chapitres qui vont suivre et qui ont déjà paru en langue hollandaise sous forme d'articles publiés dans la revue *De Gids* et dans un recueil d'études intitulé : *Les Rapports avec les Indigènes* (*Omgang met Inlanders* [1]). Modifiée et amplifiée, la présente publication, rédigée dans une langue plus généralement accessible pourra contribuer, je l'espère, à mettre en lumière les problèmes que rencontre l'œuvre colonisatrice et qui attendent d'elle leur solution.

1. Publié par l'Institut Royal Colonial d'Amsterdam.

coll. Delprat.

ENFANTS BALINAIS

phot. Harrison Smith

PESECHEM-PAPOUAS DE LA NOUVELLE-GUINÉE

ETHNOLOGIE COLONIALE

Si l'on parcourt les programmes politiques des divers partis
en Hollande on se trouvera déçu par les idées formulées touchant la ligne de conduite à suivre à l'égard de la colonisation
envisagée dans ses rapports avec la situation indigène et dans
les développements qu'elle a pris ces dernières années. Tel parti
demande « un développement intellectuel et physique de la
population des colonies »; tel autre désire « une politique de
mission morale favorisant à la fois le bien-être matériel et l'amélioration des conditions sociales ainsi que le développement
autonome de la population indigène »; un troisième promet :
« le bien-être des colonies en relation avec celui de la métropole »; un quatrième voudrait « une politique désintéressée qui
prendrait consciencieusement à cœur les intérêts moraux et
matériels de la population indigène »; un cinquième se propose
de « faire une politique désintéressée ayant pour but d'amener
les Indigènes à un niveau plus élevé de développement intellectuel et matériel »; un sixième préconise « le développement des
énergies propres à la population »; un septième entend s'efforcer
« d'obtenir un développement constant de l'évolution dans le
domaine intellectuel et social des régions d'outre-mer »; un
huitième réclame « l'égalité de toutes les races, la blanche et la
jaune »; un neuvième se donne pour tâche « l'établissement d'une
autonomie complète des peuples qui habitent les colonies »;
un dixième enfin prétend améliorer la condition sociale des
Indigènes et apporter la libération et l'autonomie aux populations

des Indes, en marchant de pair avec leur culture intellectuelle.

En outre, plusieurs d'entre eux, pour autant qu'ils ne préconisent pas des principes négatifs ayant pour conséquence une ingérence étrangère, voudraient voir la population se développer plus ou moins graduellement et s'élever peu à peu à l'autonomie et à la liberté politique, de telle sorte que ces colonies formeront des communautés indépendantes dans l'état. Et l'on va jusqu'à penser qu'il serait désirable de leur recommander de façon absolue le droit de libre disposition. Dans le désir qu'on exprime de ne pas imposer aux indigènes une culture étrangère venue d'Europe, la raison ethnologique ne laisse pas de se faire entendre. Leur asiatisme même doit trouver en nous un point d'appui qui lui permette de les élever à un degré supérieur de développement. Il faut, de plus, réclamer des autorités qu'elles propagent parmi le peuple néerlandais la connaissance des colonies et qu'elles favorisent l'étude du hollandais parmi les Indigènes.

Mais qui saura nous donner une bonne et brève formule de la politique à suivre à l'égard des Indigènes et dont le principe serait que les naturels soient considérés comme la chose la plus précieuse, dans les colonies? Quelle politique indiquera aux individus et aux collectivités le niveau maximum de civilisation et de prospérité auxquel ils pourront atteindre? Quelle politique saura tirer le maximum de profit de leur collaboration? Qui voit dans la politique indigène le principe de toute aspiration coloniale et non plus un paragraphe quelconque d'un programme électoral beaucoup trop vaste? Qui est-ce qui reconnaît, en outre, que la connaissance de l'indigène et du milieu où il vit, doit former un point de départ pour quiconque veut contribuer au bonheur de ces peuples? Quand, enfin, l'ethnologie coloniale scientifique inspirera-t-elle les lignes de conduite pratiques?

L'ethnologie en tant que science exclusivement théorique a

fait son temps. Désormais elle doit faire partie de l'éducation de tout citoyen qui veut mettre ses forces au service du bonheur et de la prospérité de ses semblables.

C'est ce que l'on commence à comprendre dans tous les pays administrant ou désirant administrer des colonies, dans tous les pays où l'on sent combien il est nécessaire d'accorder une attention de plus en plus grande à l'enseignement relatif aux pays de colonisation et à leurs populations.

Car, si un gouvernement colonial prend des mesures qui ne s'accordent pas avec la nature et avec le degré de culture de la population indigène, ainsi qu'avec son sentiment de la justice, une telle méconnaissance de l'ethnologie ne peut qu'entraver la bonne collaboration et l'estime mutuelle, conditions essentielles d'un résultat favorable à la communauté dans une société composée d'éléments hétérogènes.

On ne négligera jamais impunément le point de départ de toute tentative de colonisation, à savoir : de connaître les rapports et les besoins coloniaux existants ainsi que les idées dominantes de la population et son degré de culture. Sinon, tôt ou tard, la population indigène ou l'administration, ou toutes les deux à la fois auront à pâtir d'une méconnaissance de ces principes, les pires conséquences en pourront résulter, telles que la provocation ou la prolongation d'une résistance à main armée de la population. Il est de toute évidence qu'une semblable manifestation, causée pour avoir méconnu ou froissé la vie d'une population, aurait pu être évitée par un homme qui eût été au courant de la manière de penser et des aspirations des Indigènes. Un tel homme en agissant avec tact, aurait prévenu une explosion de sentiments hostiles et aurait su conduire ces aspirations dans la bonne voie; il aurait probablement mieux réussi que par la violence militaire. L'histoire coloniale de tous les peuples qui ont des possessions d'outre-mer offre de nombreux exemples à l'appui de cette assertion; elle en cache sans doute de plus nombreux encore que l'on ne connaîtra sans doute jamais et qui tous ont eu pour cause la méconnaissance de la mentalité des naturels. Il fut un temps où l'on disait : il y a des hommes primitifs qui ne savent pas parler, mais seulement balbutier; il y en a à qui tout sentiment religieux fait défaut, de même que toute organisation matrimoniale; il y en a encore chez qui on chercherait en vain un sentiment de la justice. Ces temps-là sont passés.

L'ethnologie, qui a ouvert les archives de l'humanité, nous apprend que tous les hommes parlent une langue, que partout au monde où l'on rencontre des hommes, on trouve trace aussi de concepts concernant des rapports avec le surnaturel, ou des engagements entre l'homme et la femme et les conséquences légales de certains us et coutumes. En outre, elle nous enseigne que tous les peuples primitifs actuels sont très rapprochés des soi-disant peuples civilisés, si on les compare à la culture intellectuelle et matérielle dont « l'homme primordial » tel qu'on l'a conçu en tant que créature aurait pu posséder. Tel est ce que l'examen des pensées, des mœurs et des coutumes de l'homme primitif pourra nous apprendre.

Plus on avancera dans cet examen, plus il gagnera en universalité et en profondeur. En effet, tous les pays se plaignent de ce que la connaissance du monde oriental soit très élémentaire en Europe occidentale. Il ne s'agit plus de rire et de nous moquer des Orientaux, mais d'apprendre à les connaître : c'est la première condition pour gagner leur estime, et les générations futures en auront grandement besoin pour régler les rapports entre Occidentaux et Orientaux.

Il faut que la jeunesse apprenne à connaître à fond la civilisation des populations d'Orient, parce que si cette civilisation revêt un caractère d'antiquité, elle existe encore de nos jours et qu'il faut l'étudier dans son essence même.

Alors l'ethnologie coloniale revêtira un caractère multiple ; la politique s'y apparentera ; l'économie politique s'y adjoindra pour des problèmes économiques et géographiques particuliers du territoire étranger ; l'anthropologie pour rechercher le rapport qui existe entre les données qu'elle a étudiées et un nouveau climat, une nouvelle nature du sol, en général une autre ambiance naturelle. D'autre part, l'historien aura à enregistrer l'esprit d'entreprise du commerce et de l'industrie et la hardiesse dans l'exercice de l'autorité d'une partie spéciale de la population de la métropole, qui a abandonné parents et amis pour se créer un avenir meilleur, et cela aussi bien pour son propre profit que pour celui de sa patrie.

Pour fonder de pareilles aspirations coloniales, il faut une science qui nous renseigne sur le degré de culture, sur les aptitudes des hommes vivant dans les colonies, sur l'organisation de leurs associations, sur le milieu dans lequel ils vivent. Cette science, c'est l'ethnologie.

La lutte pour l'existence de l'indigène dans son milieu s'apaise et son caractère effrayant disparaît dès qu'un degré de développement plus élevé et une civilisation supérieure mettent en lumière la réalité. Une conception nouvelle du monde explique les causes naturelles des choses et le caractère s'adoucit à mesure que la pensée de forces néfastes et fatales partout et toujours présentes perd de son influence. Mais cette civilisation plus développée ne devra pas amener l'accablement qui naît souvent lorsque le milieu n'est observé qu'en vue de considérations exclusivement pratiques, parce qu'alors en fin de compte tout point d'appui moral se perdant, l'individu plie sous le poids de la matière, tout comme c'est le cas chez l'homme civilisé. C'est ici que le danger de la civilisation occidentale apparaît dans toute son étendue, pour une société indigène que l'on regarde souvent avec toute l'arrogance et le dédain qui caractérisent parfois l'Européen incompétent.

Les hommes de race blanche, tant de l'Europe occidentale que de l'Amérique du Nord, sont en effet enclins à supposer chez leurs frères de couleur une morale obscure, incapable de s'élever jusqu'aux sublimes clartés de l'esprit européen. Et comme les investigations scientifiques se sont souvent placées aussi au même point de vue, l'opinion que la race blanche est physiquement et intellectuellement la race humaine par excellence, s'est généralement accréditée. Cette opinion repose sur le fait que les peuples de race blanche sont le plus avancés dans l'art d'utiliser pour leurs fins les forces de la nature et de se soustraire à l'influence du milieu, ainsi que dans l'application ingénieuse de toutes sortes de procédés techniques pour asservir les éléments à leurs propres besoins.

Reste à savoir si nous devons voir dans ces résultats la norme de la noblesse du cœur, des aptitudes de l'esprit, de la grandeur du caractère; reste surtout à savoir si le fait d'avoir par son intelligence soumis le monde entier, suffit pour justifier les prétentions occidentales à la supériorité de ses aptitudes comparées à celles des peuples demi-civilisés ou primitifs qu'elle a su assujétir. Car c'est bien ainsi que se pose la question, et il y a lieu de se demander si ces peuples, à supposer que leur milieu, leur histoire et leurs rapports avec d'autres peuples eussent fourni à leurs aptitudes l'occasion de se manifester dans toute leur plénitude, n'auraient pas pu devenir, eux aussi, des dominateurs, de même que des hautes civilisations de l'antiquité soutenant victorieusement la comparaison avec celle de l'Europe occidentale.

A cet égard il y a des hauts et des bas, un prompt essor suivi de chutes vertigineuses, si l'on veut déduire la supériorité d'une civilisation des aptitudes de l'intelligence plus développée et de la présence exclusive des facultés, susceptibles de conduire d'autres peuples aussi à notre développement social et à nos succès scientifiques et techniques. Toujours est-il qu'à côté des aptitudes, le milieu, dans la plus large acception du mot, joue un rôle important. Or ce milieu a été beaucoup plus favorable aux Européens occidentaux qu'aux peuples primitifs. Ils ont reçu leur civilisation de peuples qui ne différaient que fort peu d'eux-mêmes, au point de vue physique et intellectuel, de sorte que l'adaptation a pu se faire insensiblement, la différence de civilisation n'étant pas si prononcée qu'aujourd'hui. Actuellement, l'industrie des peuples primitifs est détruite par l'industrie européenne, de sorte que les capacités et les aptitudes artistiques sont annihilées et les institutions et les idées sociales indigènes souvent anéanties. C'est ainsi que les naturels dépendent entièrement du dominateur, ce qui entrave l'épanouissement de leurs aptitudes et de leur capacité de production.

Si l'on veut développer autant que possible les aptitudes et les capacités de l'indigène, et en tirer parti, il convient de prendre connaissance des particularités de sa morale, de ses mœurs et de ses coutumes, ainsi que des institutions avec lesquelles on a affaire dans chaque cas particulier. Ce n'est qu'après une étude approfondie de la vie indigène qu'on pourra se former une idée des problèmes concernant soit la limite qui existe pour lui entre le bien et le mal, entre la justice et l'injustice, soit ce qui lui est prescrit et ce qui lui est interdit. C'est le cas surtout pour les populations indigènes des régions tropicales où, à la longue, l'Européen ne peut pas sévir impunément avec la même rigueur que dans la métropole. Dans ces contrées-là, par la nature même des choses, les Européens sont contraints à l'indulgence envers les institutions sociales indigènes, envers leurs conceptions de la vie et leurs idées. Et cela d'autant plus que la main-d'œuvre indigène ne peut plus, comme auparavant, être engagée de force, mais seulement par le prestige intellectuel, de sorte que le bon sens pédagogique est indispensable si l'on veut atteindre de bons résultats.

Si la pédagogie est une politique infantile, on pourrait appeler la politique coloniale la pédagogie des Indigènes; son objet est d'adapter à la civilisation des indigènes ce qui dans la nôtre est utilisable et désirable pour eux. Dans les tropiques on peut envier l'indigène pour sa peau foncée, mais lui mettre, pour contenter ce dépit, une fourrure sur les épaules, serait le conduire à sa perte et, de même il ne supporterait pas la charge superflue du bagage intellectuel de l'Européen.

C'est à l'ethnologie d'indiquer ce que l'état psychologique de l'Indigène lui permet de supporter; elle le fait en contrôlant ses réactions au contact de civilisations étrangères, européennes ou autres. L'ethnologie s'implante ainsi au centre même de la vie pratique coloniale, tant dans le domaine de l'administration que dans celui de la défense du pays, du commerce, de l'agriculture, de l'industrie et de la navigation qui, dans les tropiques surtout, demandent la collaboration active de l'indigène. Et cela d'autant plus que cette collaboration ne pourra s'obtenir et se maintenir que si « le patriotisme de l'Europe occidentale », que l'on ressent généralement quand il s'agit des problèmes coloniaux, est laissé de côté et si le sentiment de supériorité qui domine ici, à l'égard de la civilisation des peuples orientaux, fait place à un penchant d'appréciation mutuelle aussi nécessaire que justifiée.

Le trafic toujours croissant, ainsi que les grands événements des dernières années, ont d'ailleurs démontré la nécessité pour l'Occident de collaborer avec l'Orient, si l'on veut arriver à un développement mondial harmonique. L'échec des Italiens en Abyssinie (1896), la guerre russo-japonaise (1904-1905) et la bataille de Tsushima (27 mars 1905) ainsi que la révolution

Chinoise, sans compter la dernière guerre mondiale, ont eu une répercussion sur les idées de toute l'humanité.

La dernière guerre surtout a diminué considérablement la distance qui sépare les colonies orientales de l'Occident; la conscience de leurs droits chez les peuples orientaux et l'estime des Occidentaux pour leurs frères de l'Orient, sentiments dont on avait déjà constaté l'éclosion dans le passé, se sont brusquement réveillés et là où ce réveil ne s'est pas encore produit il ne tardera guère.

En effet, cette guerre a mis en contact étroit les Occidentaux et les Orientaux : des hommes de l'Asie Orientale ont combattu dans le Nord de la France; c'est par les Hindous que la terre sainte des Européens a été délivrée de la domination mahométane; des prisonniers d'Occident ont habité des temples japonais; des princes hindous ont été enfermés dans des forteresses allemandes. Il s'agissait de la « civilisation de l'humanité »; elle devait être conservée et sauvegardée par les combattants de l'Hindoustan, de l'Indo-Chine et de l'Afrique. Cette collaboration aura pour conséquence qu'on ne tardera pas à échanger plus fréquemment les trésors spirituels de l'Orient contre tout ce que l'Occident pourra donner en énergie et en technique. Mais où en sommes-nous quant au penchant et à la faculté de l'Européen de se rapprocher des peuples des colonies grâce à sa connaissance de leur situation et leurs aspirations?

Les Allemands constatent avec regret que les Anglais leur sont supérieurs en ce qui concerne la largeur de vues et la connaissance des contrées et des populations étrangères. L'Allemagne n'eût peut-être pas perdu ses colonies si, à l'école, on avait insisté sur leur importance [1].

La prophétie anglaise — nous devrions dire plutôt la prophétie de Leyde — concernant la guerre sainte s'est accomplie,

1. *Henning. Peterm. Mitt.*, 1917, p. 361.

disent les Allemands avec dépit [1]. Moll [2] croit que la fatwa germano-turque du 14 novembre 1914, qui appelait le monde musulman entier à la guerre sainte, a eu, entre autres, pour conséquence que les Anglais ont dû défendre Aden, que des troubles ont éclaté en Afghanistan et qu'à Singapour des séditions se sont produites parmi les Sikhs; qu'en outre, au Bengale et au Pundjab, tous les blancs ont dû être appelés sous les armes. Mais on peut lui opposer le jugement plus rassis de Karutz. « L'attente, — dit-il à peu près en ces termes, — d'une révolte religieuse générale ne s'est pas réalisée et là où des émeutes ont éclaté, les causes en ont été plutôt économiques et politiques que religieuses. L'ethnologue n'en pouvait éprouver aucune surprise; il savait qu'une conception ethnologique et un jugement basé sur un principe ethnologique embrassant le monde entier pouvaient seuls contribuer au succès de la lutte qui devait suivre la guerre dans le domaine politique, économique et spirituel. C'est l'ethnologie qui nous procurera des connaissances positives sur les pays et sur les peuples étrangers, sur leurs rapports économiques et sur leur civilisation. C'est elle surtout qui nous conférera, à leur égard, l'impartialité indispensable. C'est elle qui empêchera que dans nos rapports avec eux nous ne perdions la tête et que nous nous méprenions par excès de présomption. N'oublions pas non plus l'avantage que nous retirerons d'une meilleure connaissance de nous-mêmes et des nôtres et d'un jugement plus équitable sur nos semblables qui habitent d'autres continents ». Voilà bien ce qu'on appelle mettre le doigt sur la plaie.

La faute essentielle de la politique coloniale de la France a résidé longtemps dans l'esprit d'assimilation inculqué par une bureaucratie coloniale avide d'uniformité.

L'ethnologie s'oppose à cette assimilation; elle heurte de

1. *Karutz, Krieg und Völkerkunde* 1917, p. 23.
2. *Koloniale Rundschau* 1917, p. 364.

front cette manie de vouloir tout mesurer à la même aune, et cette tendance à la centralisation pour ce qui touche à l'éducation de groupements de peuples différents. Elle écarte cette administration qui veut tout égaliser ; elle y substitue la différenciation physique et intellectuelle dévoilée par elle, attendu que tout particularisme demande autant que possible un traitement spécifique.

Nous disons « autant que possible », attendu que, en fait de politique coloniale, il faudra se placer à un point de vue pratique. Il ne faudra pas, par exemple, que la grande variété des dieux et des esprits adorés par les indigènes conduise à prendre des mesures coloniales particulières.

Il ne sera pas non plus nécessaire de savoir si l'on a affaire à de véritables croyants, mais bien plutôt à quelle religion ils croient ou désirent appartenir et à laquelle, par conséquent, ils désirent s'associer en cas de conflit. Qu'importe que les Napolitains soient, au fond, polythéistes et les Castillans fétichistes si, en fin de compte, ils se sentent plutôt Italiens ou Espagnols et, en tout cas, Chrétiens ? Qu'importe si les Kabyles, les Arabes et les Nègres ne sont musulmans que de nom ?

Ce qui importe à la politique coloniale, c'est que les Javanais, les Soundanais, les Madourais et les Malais, tout comme les Atchinois, désirent être considérés comme Mahométans par les Européens et que, s'il le faut, ils combattront contre les infidèles en confessant Mahomet [1].

Et maintenant, où en sommes-nous avec notre propre politique coloniale ? Préconisons-nous le système de l'uniformité ou celui de la différenciation ? Sommes-nous en contact suffisamment étroit avec la volonté de la population indigène et avec ce qu'elle est à même de produire ? Sommes-nous véritablement

[1] J. Harmand. *Domination et colonisation*, 1910, p. 56. C. Snouck Hurgronje. *Nederland en de Islam*, 1911, p. 56.

enclins à collaborer cordialement avec les habitants des Indes orientales? Il n'est pas nécessaire de répondre à ces questions en invoquant les faits de l'histoire des temps passés, puisque cette réponse a surtout un intérêt d'actualité et qu'il nous faudra rechercher des matériaux dans la politique coloniale des derniers temps. Examinons plutôt avec un peu d'attention les événements qui se sont produits ces dernières années à Sumatra et qui ont amplement démontré que plusieurs régions ont été administrées sans tenir compte de la situation. On a imposé à la population des charges qu'elle ne pouvait supporter et on a eu recours maladroitement à la violence là où il fallait agir avec la plus grande circonspection.

C'est là un vieux refrain colonial et international, entonné à travers les siècles, ennuyeux par sa répétition et condamnable plus que jamais dans cette nouvelle période coloniale.

Qu'on prenne bien garde : ce n'est pas le manque de bonne foi ou de zèle chez les fonctionnaires; ce n'est pas la mission, ni le Sarekat Islam qui sont la cause fondamentale du mal : le mal vient de ce que manque la connaissance des véritables forces et des besoins de la population, et qui devraient servir à indiquer le sens des mesures à prendre par les autorités. Voilà le point essentiel; tout le reste n'est que phénomène accidentel. Le fond de la question réside à Sumatra même et il en est ainsi partout aux Indes et dans le monde. L'administration occidentale a les mains trop pleines de ses tracasseries administratives, de son remue-ménage tutélaire, de ses règlements et de ses paperasses, de ses vœux et de ses besoins, pour ne pas perdre de vue la population.

Ce qui se passe chez nous se produit partout. Voici ce qu'une enquête concernant Sumatra à mis en lumière, paraît-il : « vues superficielles déconcertantes », « renseignements tendancieux », « défaut d'attention aux griefs sérieux de la population », contact insuffisant avec les Indigènes, absence à peu près complète de commisération. Ajoutez une ignorance déplorable des vrais sentiments des Indonésiens de la part des employés européens qui, il faut le regretter sincèrement, se sont aliéné la population, etc. Faut-il s'étonner après cela si le gouvernement a été pris au dépourvu?

Il y a quelques années, c'était la même litanie à propos d'Atchin, cette fois à la suite d'une enquête faite par le gouverneur-général van Heutsz. Il se trouva alors que la population bien intentionnée dut « se résigner à ce qui était inéluctable » en raison des procédés de toutes sortes dictés par un système mal conçu de politique pratique. « L'administration peut exercer une influence salutaire en se comportant avec modération et d'une manière judicieuse envers une population bien intentionnée, mais mainte mesure prise par elle dans le cours de ces dernières années a plutôt agi en sens inverse ».

C'était ainsi à Atchin après la période de transition qui suivit les mesures coërcitives; mais qu'actuellement il nous arrive aussi d'ailleurs des nouvelles de même nature, cela donne à réfléchir.

Les événements de Sumatra et ailleurs dans les gouvernements extérieurs font ressortir de plus en plus que les fonctionnaires, qui devraient former le lien qui rattache la puissance dirigeante européenne à la société indigène, n'ont plus le contact qu'on peut exiger d'eux.

Lorsque le gouvernement prend des mesures, il devrait tenir compte de ce qu'en pense la population, et savoir ce dont elle a besoin ou ce qu'elle désire et peut supporter, si l'on veut exercer sur elle une certaine pression. Le fonctionnaire des districts extérieurs n'est plus la « sentinelle de la paix publique et le protecteur des indigènes », mais il s'inspire de plus en plus de l'administration occidentale qui devient chaque jour plus encombrante, plus tracassière et plus exigeante.

Autrefois il en était autrement. Le fonctionnaire de l'administration intérieure pouvait frayer en personne avec la population des gouvernements extérieurs. Dans ses voyages à travers le territoire qu'il administrait, grâce à ses séjours dans les factoreries indigènes et grâce aussi à ses excursions en bateau ou à cheval, il était en contact continuel avec la population et ses représentants. Chacun pouvait pour ainsi dire, l'approcher et lui parler, et il avait la faculté d'appliquer ou de pallier comme bon lui semblait à la rigueur des mesures prises en haut lieu. Mais aujourd'hui il en est des gouvernements extérieurs comme de Java : on voyage en auto ou bien l'on rentre le soir chez soi; des inspecteurs, dépendant de Batavia, imposent la volonté centrale, et plusieurs fonctionnaires avant d'être déplacés, s'appliquent à la mettre le plus vite possible en pratique. Le gouvernement devient de plus en plus une administration, une exécution d'ordres, une application de règlements qui font du fonctionnaire un instrument du gouvernement au lieu d'apparaître comme un protecteur veillant personnellement à défendre une situation qu'il connaît à fond.

L'assimilation de la manière de gouverner l'île de Java et celle des gouvernements extérieurs ne pouvait manquer de se produire, d'un côté par suite du développement économique des dits gouvernements et, en outre, par suite de la concentration des intérêts de ces gouvernements grâce à l'intermédiaire d'un bureau du département de l'administration intérieure. Tout cela présente sans doute des avantages, mais si on les juge prépondérants, il faut par ailleurs s'efforcer de prévenir les préjudices résultant du système javanais et qu'on peut essentiellement attribuer à une défectuosité de liaison entre les nécessités, les besoins de la population et les mesures européennes, plus faciles à imposer d'en haut qu'à faire accepter d'en bas comme si elles correspondaient à un besoin réel.

Celui qui n'est pas encore convaincu par les nombreuses mesures prises à Java à la faveur d'une ignorance présomptueuse concernant le système rural et agricole, les réglementations agraires, la corvée, l'organisation des villages et de l'administration indigène; celui qui n'a pas encore appris qu'on est intervenu dans l'état de choses indigènes avec les meilleures intentions du monde, devra lire pour son édification ce que Vollenhoven[1] nous en apprend dans son livre magistral sur le droit coutumier.

Il est curieux de noter que Java et la petite île de Madoura en faisant partie géographiquement parlant, ont une population de 35 millions, soit de 266 habitants par kilomètre carré. C'est là le maximum de densité de population constaté pour les peuples agricoles du monde, entier. Sur une superficie équivalant à 1/4 de celle de la France, on trouve 35 millions de Javanais, de Soundanais et de Madourais.

Ces chiffres sont d'autant plus remarquables, que la population a doublé au cours des cinquante dernières années. Les causes qui ont contribué à ce développement vraiment exceptionnel sont indiscutablement la situation géographique, l'état du sol, l'abondance des eaux d'irrigation et le degré de bienêtre sensiblement le même sur tous les points du territoire. Mais le facteur principal est sans contredit le Gouvernement, qui a su garantir depuis un siècle le repos et la sécurité des habitants, inaugurant ainsi pour Java une ère de paix et de prospérité sans précédent jusqu'à ce jour.

Dans l'île de Java, surabondamment administrée, on constate néanmoins depuis quelques années les mêmes fautes à la veille

---

1. *Het Adatrecht van Nederlandsch-Indië*, p. 620.

de se produire à Sumatra; c'est-à-dire qu'on ne tient pas suffisamment compte des conceptions et des rapports existants, et qu'on manque de contact avec la société indigène.

Pour certains représentants parlementaires l'avenir des colonies est en jeu si l'on n'a pas intercepté à temps un signal de télégraphie sans fil ou si un instituteur a châtié des élèves. Dans leurs discours ils feraient bien mieux de faire ressortir les deux points suivants :

Tout d'abord ils devraient s'abstenir de crier au scandale à propos de la question qui nous occupe et, pour nous diriger, ne pas toujours vouloir nous proposer comme exemple ce qui se passe dans d'autres puissances coloniales. C'est là un phénomène qu'on observe partout et, à cet égard, les Pays-Bas ne feraient pas mauvaise figure. Ils feraient mieux d'élever bien haut l'étendard sur lequel est inscrit : Sauf des erreurs communes à tous les peuples, et certains abus qu'ils ont corrigés par la suite, les Pays-Bas peuvent, au point de vue de l'exploitation du sol et de la conduite à l'égard des indigènes, servir de modèle à toutes les nations et à la Grande-Bretagne elle-même [1].

En second lieu un critique devrait terminer son argumentation en indiquant des mesures propres à remédier au mal et à prévenir de nouvelles fautes. Le point n'est pas sans importance puisque, ces derniers temps, l'influence européenne sur les conditions spirituelles et sociales indigènes s'exerce d'une manière énergique et rapide. Si nous voulons donc imposer brusquement à un peuple primitif une civilisation intellectuelle qui, chez nous, s'est implantée peu à peu et ressemble, sous certains rapports, à une tour chancelante, cela peut amener un état d'esprit anormal, comme chez nos faibles d'esprit qui ne sont pas à même de supporter les aspirations et les désirs modernes

1. Jules Harmand. *Domination et colonisation*, 1910, p. 86.

BATAKS DES CONTRÉES DE KARO

coll. Kol. Inst.

phot. Nieuwenhuis

SOUSOUHOUNAN PAKOU BOUWONO X DE SOURAKARTA (1898)

coll. Kol. Instit.   photo Charls & C°.

et dont la personnalité peut crouler sous le poids de l'entourage.

Prenons, comme exemple, l'action exercée par les influences occidentales sur le pays habité par les Bataks, et qui ont amené en quelques années une véritable révolution dans les rapports spirituels et économiques : l'intérieur de Sumatra relié au trafic mondial; à l'ouest une route vers Silindoung; à l'est l'établissement d'une voie ferrée qui se fraie un chemin vers Simouloungoun et l'automobile qui atteint le lac de Toba en traversant Sumatra d'un bout à l'autre. Ajoutons-y les cultures européennes; la création de maisons de commerce bataques qui nouent des relations directes avec l'Europe; la demande toujours croissante d'articles européens; la soif de l'or et des richesses. Puis une sécurité parfaite pour les hommes et les marchandises, sécurité garantie par notre administration et offrant l'occasion d'établir des rizières dans des contrées riches en eau, mais peu à peu délaissées, et qui rendent possibles les migrations aussi bien que la plantation du riz dans le territoire cultivable de la côte orientale de Sumatra. Enfin la renaissance intellectuelle qui se manifeste entre autres, dans le désir d'apprendre le malais et le néerlandais afin de se soustraire à l'isolement batak et de se rapprocher ainsi des fonctionnaires et occuper les emplois que ceux-ci peuvent donner. Or, dans cette ruée pour acquérir la richesse, la puissance et l'influence, on peut constater l'abandon de la religion populaire, ici pour le christianisme, là pour l'Islam.

Faut-il s'étonner que certaines peuplades perdent la tête et tombent dans des excès révolutionnaires?

Autre exemple. Dans l'île de Nias il se produit ces dernières années et à certains endroits, des changements extrêmement importants dans le domaine spirituel, et les indigènes, entraînés dans le mouvement, manifestent, à ce qu'on nous

— 33 —

raconte, de la crainte pour le jugement dernier et de la contrition pour leurs péchés; ils ont des visions, ils entendent des voix, ils voient des signes. « Il faut s'étonner », dit celui qui rapporte ces faits « qu'un mouvement de si grande envergure ne présente pas plus d'anomalies ». Ou bien prenons encore un village des îles Mentawei où l'arat sibourou (ancienne institution) a été abandonné en 1916 et remplacé par l'ara sebaou (la nouvelle coutume) et où les prêtres déclarent ouvertement que toute leur vie n'a été jusqu'ici que fraude et mensonge.

Ces révolutions soudaines ont le plus souvent des conséquences funestes. Ainsi, à la Nouvelle-Guinée, la coutume de prendre des vêtements a fait contracter aux habitants des maladies qui les déciment, de même que l'adoption trop rapide de coutumes européennes et malaises aura pour conséquence l'extinction de la race des Engganois.

Aux Indes, quiconque voudra travailler dans l'intérêt des indigènes se heurtera à deux difficultés : d'abord les conditions du développement intellectuel et matériel sont tout autres qu'en Europe occidentale; ensuite, le contact avec la civilisation occidentale a pour conséquence que ce développement se fait par bonds, sans transition.

Un tel état de choses occasionnera naturellement la perte d'une bonne partie des trésors indigènes; en outre, la fièvre de croissance atteindra parfois un degré inquiétant pour le malade et alarmant pour celui qui en est responsable.

On ne saurait nier que l'expansion coloniale des siècles passés n'ait eu parfois des conséquences désastreuses. En appréciant mieux ce qui était indigène et en appliquant avec modération ce qui était étranger, on aurait pu conserver à l'humanité des trésors à jamais perdus : Des peuplades, décimées ou complètement exterminées, se trouvent dans tous les continents; on rencontre partout les ruines de la civilisation de races plus faibles à côté des édifices fastueux de la culture européo-américaine et, actuellement, dans toutes les régions situées entre le tropique du Cancer et celui du Capricorne, les influences occidentales règnent avec une telle intensité qu'elles font ou feront naître des conflits, si l'on n'y remédie pas à temps d'une manière rationnelle et judicieuse. Aux Indes néerlandaises nous avons à cet égard une position favorable; car, en ce qui concerne Java du moins, nous avons affaire, grâce à nos mesures administratives, à une population qui s'accroît rapidement et que nous n'avons pas besoin de préserver contre la destruction, comme c'est le cas ailleurs. On pourra donc rechercher des moyens d'associer la culture européenne à une civilisation qui se développe, mais seulement pour autant qu'on le jugera nécessaire, et après de sérieuses études, dans l'intérêt d'une société encore en plein développement.

Cette association, ces études, cette formation du jugement, nous les voulons tous; car en théorie nous reconnaissons tous que la tâche de la colonisation est avant tout l'éducation des peuples peu développés. Et quel que soit le drapeau sous lequel nous nous rangions, nous demandons tous une politique éthique, une administration honnête, une volonté scientifique gouvernementale, une politique ayant une vocation morale, un relèvement politique, moral et social, une politique indigène libérale. Tous nous désirons aussi une éducation tendant à un développement plus élevé, à plus de civilisation, à un bien-être plus grand, à plus de bonheur en un mot.

Or cet idéal auquel nous aspirons n'est pas notre apanage, à nous autres Occidentaux, mais à eux, les Orientaux et il faut tendre à leur donner le plus haut degré de civilisation en rapport avec leur entourage social et leurs besoins. Dans tous les problèmes pédagogiques l'éducation, conforme aux dispositions naturelles, se place toujours au premier plan, et la différenciation, étroitement liée à cette conception, est en flagrante contradiction avec le penchant à l'uniformité, découlant souvent de la bureaucratie et qui, à un non moindre degré, est propre à la manière dont les influences de civilisations étrangères se font sentir. Les moyens de communication plus rapides, la libre propagation des idées, les besoins économiques qu'on se crée spontanément comportent tous une tendance au nivellement aux dépens de l'individualité.

Les habitants des Indes orientales trouvent actuellement leurs droits définis par des juristes formés à Leyde; leurs ponts sont projetés par des ingénieurs venus de Delft; leurs conditions sanitaires se trouvent sous la direction d'hygiénistes d'Amsterdam, tous gens qui, suivant leur caractère et leurs capacités, désirent mettre à exécution, avec vigueur et une volonté de fer, les mesures qui ont été prises. Mais ils se heurtent au soi-disant conservatisme et à la soi-disant résistance de la société indigène qui, malgré son penchant à l'évolution et son horreur de la révolution, présente pourtant toujours à l'observateur non expérimenté des changements subits ou des phénomènes nouveaux. Il ne faut pas oublier cependant que, lorsque la population s'est emparée d'une idée, et qu'un nouveau besoin se fait sentir, la manière dont elle le manifeste saute tellement aux yeux que celui qui n'en connaît pas la préhistoire la croit spontanée. Des siècles de contact avec les influences européennes ont fait naître aujourd'hui seulement, chez les Javanais, un désir assez général de s'instruire, mais maintenant que ce besoin se fait sentir, on s'aperçoit combien il est difficile d'y satisfaire en peu de temps et combien cependant cela serait nécessaire.

En conformité avec le peu de spontanéité de l'esprit humain il faut une longue période d'incubation pour faire accepter une nouvelle civilisation, une pensée religieuse, une nouvelle constitution de la société. Mais une fois accepté comme nouveau

besoin et comme conséquence d'une croissance naturelle, ce
besoin se fait ressentir chez plusieurs individus à la fois, surtout
si ce développement naturel découle du contact mutuel de
peuples placés à des niveaux de civilisation différents et sentant
en eux la force de parvenir à un degré de bien-être supérieur.
Seul le défaut ou l'insuffisance de contact avec la société indigène
peut causer des surprises à l'égard des nouveaux phénomènes
sociaux et politiques.

A en juger superficiellement, on serait porté à croire que nous
autres, Néerlandais, nous devrions chercher et trouver, que
nous aurions toujours dû chercher et trouver notre force, aux
Indes, dans un contact avec la population et dans la satisfaction
de ses désirs et de ses besoins. Les Pays-Bas avaient, en effet,
à cet égard, l'avantage d'être une petite nation qui devait s'occuper de ce qui se passait dans ce monde peuplé de millions
d'indigènes. Au moyen d'un nombre restreint de fonctionnaires
reconnus comme intègres, il s'agissait d'entreprendre un travail
de civilisation et d'éducation, sachant bien que le sentiment
de la mutuelle dépendance devait offrir à notre administration
une base plus solide que nos moyens militaires restreints.

Aucune puissance coloniale ne possède des fonctionnaires
aussi intègres et aussi dévoués que les nôtres. J'ai eu l'occasion de
faire, à cet égard, des comparaisons d'ordre pratique et je suis
fier de pouvoir déclarer que nos qualités nationales nous rendent
particulièrement propres à entreprendre dans les tropiques un
travail de civilisation et d'éducation. L'intégrité de notre corps
de fonctionnaires du gouvernement civil est au-dessus de toute
suspicion (M. van Geuns, dans le *Nieuwe Courant*). Il va de soi
que nos défauts se sont aussi manifestés en l'occurrence : l'indolence de notre imagination, notre lenteur à nous décider, l'absence
d'une législation rapide et claire sont des fautes que van Hoëvell
nous reproche lorsqu'il dit que le bon pays des Indes est allé

ETHNOLOGIE COLONIALE

déjà loin dans l'exercice de la patience. En 1862, le ministère conseillait déjà de ne plus trop compter sur les bénéfices que nous rapportaient les Indes; mais bien qu'on en ait clairement indiqué le principe en 1878, et qu'en 1903 on l'ait adopté, il a fallu attendre jusqu'en 1912 que la loi séparât les propriétés, les charges et les bénéfices des Indes néerlandaises de ceux des Pays-Bas. De même, de nombreux ministres des colonies sont venus et s'en sont allés et bien d'autres viendront et s'en iront encore, avant que la réforme de la jurisprudence des Indes, annoncée en 1900, parvienne à son accomplissement.

Pour citer des exemples on n'a que l'embarras du choix. Aussi, quand l'historien parlementaire reproche à notre politique coloniale l'hésitation et le manque de cohésion, il n'a qu'à se référer à l'administration coloniale. Mais en revanche il y a des exemples de mesures prises avec beaucoup de diligence dès qu'il s'agissait de mettre à exécution une résolution une fois décidée. Au milieu du XIXe siècle, par exemple, nous avons amélioré en peu de temps et d'une manière très logique le système monétaire « désespérément confus » des Indes néerlandaises; tandis que les pays voisins souffrent encore de grands soucis monétaires, nos colonies de l'Asie orientale jouissent depuis longtemps d'une politique monétaire extraordinairement calme et des plus heureuses [1].

Un autre exemple encore. En quelques années les nombreuses communautés particulières des Indes furent fondues en un tout par le gouverneur-général van Heutsz et formèrent effectivement les Etats-Unis des Indes néerlandaises.

Depuis le commencement de ce siècle, et après une courte période d'hésitation, on a fait une active propagande et travaillé énergiquement à l'instruction des intellectuels de la popu-

1. M. G. Vissering, *Le problème de l'abondance de l'argent aux Pays-Bas et la politique de l'Or de la Banque Néerlandaise*. Rotterdam, 1914, p. 40.

lation javanaise ainsi qu'à celle de la grande masse des indigènes. Notre caractère national a sérieusement influencé la marche des affaires dans les pays d'outre-mer. Mais, s'il en est ainsi, pourquoi n'avons-nous pas, et plus tôt et plus intensément, consacré notre attention aux différents groupes de population indigène, comme nous savons aussi la respecter dans notre autonomie communale et dans notre liberté de conscience? Pourquoi n'avons-nous pas tâché beaucoup plus tôt de découvrir les différences ethniques dans le travail colonial de l'éducation et de l'administration, ce qui aurait été en accord parfait avec le polymorphisme que nous préconisons en Hollande?

En écrivant ce qui va suivre, Lotsy [1] a établi un excellent parallèle entre la situation dans les Bays-Bas et celle des colonies. Ce n'est pas dans un schéma uniforme mais dans la différenciation que se trouve la solution des problèmes sociaux. L'état qui s'efforce d'appliquer une seule mesure aux nombreux facteurs inégaux que sont ses citoyens, doit échouer en fin de compte, parce que seuls des systèmes divers peuvent satisfaire aux besoins divergents de ses diverses sortes de citoyens. Un peuple qui a compris cette vérité, soit à la suite d'expériences, soit par intuition, est un peuple difficile à conduire, mais pourtant il est dans la bonne voie. « Nous autres Hollandais, nous avons toujours ressenti intuitivement notre inégalité réciproque et, conformément à ce sentiment nous avons formé des coteries, de nombreuses sectes et de nombreux partis; nous sommes, en un mot, le peuple le plus aristocratique du monde au sens que nous venons d'expliquer. C'est ce que nous voulons demeurer. Nous sommes absolument incapables de nous soumettre à un gouvernement qui veut s'arroger le droit de tout régler, aussi bien

1. Ned. Tijdschr. voor Geneeskunde (*Revue médicale*) 60ᵉ année, 11, 4 p. 310.

organisé qu'il puisse être. Nous autres Hollandais, nous sommes individualistes, puisque un peuple ne se compose pas d'une seule sorte, mais de plusieurs sortes d'individus de valeur inégale. Cet individualisme est une juste conséquence de la différenciation des individus; toute politique qui ne tient pas compte de cette différenciation, est irréelle et par conséquent absurde. Jusqu'ici je n'ai parlé que d'individus, mais ce qui s'applique à l'individu s'applique aussi aux peuples. C'est pourquoi il est toujours dangereux de vouloir imiter un autre peuple car ce qui convient à l'un ne convient pas à l'autre et, naturellement, d'autant moins que les peuples sont de caractère différent. Tandis que des peuples, comme ceux de l'Europe occidentale, peuvent courir les risques d'emprunts mutuels, cet emprunt devient plus que de la témérité, quand il s'agit de peuples de races très différentes.

J'ai cru devoir attirer l'attention sur ce fait, parce que, à mon avis, la direction ethnique imprimée à notre politique coloniale, qu'en principe j'approuve sans restriction, menace de dégénérer en une tentative de vouloir exiger que les habitants de nos colonies et en particulier de ceux de Java deviennent des Hollandais. Non seulement pareille tentative n'aboutira pas, mais elle nuira aux deux peuples. Nous devons tenter de mettre les peuples soumis à notre autorité à même de se développer d'après leur propre nature et non d'après la nôtre.

Que nous apprend l'histoire touchant le respect dû au caractère de la population indigène? D'une manière générale on peut dire que partout où se fait une œuvre coloniale de grande envergure et demandant le concours de tous les efforts, on profite de la science des indigènes, tout en prenant en considération, autant que possible, leurs besoins et leurs particularités.

Il allait de soi que, puisqu'il s'agissait de faire beaucoup avec peu de moyens, il fallait être difficile dans le choix de ces derniers, s'efforcer de s'assurer la collaboration indigène et écarter toute réserve ou toute résistance. Lorsque, après la guerre de Java de 1825-1830, de nouvelles provinces furent soumises à notre administration, on s'adressa pour ce travail à ceux qui connaissaient le mieux le peuple de Java. Lorsqu'on se décida enfin à suivre, pour Atchin, une ligne de conduite constante et compétente, on n'hésita pas à assigner un rôle prépondérant à celui qui connaissait le mieux le monde indigène et les Atchinois. Lorsqu'il fallut transformer Lombok et faire d'un pays hostile un pays régulièrement administré où l'on pût se rendre compte des bonnes intentions de notre gouvernement, on en remit de nouveau la conduite aux mains de personnes parfaitement au courant du caractère propre à la population. Et combien d'autres exemples ne pourrait-on pas citer? *Les préceptes à appliquer pour qu'aux Indes les affaires marchent bien sont connus de reste; mais la faute que l'on commet sans cesse et toujours, c'est de ne pas les appliquer généralement et constamment.* Et cela malgré que dans les contrées tropicales des Indes on ne saurait se passer de la collaboration de la population dans tous les domaines. Cette population forme une couche sociale avec laquelle il faut compter à tous les égards; aussi une politique indigène qui repose sur l'ethnologie doit-elle être considérée comme indispensable et cela pour plusieurs raisons.

La Compagnie des Indes Orientales regardait la population indigène comme un objet de lucre et, lorsque sa position de commerçant souverain parut intenable et succomba enfin (1602-1798), la république en accepta la succession, mais en même temps elle assuma la tâche d'apprendre comment il fallait se comporter envers la population. Les intérêts du pays et de sa population auraient bientôt été pris à cœur, si les guerres avec l'Angleterre, la domination française, le tiercement des dettes nationales et le blocus continental n'étaient survenus. Daendels aéra comme il faut cette boutique nauséabonde (de Haan, Triangan 1,440) quoiqu'il ne pût balayer tous les coins et recoins de cet immense édifice.

Raffles et les commissaires généraux, surtout Elout, firent des tentatives dans la bonne direction; mais la révolte belge éclata, suivie de la politique de Guillaume Ier. Le régime de la Compagnie fut de nouveau appliqué, mais sous une forme plus rigoureuse encore, de sorte que de 1830 à 1840 les tribulations des Indes néerlandaises se rattachent directement et indirectement au problème belge. Puis ce furent les tentatives de réforme en Europe, jusqu'en 1850, lesquelles se manifestèrent également à l'égard des Indes orientales. Les Etats Généraux exprimèrent le désir d'avoir voix au chapitre dans la législation coloniale, mais, lorsque le Règlement du gouvernement fut introduit en 1854, nous n'avions qu'une seule grande entreprise agricole : Java, et, dans les possessions extérieures, quelques écussons armés représentés par les fonctionnaires qu'on y avait placés, afin d'accentuer notre possession aux yeux de l'étranger.

Quand on suit les discussions qui eurent lieu à propos du règlement du Gouvernement, on est frappé de voir combien la conduite à suivre à l'égard des colonies a été, malgré la nouvelle orientation, déterminée par un point de vue purement occidental. Même dans la discussion de sujets comme celui de la corvée, de la dîme, du gouvernement de la population par ses propres chefs, etc., il est rare que le raisonnement ait pour point de départ la situation et les besoins de la population.

Il faut rechercher la cause de ce phénomène d'une part, dans le fait que les Pays-Bas étaient peu au courant de ce qui se passait aux Indes; d'une autre part dans l'absence complète d'une voix indigène dans la discussion des affaires des Indes. A partir de 1860, au fur et à mesure que les Indes étaient mieux connues en Hollande, une amélioration se produisit. Le 29 novembre 1861 van Hoëvell pouvait dire à la Chambre des Députés : « Si j'établis une comparaison entre ce qui se passe actuellement et ce qu'on voyait il y a quelques années, une différence remarquable saute aux yeux entre la manière de discuter, alors et aujourd'hui. Lorsque, en 1849, j'eus l'honneur de siéger dans cette assemblée, un échange d'idées sur les intérêts coloniaux était chose rare. Encore cet échange d'idées était-il limité à quelques membres. Presque tous les autres écoutaient et se taisaient. Actuellement, par contre, dans les discussions générales sur le budget du royaume, les sujets qui se rapportent aux colonies nous prennent des journées entières et occupent, sinon la seule, du moins la première place. »

Le contrôle parlementaire des intérêts coloniaux, malgré l'influence des partis et bien que parfois il fût contrarié et soumis à des vérifications, n'a pas amené les mesures révolutionnaires qu'on craignait d'abord et qui paraissaient dangereuses pour les Indes, mais bien plutôt l'observation d'une politique légale à l'égard des colonies du royaume et de ses possessions d'outre-mer. A partir de 1854 nous voyons trois facteurs se placer au premier plan : tout d'abord une connaissance plus étendue des Indes et, comme conséquence, un intérêt plus grand à leur égard, progrès que l'on doit essentiellement à Franssen van de Putte; puis l'hésitation et l'incertitude dans la conduite à suivre, conséquence logique du changement continuel de ministres des colonies qui doivent leur portefeuille à des conceptions politiques dominantes en Hollande et applicables à elle seule; en troisième lieu, aux Indes, une extension de l'immixtion de notre administration que l'on a pu comparer à une « pyramide placée sur sa pointe », de sorte que, comme le disait le ministre de Waal en 1870, « le gouvernement était devenu en tout le point d'appui et, par conséquent, le point de mire de tout mécontentement ».

ETHNOLOGIE COLONIALE

Un pareil état de choses réclamait de lui-même une modification. D'ailleurs le développement qui se manifestait aux Indes et les progrès accomplis par la population indigène firent comprendre, au commencement du XXe siècle, comme le disait Chailley-Bert, « que Java est trop gouvernée »; que la présomption occidentale était toute-puissante et qu'il convenait de changer d'orientation. Ce n'est pas en commençant par le toit qu'il faut construire l'édifice; ce n'est pas par la cime que l'arbre prend racine; avant de pouvoir parler d'une bonne végétation, il fallait défricher le sol qui ne demandait pas mieux que d'être amélioré. Après avoir fait un ensemble de l'administration des Indes, il fallait, pour la développer, songer à la décentralisation, à une nouvelle jurisprudence, à l'autonomie du desa, à la renaissance de régions qui se gouverneraient elles-mêmes, à une représentation populaire, à des conseils de régence, à l'enseignement de la communauté indigène, à l'éducation des représentants de la société indigène et à combien d'autres mesures visant à faire prospérer de nouveau l'énergie des germes vivants et présents dans nos colonies. Depuis le commencement du siècle c'était l'acceptation consciente d'une nouvelle pensée coloniale, dont la justesse s'était fait sentir aussi bien aux Indes que dans la métropole.

Si l'on veut continuer d'appeler « éthique » la nouvelle orientation, il faut dire que c'est là une expression qui est dans toutes les bouches mais qui, au fond, ne dit pas grand'chose.

En effet, toute politique coloniale sérieuse demande la solution de problèmes qui sont en rapport étroit avec les conceptions éthiques des hommes d'état coloniaux et celles d'autrui, notamment de ceux qui ont progressé autrement, qui sont autrement préparés et ont d'autres idées religieuses. Il n'est pas possible de suivre dans la politique coloniale moderne, une ligne de conduite autre que celle qui marche de pair avec les considérations éthiques, d'autant plus que, chez les peuples peu développés, les rapports économiques, les institutions sociales et les idées religieuses se tiennent étroitement.

Plus on obtiendra de contact entre ces peuples et leurs agglomérations, plus l'éducateur occidental et son élève oriental se comprendront; en d'autres termes, plus on pénétrera dans la conscience des peuples indigènes, plus on favorisera la comparaison de nos conceptions éthiques avec les leurs. De là résultera le respect de leurs idées et la volonté de leur donner ce qu'ils sont en effet à mêmes d'accepter comme répondant à leur désir.

C'est surtout dans le domaine de l'instruction que toutes les puissances coloniales ont manqué de bonne volonté ou plutôt ont fait fausse route.

Le système d'enseignement qui, en Europe, a exigé des siècles pour se développer, a été imposé tel quel à des peuples primitifs ou à demi civilisés, chez lesquels on n'avait constaté à peu près aucun germe d'instruction pour la jeunesse. Toute l'Asie du sud-est a été gratifiée de ce produit d'éducation, dont l'exportation de l'Europe occidentale était assez facile, et qui, offert gratuitement, trouvait bien des preneurs, sans que ceux-ci se rendissent compte s'il était acceptable ou profitable autrement que pour obtenir des emplois au service de l'étranger. Mais aujourd'hui la réaction se fait sentir. Est-ce que la façon de penser, scientifique et pondérée, que l'Europe occidentale a conquise après tant de siècles sied véritablement à la sphère de pensée mystique de l'Orient? Est-ce que la fougueuse devise de liberté ne conduit pas à la licence dans une société à peine échappée au despotisme? Est-ce que l'égoïsme et la présomption ne sont pas les leviers avec lesquels on mine les solides fondements de la société indigène, de la famille, de la tribu, du village, de la région avec tous les systèmes de secours mutuels qui s'y rattachent? Est-ce que le matérialisme et la politique de parti qui se sont développés avec le progrès des sciences occidentales ne sont pas les fruits d'un sol exotique qu'il eût mieux valu exclure quand, après mûre réflexion, on eut reconnu que des aptitudes, une atmosphère et des besoins particuliers demandaient également et exigeaient un développement particulier?

On peut être d'avis que l'humanité entière possède mille fois plus de facultés communes — et, à cet égard on peut donc parler d'une humanité une et indivisible — qu'elle ne présente de divergences qu'en ce qui concerne les signes caractéristiques, physiques et intellectuels, et pourtant on peut rester sceptique à l'égard de ces mêmes questions.

La valeur d'un peuple ne dépend pas seulement de ce qu'il possède actuellement comme trésor de civilisation, mais aussi et surtout de ses aptitudes, qui peuvent lui réserver un brillant avenir, pourvu que les circonstances lui soient favorables. D'ailleurs, à proprement parler, lorsqu'on passe à l'application de mesures d'éducation politique aux populations vivant dans les colonies, il serait très facile d'attribuer leur soi-disant infériorité à la seule différence de degré de civilisation et de développement économique et de passer sous silence les théories embarrassantes des races. On aurait alors seulement affaire à des distinctions historiques et non à des distinctions biologiques. Mais, se demandera-t-on, est-il permis d'écarter ces dernières, uniquement pour simplifier les choses? Et que penser alors de l'opinion unanime de la commission constituée pour donner son avis sur l'enseignement secondaire (enseignement préparatoire supérieur) aux Indes néerlandaises (Compte rendu de 1916, p. 7) qui, en s'appuyant sur les renseignements donnés par toutes les personnes expérimentées venues des Indes, admet que l'enfant indigène, pour les aptitudes spirituelles et intellectuelles est en général parfaitement l'égal de son condisciple néerlandais.

Que penser aussi de van Witzenburg (dans les *Préavis pour*

le congrès d'enseignement colonial, 1916, p. 10 et suivantes) qui est d'opinion que la population de Java, de Célèbes, de Sumatra et d'Amboine ne le cède intellectuellement en rien à l'Européen? « Les peuples malais, affirme-t-il, ont au moins autant d'intelligence que ceux de la race blanche, et c'est pour de tout autres causes qu'un manque d'intellect qu'ils sont restés en retard sur les Européens. Il serait difficile aux instituteurs de rencontrer des élèves plus attentifs et plus studieux que la majeure partie des indigènes. Il en résulte que les instituteurs européens éprouvent beaucoup d'affection pour leurs élèves indigènes. Les Chinois et les Indigènes qui ont reçu un enseignement convenable ne le cèdent en rien, dans la vie pratique, aux Européens possédant le même degré de développement scolaire. » Il s'agit donc ici non pas d'égalité mais d'équivalence, comme l'indique clairement le professeur J. Boeke. « Ce qui, pour moi, est un axiome, et ce qui, à mon avis, doit constituer les assises de l'enseignement à donner aux Indigènes, ainsi que le point de départ de toute tentative d'amélioration, c'est que les aptitudes intellectuelles de l'enfant indigène peuvent être, en général, regardées comme équivalentes à celles de l'Européen né ou non aux Indes » (*Préavis*, p. 77). En fait d'entraves au libre développement de leurs forces, M. J. Boeke cite l'entourage indigène, les traditions séculaires de la tribu ou de la race, l'absence souvent totale de toute culture générale, la religion et la conception de la vie chez les parents. D'où il ressort que, par l'éducation dans la plus large acception du mot et grâce à l'amélioration des circonstances économiques et morales, on pourrait former, avec la société indigène, une population qui équivaudrait intellectuellement à la population de l'Europe.

Actuellement les établissements d'instruction destinés aux Européens sont en général ouverts aussi aux enfants non-européens, encore que l'on formule parfois, à l'égard de ces derniers, des exigences concernant leur origine et leurs capacités. De cette façon il est tout naturel que seule une très minime quantité d'enfants non européens entrent en contact avec les Occidentaux; une même éducation scientifique marche ainsi de pair avec l'influence morale résultant de la fréquentation des enfants européens. Une pareille influence ne peut s'obtenir que par un commerce continuel avec des instituteurs et des élèves européens, à supposer toujours qu'il puisse émaner de ces derniers une influence favorable et qu'ils aient des dispositions ou une vocation pour faire dans cette direction quelque chose en faveur de l'indigène. Pareille fréquentation peut être plus utile au jeune indigène que le cours de morale le mieux intentionné et présente, en outre, l'avantage qu'il est fait usage de mots qui ne dépassent pas son entendement. Mais, comme nous venons de le dire, seuls quelques privilégiés peuvent profiter de cette aubaine. Toutefois beaucoup d'autres jeunes indigènes peuvent actuellement fréquenter les écoles indigènes hollandaises, puis, plus tard, les établissements de l'école primaire supérieure, et parvenir à des places accessibles aussi aux Européens. De cette façon, familiarisés qu'ils sont dès leur jeune âge avec l'usage du néerlandais, ils peuvent suivre une carrière où ils resteront continuellement en contact avec les Occidentaux et leur civilisation.

La civilisation indigène ne se ressentira-t-elle pas d'une éducation conçue d'après ces principes? C'est là une question à laquelle il faut répondre affirmativement. On pense tout d'abord aux idiomes indigènes, attendu que la civilisation supérieure est inculquée par des livres d'étude écrits en langues occidentales, surtout par des instituteurs qui pensent et parlent en hollandais, et initient l'indigène aux mystères de la science occidentale par un système d'enseignement calqué sur un modèle européen. Si, à maints égards, ce point de vue peut être défendu, il paraît en

revanche inadmissible que ce système d'éducation néglige entièrement la civilisation indigène, ceci peut-être moins par dédain
que par ignorance, mais par une ignorance qui, à la longue, peut
conduire au dédain. Si dans ce système d'enseignement occidental, l'on accordait aussi une place aux idiomes et à la littérature
indigène, comme d'ailleurs cela paraît être l'intention du gouvernement des Indes, cela conduirait peut-être à une appréciation
plus juste de leurs propres trésors de civilisation, surtout si l'on
traite des produits littéraires avec tout le sérieux qu'ils comportent. Qu'on pense à la civilisation indonésique, telle qu'elle s'est
édifiée grâce aux conceptions hindoues et mahométanes, à
l'expression supérieure des arts plastiques et de la littérature qui
est résultée de l'association d'éléments étrangers et indigènes.
Songeons aussi à la situation des îles tropicales qui ont leurs propres besoins, aux facultés innées des races, qui diffèrent de celles
des nôtres dans la même mesure que les caractères physiques.

Il ne s'agit pas ici seulement de la structure particulière
de l'âme orientale avec sa défiance à l'égard de l'homme de
l'Occident, reconnu d'ailleurs comme le plus fort, mais de
son attachement au passé et à la religion qui lui donnent une
base solide en comparaison avec tout ce que la civilisation occidentale lui montre d'instable. Mais, en outre, il faudra prendre
en considération la différence des aptitudes intellectuelles que
des groupes ethniques présentent aux Indes elles-mêmes. C'est
ce que Hobbema a déjà fait remarquer (*Indische Gids* 1906,
p. 764), quand il dit qu'à l'école normale de Fort de Kock, les
Malais de la côte occidentale de Sumatra se distinguent avantageusement des élèves Bataks, et que les Javanais des écoles normales de Bandoung et de Probolinggo diffèrent aussi des Soundanais et des Madourais moins intelligents et moins studieux.
En outre on a l'impression que les Malais et les Ambonais sont
supérieurs en intelligence aux Javanais, qu'ils s'en distinguent

— 49 —

par plus d'enjouement et d'intérêt et n'ont pas le caractère lent, indolent et tant soit peu apathique des Javanais.

Tout cela non seulement indique la nécessité d'une différenciation en ce qui regarde l'enseignement à donner aux Pays-Bas et l'enseignement à pratiquer aux Indes, mais démontre aussi qu'il faut différencier l'enseignement dans les diverses parties des Indes où il devra marcher de pair avec les progrès économiques, et que, par conséquent, après « mûre réflexion », on devra s'attacher à ce qu'il porte le plus de fruits pour telle ou telle contrée et telle ou telle peuplade.

La « mûre réflexion » quant aux particularités des populations indigènes. Voilà ce qui fait souvent défaut à l'administration actuelle. Celle-ci devra s'appliquer à combler ces lacunes par une étude plus approfondie du caractère et de la civilisation indigènes, afin de pouvoir indiquer la voie dans laquelle il faut s'engager pour les renforcer conformément aux désirs raisonnables d'une population qui ne demande pas mieux que de faire des progrès. Ceci est d'autant plus nécessaire qu'une étude du caractère du peuple indigène met à l'épreuve la prétendue supériorité des conceptions et des idées des peuples d'Occident, et qu'il faudra se demander si cette supériorité est vraiment soutenable après qu'on s'est informé des aspirations de ceux qui ont une autre civilisation et vivent dans un autre milieu. Une comparaison ethnologique, c'est-à-dire reposant sur une mesure objective de civilisation, nous fera peut-être venir à résipiscence ou bien nous donnera la pleine conscience de notre propre valeur.

Tout cela n'est pas nouveau. La connaissance plus approfondie des populations indigènes a déjà porté ses fruits depuis le milieu du XIXe siècle. Il en est de même pour les cris de liberté qu'on entend pousser sur tous les tons, en Europe comme aux Indes, et qui réclament : chez nous, plus d'indépendance pour la femme et de l'assistance pour les faibles, là-bas la liberté du travail, une plus libre disposition du sol, un lien moins resserré avec la métropole; chez nous l'idée d'évolution qui nous convainc que dans ce qu'il y a de primitif se trouvent des conditions de progrès et de développement; là-bas une meilleure et plus favorable conception de l'indigène, conséquence d'une connaissance plus approfondie de l'individu et d'une manière plus rationnelle de le fréquenter; chez nous, comme là-bas, un jugement plus équitable dû à une civilisation supérieure et que nous perdons facilement par amour-propre, selon la parole de Thomas à Kempis. Mais il y a autre chose encore.

Quels que soient nos sentiments humanitaires et quel que soit notre altruisme en ce qui concerne les peuples qui vivent dans les colonies, il y aura toujours un facteur qu'il ne faudra jamais oublier dans les problèmes coloniaux : l'intérêt de la Métropole. Non seulement on a peu à peu compris que les avantages matériels et autres que l'on retire des colonies compensent largement les désavantages qui y sont inhérents, mais, à la longue, on s'est fait une idée plus exacte de la nature des intérêts de la métropole. Les socialistes considèrent comme un axiome le fait que les intérêts de la classe ouvrière sont en jeu dans ceux de l'industrie, du commerce et de la navigation et que l'Etat néerlandais est intéressé à ne pas perdre ses colonies, étant donné les rapports historiques et économiques des temps actuels. Le désir universellement répandu de posséder des colonies pourrait être une indication concernant la convoitise générale des possessions coloniales. Et ce désir n'a pas diminué, ces dernières années, maintenant qu'on s'est rendu compte quelles ressources peuvent offrir les colonies dans les temps difficiles. Même dans les cercles ouvriers on commence à comprendre toute leur importance.

C'est en 1887 qu'eut lieu en Angleterre la première d'une série de conférences (Colonial Conference) qui avaient pour but de

ETHNOLOGIE COLONIALE

« resserrer par tous les moyens utiles les liens qui rattachent les différentes possessions de l'Empire », mais ce n'est qu'en 1911 que se tint la première conférence d'Empire (Imperial Conference), non plus cette fois sous la présidence du ministre des Colonies, mais sous celle du premier ministre. On peut voir par là quel développement avait pris la conscience des grands intérêts qui se rattachent à une étroite collaboration des territoires d'outre-mer. Cette collaboration amena la création de la Confédération des Etats de la Plus Grande-Bretagne, ayant sa propre politique commerciale, son propre système de défense, ses propres institutions judiciaires, en Grande-Bretagne et en Irlande, au Canada, à Terre-Neuve, dans l'Union Sud-Africaine, l'Australie et la Nouvelle-Zélande, et, comme conséquence directe de la guerre mondiale, les Indes anglaises entrèrent comme septième Etat dans cette Confédération puisque déjà on y prépare l'autonomie. Ce développement historique de l'influence toujours croissante des Dominions et des Indes anglaises, marchant de pair avec la condescendance de la Métropole à l'égard des vœux des grands territoires d'outre-mer, est en liaison étroite avec leur assistance qui s'est trouvée indispensable, et qui s'était déjà manifestée pendant la guerre contre les Boërs, dont on exigea beaucoup pendant la guerre mondiale. A ces conférences, tenues chaque année, les délégués réclamèrent pour leurs pays de nouveaux droits et insistèrent pour participer à la marche générale des affaires, comme conséquence de l'appel d'assistance énergique qui leur avait été fait. Ils voulaient avoir désormais voix au chapitre, quand il s'agirait de se concerter sur des affaires importantes et d'intérêt général.

Pendant la guerre n'y a-t-il pas eu aussi des jours et des mois où le cœur du vrai Hollandais était rempli d'inquiétude, parce que l'avenir de nos colonies semblait menacé?

L'année 1917 tirait à sa fin, lorsque nous parvint la nouvelle que le Parlement français avait tenu une séance secrète, dans laquelle on aurait communiqué qu'un accord intervenu et signé entre la France et la Russie en février 1917, contenait des dispositions concernant des modifications de territoire au détriment de la Hollande.

Immédiatement l'existence d'un pareil traité fut démentie aussi bien de la part de la France que de celle de l'Angleterre, ce qui nous parut d'heureux présage, d'autant plus que toute crainte disparut de voir régner, dans les cercles dirigeants des Alliés, des velléités de disposer de territoires neutres qui ne devraient pas concerner en dernier lieu notre empire colonial. Une déclaration faite à la Chambre des Communes vint nous tranquilliser. Elle disait : Pour le moment il n'existe pas la moindre intention, et elle n'a d'ailleurs jamais existé, d'attenter soit à l'indépendance soit à l'intégrité des Pays-Bas et de ses colonies. En outre, le gouvernement britannique déclara ne rien savoir concernant la susdite convention ou le susdit accord franco-russe, dont l'existence fut d'ailleurs niée, devant le ministre Loudon, par le ministre de France à la Haye (*Compte-Rendu de la Deuxième Chambre*, le 21 décembre 1917, p. 931).

Donc, d'après ces déclarations, les Alliés n'avaient aucunement l'intention de disposer d'une partie du territoire néerlandais en Europe ou dans d'autres parties du monde.

Cependant des intentions de cette nature n'auraient-elles pas pu se manifester ? Supposons un instant que les succès militaires des Allemands les eussent mis à même d'étendre leur puissance sur les côtes de la Belgique et de la France et que de cette façon, ils eussent été seigneurs et maîtres sur le continent. N'auraient-ils pas pu exercer une pression illimitée sur les Pays-Bas ? L'histoire du commencement du XIXe siècle ne se serait-elle pas répétée et nos colonies n'auraient-elles pas été occupées par l'Angleterre pour empêcher qu'elles ne tombent en partage à l'envahisseur, tout comme la Métropole? Les Pays-Bas avaient donc un grand danger à redouter au cas où les pays de l'Europe centrale eussent gagné la guerre, car la ligne historique indiquait une scission entre la métropole et ses colonies, la première contrainte à se tourner du côté de l'Allemagne, les dernières prises par les Anglais et leurs alliés. Ce danger n'était pas imaginaire, surtout après que la Grande-Bretagne eut interrompu le trafic entre les Pays-Bas et les Indes orientales. Il en résulta que l'exportation du riz des colonies britanniques aux Indes néerlandaises fut suspendue et que, par conséquent, peu à peu ces dernières furent isolées, ce qui ne présageait rien de bon. Heureusement on manifesta là-bas la volonté et la puissance de maintenir son indépendance!

L'avenir de nos colonies des Indes orientales semblait également menacé d'un autre côté. Les Etats-Unis d'Amérique, par une convention datée de la fin de 1917, reconnaissaient que le Japon avait en Chine des intérêts particuliers, surtout dans la partie de la République chinoise à laquelle confinent les possessions japonaises. « La souveraineté territoriale de la Chine, — c'est ainsi que s'exprime la communication officielle, — reste néanmoins intangible; et le gouvernement des Etats-Unis a pleine confiance dans les assurances réitérées données par le gouvernement japonais que, quoique la situation géographique du Japon lui procure des intérêts particuliers, il ne désire faire aucune distinction au détriment du commerce des autres nations, ni négliger les droits de commerce accordés autrefois par la Chine dans des traités avec d'autres états ». « Les pourparlers entamés entre les Etats-Unis et le Japon concernaient l'activité militaire, maritime et économique, d'où il paraît ressortir que le Japon en échange de ses intérêts particuliers en Chine promettait « sa collaboration maritime dans l'Océan Pacifique, afin de réaliser le but commun contre l'Allemagne et ses alliés ».

On pensera ce qu'on voudra de cette convention américano-japonaise, on peut se demander si elle a en effet contribué à faire disparaître le malentendu qui existait entre ces deux pays et qu'on criait depuis longtemps sur les toits de l'un et de l'autre côté du Grand Océan; mais ce qu'il y a de certain et ce que l'on a également ressenti en Chine, c'est qu'une convention concernant la Chine avait été conclue entre Washington et Tokio, sans consulter la Chine, convention qui n'avait rien de commun avec le droit de libre disposition et qui ne promettait rien de bon non plus pour les autres territoires mal défendus de l'Asie orientale.

Quant aux vœux coloniaux de l'Allemagne durant la guerre, ils furent purement de nature académique; mais les idées des milieux dirigeants se manifestèrent pourtant de temps à autre.

Le 29 juillet 1914, l'Allemagne s'efforça de s'assurer pendant la guerre la neutralité de l'Angleterre, de même qu'elle paraît avoir voulu gagner le Japon en faisant miroiter à ses yeux les Indes orientales. Elle assura qu'elle ne visait à aucune conquête territoriale aux dépens de la France, même si l'Allemagne devait sortir victorieuse de la guerre, mais les colonies françaises étaient exclues de cette promesse. Comme prix de la victoire on avait donc très sérieusement pensé aux colonies françaises. Le Secrétaire d'État allemand aux colonies n'avait-il pas déclaré dans un des discours par lesquels il complétait ses fonctions pendant la guerre, que l'Allemagne était disposée à reconnaître dans sa politique coloniale en Afrique le droit de libre disposition des indigènes? Dans l'intérêt de l'Allemagne, naturellement, parce que dans le travail de colonisation la préférence serait donnée aux peuples de l'Europe qui ont prouvé vouloir aussi respecter l'humanité dans l'homme de couleur et ont mis par conséquent leur organisation administrative en harmonie avec ce qu'ils prétendaient. A cette occasion on a prononcé une phrase importante, répétée un peu partout pendant la guerre: « Le droit de libre disposition des indigènes ». Comme but de la guerre le président Wilson mentionnait dans son message au congrès, du 8 janvier 1918 : une enquête libre, non préconçue et absolument impartiale sur toutes les prétentions concernant les colonies et basée sur une stricte observation du principe que, dans la solution des problèmes de souveraineté, *les intérêts des peuples sur le sort desquels il fallait décider, devaient avoir autant de poids que les exigences raisonnables du gouvernement sur le droit duquel il fallait se prononcer.*

Dans ce désir de paix la chose est déjà représentée d'une manière plus nette, en tant que ce désir abandonne quelque peu le terrain purement théorique pour se placer dans la sphère coloniale plus pratique et que les exigences équitables des gouvernements sont prises à cœur autant que les intérêts et le degré de développement des populations indigènes. L'affaire prend par là une tournure inévitable pour conserver encore un aspect colonial. C'est cet aspect qui la fait rentrer dans le cadre colonial actuel et qui nécessite l'équilibre à établir entre les intérêts indigènes et ceux de la Métropole. Quiconque a pris la peine de se rendre compte de ce que les colonies ont fait pour les belligérants pendant la guerre, sentira que cette dernière n'a nullement nui aux intérêts des indigènes, bien au contraire. La part qui revient aux colonies britanniques et françaises est considérable et l'on peut être d'avis que les intérêts indigènes pèsent actuellement plus lourd dans la balance qu'avant la guerre, ceci soit dit sans partager l'opinion de l'ex-secrétaire d'État allemand aux colonies, Dernburg, qui prétend que le prestige des Européens s'est amoindri chez les hommes de couleur, ce qui signifie la fin de l'empire

colonial britannique sous sa forme actuelle. Cette supposition
est diamétralement opposée à l'opinion de Long, qui prétend
que la politique autonome de l'Angleterre, suivie à partir de 1781,
n'a jamais soutenu une épreuve aussi rude que pendant la dernière guerre et qu'elle y a résisté d'une manière éclatante. Ni les
appels à la guerre sainte, ni les événements sud-africains, ni la
propagande hostile faite partout contre l'Angleterre n'ont pu
faire crouler l'édifice de l'empire colonial anglais.

Si, d'un côté, on apprécie de plus en plus tout ce qui est relatif
aux intérêts des colonies, la nature même de ces intérêts a subi
une modification, attendu que certains facteurs qui n'avaient
joué jusqu'ici qu'un rôle secondaire se sont imposés à l'attention
des intéressés. On a conscience maintenant d'une responsabilité
morale pour l'existence des populations qui vivent dans les colonies, et l'on se demande ce qu'on répondrait le jour où, devant
la conscience des peuples, il faudrait rendre compte de l'emploi
de ses talents colonisateurs en récompense de cette confiance
mutuelle. Dans ce désir de collaboration plus fertile en avantages
pour les partis on a cherché sa propre satisfaction aussi bien que
celle des habitants des colonies, chaque fois qu'il s'agissait de
résoudre le problème de l'équilibre dans un intérêt réciproque.

Bref : les rapports coloniaux ne sont plus ce qu'ils avaient été
jusqu'ici et sous la poussée des événements, par le développement de la situation coloniale, ce ne furent plus seulement des
rapports entre une mère et sa fille, mais entre deux sœurs. En
d'autres termes, la politique indigène est devenue un sujet
essentiel, qui exige l'équilibre entre les intérêts des peuples
d'Occident et ceux de l'Orient, pour le maintien de sa propre
place dans son propre milieu, le respect du passé historique, le
tact envers les habitudes et les institutions indigènes, bref le
respect de tout ce qui est particulier à un peuple. Et tout cela
ne peut reposer que sur une connaissance intime de la manière

de penser et des capacités de l'indigène, de sa vie morale et intellectuelle et du désir d'apprendre de l'indigène lui-même ce qui nous paraît encore obscur. En quoi avons-nous donc des reproches à nous faire dans l'administration de nos colonies? Où donc se trouve le rouage absent ou défectueux de la machine gouvernementale, qui, mise en mouvement dans la meilleure intention, grince parfois ou refuse de marcher?

Nous avons vu qu'il faut établir le contact entre les mesures prises par l'administration et les désirs comme les besoins réels des gens du pays et nous avons vu que ces mesures ne règlent pas suffisamment leur orientation sur la boussole des énergies et des besoins indigènes.

Il en est ainsi dans l'administration locale, il en a été ainsi dans le courant général suivi par le gouvernement dans celui de l'association. En résumé, il manque quelque chose à l'application des principes qui doivent nous guider dans la politique à suivre à l'égard des naturels. Chez nous et d'autres puissances on fait des essais à cet égard; on se laisse guider par le hasard; on suit une politique d'un jour où il faudrait une ligne de conduite constante.

Depuis que Snouck Hurgronje, en 1900, a prétendu que le peuple néerlandais doit être convaincu depuis longtemps que la vie de la population de l'Archipel indien devrait être associée à la sienne et réalisée dans l'intérêt des deux partis; depuis le discours prononcé par Idenburg au mois d'août et dans lequel il nous indique notre tâche pour favoriser tout ce qui peut tendre à réduire la distance qui nous sépare de la population de l'Archipel indien; depuis l'appel fait à l'union et à la tolérance dans le discours du trône de 1913; depuis l'énumération ministérielle presque annuelle de ce qui s'est fait à cet égard, nous savons tous qu'aux Pays-Bas les Hollandais ne manquent pas de bonnes intentions. Nous voulons le bien et pourtant nous commettons des fautes et nous bronchons en approchant du but désiré.

Si l'on veut l'amélioration on constatera bientôt qu'il ne faut pas chercher son salut dans les prescriptions; qu'on fera mieux plutôt de ne pas appliquer toutes sortes de mesures futiles ou douteuses et qu'il s'agit de suivre une ligne bien définie de politique coloniale qui marche entre la société indigène et la direction occidentale, et qui touche d'un côté à une volonté énergique et de l'autre à des connaissances solides.

Connaissons-nous donc d'une manière imparfaite les rapports, la situation, les désirs et les besoins indigènes? Bien au contraire, et il faut dire avant toute chose que les études coloniales ont atteint chez nous un degré et une valeur considérables et, comme le dit M. W. van der Vlugt : « En ceci nous pouvons affronter la comparaison avec même les plus grandes puissances coloniales. Dans le pays où ont été publiés l'*Islamisme* de Dozy, le *Bouddhisme* de Kern, l'*Animisme* de Wilken, *La Mecque* de Snouck, le *Droit coutumier de* Vollenhoven; le pays qui peut se vanter d'avoir produit des philologues tels que Roorda, Neubronner van der Tuuk, Kern, Jonker, de Goeje, Matthes, Brandes, Adriani; qui a vu paraître des descriptions de peuples comme celle des Atchinois, des Gajos, des Toradjas, parlant le borée, les langues, l'Islam, dans un pays pareil le Droit Coutumier et la religion populaire indonésienne ont été étudiés avec une activité aussi grande que si un empire de 40 millions d'habitants avait mis à l'œuvre l'élite de ses savants pour étudier l'Archipel ». Aussi en est-il résulté qu'aucun groupe de peuples primitifs n'a été si complètement étudié que celui de nos Indes orientales.

Évidemment il reste encore bien des choses à faire. Qui nous donnera un aperçu de l'art indonésien, qui étudiera les rapports économiques des peuples indigènes et quand aurons-nous des descriptions scientifiques complètes de tant d'autres peuples?

Ce sont des questions qu'il faudra encore résoudre en partie, mais d'une manière générale nos connaissances des peuples indigènes sont assez étendues pour nous permettre de donner une orientation à la politique à suivre.

Si donc dans les Pays-Bas, comme aux Indes, on peut constater le désir d'agir pour le bonheur des deux partis, si l'ordonnance est connue et le remède plus ou moins présent partout, où trouverat-on le défaut de la cuirasse ? Tout simplement dans l'application de ce remède, en d'autres termes dans le chaînon qui doit relier la science et la pratique. Maintenant que l'appareil de l'administration révèle ici et là des imperfections, il est temps qu'on y apporte ce chaînon ou qu'on le fortifie aussi bien hors de l'administration que dans l'administration elle-même.

C'est ainsi que ressort la nécessité pour le peuple néerlandais de se pénétrer autant que possible de l'idée d'association, c'est-à-dire de se sentir en communion avec les habitants des colonies. Et, à cet effet, il est nécessaire de donner à toutes les classes de la société une solide instruction concernant les colonies, c'est-à-dire d'englober des branches concernant les colonies dans les exigences des programmes d'examen des établissements d'instruction publique, *attendu que la ligne de conduite à suivre en matière coloniale doit être indiquée par un peuple bien au courant des problèmes indologues.* On ne peut plus se contenter de discours et de conférences, les connaissances coloniales doivent être inculquées systématiquement, vu que des connaissances solides engendrent l'estime, l'affection et le penchant à l'association et, en outre, un désir d'en témoigner à quiconque veut entendre. Que ceci serve aussi de guide aux institutions, aux sociétés, aux associations qui s'occupent des Indes et qu'elles prennent pour devise : procurer des connaissances solides sur les Indes à quiconque enseigne ou enseignera, et à toutes les classes de la société qui se sont rendues jusqu'ici aux Indes sans ces connaissances; apprendre à voir dans les Indes comme une partie intégrante de notre empire dont les habitants nous touchent ou doivent nous toucher de près, parce que nous avons des intérêts communs et que nous aspirons au même idéal. Les institutions et les sociétés qui, en Hollande, manifestent leur sollicitude et ouvrent leurs bourses en faveur des intérêts et des besoins de groupes ethniques déterminés des Indes Néerlandaises, peuvent être également regardées comme des collaboratrices du gouvernement dans les tentatives qu'il fait pour intéresser l'opinion publique à l'idée d'association entre les Pays-Bas et les Indes.

Il y a plus encore. Si, en effet, tout contact entre les fonctionnaires européens, et les désirs, les besoins et la capacité de supporter des charges de la population indigène disparaît, on se demandera d'abord s'il n'existe pas un autre organe dont dispose l'administration intérieure et qui puisse entretenir ce contact. Cet organe existe déjà en la personne de l'expert pour les affaires des Indes, qui doit s'appliquer à l'étude de la langue et de l'ethnologie du pays et qui, dans ce domaine, peut être chargé de la direction des études et des travaux d'autres personnes.

Ce qui importe avant tout c'est d'avoir des renseignements scientifiques et objectifs procurés par des personnes qui n'ont rien à voir avec l'administration et qui n'en dépendent pas. Des renseignements donnés par des personnes qui ne se demandent pas ce qu'un chef en dira, ni ce qu'on en pensera à Batavia, mais qui, absolument libres envers les données procurées, indiqueront une ligne de conduite à suivre pour le processus de développement de la société indigène, ainsi que la manière et l'intensité avec laquelle doit s'exercer l'influence des mesures européennes.

Ce problème tout entier demande une étude ininterrompue. Des conseils scientifiques sont d'ailleurs d'autant plus désirables dans la politique coloniale, que la valeur de l'opinion publique d'une colonie est parfois reléguée au second plan, comparée à celle de la métropole relativement à la communication de la documentation concernant les besoins et les désirs sociaux. Et cela durera tant qu'il ne sortira pas des groupes de la population assez d'experts qui, par leurs conseils, prouveront que leurs propres intérêts ou ceux de leur entourage immédiat ne leur font pas oublier le but à atteindre. Dans une colonie administrée par des fonctionnaires ceux-ci, en général, n'ont pas le temps de s'occuper d'autre chose, absorbés qu'ils sont par leur tâche journalière qui réclame tous leurs efforts. Il ne faut donc pas s'attendre à les voir chercher des perspectives dans les rapports futurs, perspectives qui sont souvent plus vite atteintes qu'on ne le suppose dans l'état actuel de développement des Indes néerlandaises; et encore moins à les voir chercher des pistes qui mèneront peu à peu au but poursuivi ou qui feront éviter des résultats indésirables. Les vues d'ensemble et les chemins qui y conduisent ne sont le plus souvent pas aperçus du haut de la tradition du fonctionnarisme, mais de la sphère supérieure où se tiennent des observateurs objectifs et des experts qui recherchent la vérité telle qu'on peut la discerner grâce à une éducation scientifique. Il ressortira de cela que les collaborateurs de l'expert conseil pour les affaires des Indes devront autant que possible être choisis parmi des experts qui ont fait des études scientifiques et qui, pour vérifier le résultat de leurs expériences, peuvent prendre leurs informations dans le vaste milieu d'hommes expérimentés. Ainsi épurées, ces expériences pourront livrer une politique administrative, une documentation permettant d'embrasser des perspectives lointaines, mais dont la responsabilité incombe entièrement à l'administrateur qui doit décider quelle est la ligne de conduite à suivre ou à éviter, en se basant sur les données scientifiques dont il peut disposer.

Ainsi, il sera également de toute évidence que les conseils

d'ordre scientifique ne sauraient provenir de fonctionnaires administratifs adjoints à l'expert conseil ou d'anciens fonctionnaires, mais qu'il importe que ce bureau de renseignements soit remis entièrement entre les mains d'investigateurs et de penseurs n'ayant aucune relation avec l'administration et dont la pensée scientifique embrasse de larges horizons.

Ce qui est nécessaire c'est d'avoir un *intelligence department* qui, ayant son mot à dire dans chaque groupe considérable ethnique ou social de la grande société indigène, soit composé d'un personnel spécialement éduqué à un point de vue scientifique, philologique, ethnologique ou autre; un personnel qui se mette en contact tantôt ici, tantôt là, avec divers territoires bien déterminés au point de vue ethnique, afin de rester en rapport étroit avec les habitants et les populations du monde indigène.

Il faut même plus encore. Ce qui est absolument nécessaire c'est d'établir de bonnes relations entre l'Européen et l'Indigène à côté d'une bonne adaptation à la civilisation du pays et une bonne politique administrative. Tout malentendu doit disparaître à cet égard.

Une fréquentation plus agréable, dit avec raison Bevan en parlant des Indes anglaises, ne résoudrait pas, il est vrai, les problèmes politiques; mais il changerait l'atmosphère dans laquelle ils seraient discutés. Un pareille fréquentation ferait naître des possibilités de sympathie réciproque, non pas dans l'acception d'une bienveillance illimitée et sentimentale mais dans le sens d'une compréhension des sentiments, des désirs et des convictions des uns et des autres. Dans les milieux gouvernementaux il existe une tendance prédominante à reconnaître que la pensée fondamentale du nationalisme des Indes est raisonnable et que, si un homme désire être délivré des fers qui l'enchaînent, ce désir n'est en lui-même ni insensé ni condamnable. Mais c'est dans l'application de ce principe fondamental à la situation existante et aux programmes politiques que les divergences d'opinion commencent à se manifester. Et il en est de même chez nous, aux Indes.

Cependant cette divergence d'opinion ne devient pas nécessairement un obstacle, pourvu que des deux côtés on soit convaincu que l'on veut le bien, que l'on s'estime et que l'on ne saurait arriver à une solution par le dédain ou le mépris, mais seulement par la sympathie et une collaboration mutuelle. Nous voulons dire par là que l'employeur européen doit se comporter convenablement envers l'ouvrier indigène et le traiter d'une manière raisonnable. Ceci ne pourra manquer de faire naître un commerce plus agréable entre les deux parties qui finiront par comprendre leurs désirs et leurs desseins réciproques. Cet état d'esprit engendre dans une entreprise agricole ou industrielle des sentiments qui ne sont pas dus à un prestige souvent mal fondé, mais qui repose sur l'attachement qu'on ressent les uns pour les autres quand on poursuit le même but.

Ceci veut dire encore que cette fréquentation confiante entre l'administrateur européen et l'administré indigène ne saurait s'acquérir par la rudesse et l'arrogance, par des exigences d'hommage à nous rendre, par une attitude et un ton froid et hautain, par la raillerie ou des voies de fait, mais par une stricte équité; par la modération, l'affabilité, la bienveillance et l'explication de nos intentions. De cette façon seulement on éveillera chez l'indigène le sentiment de la responsabilité et du devoir ainsi que la conscience de son indépendance.

Ce faisant, on reconnaîtra son prochain dans l'indigène, qui est autre que nous, il est vrai, mais qui n'est pas un être inférieur et qui mérite notre assistance et notre appui chaque fois qu'il les réclamera et en éprouvera le besoin.

Il est regrettable que ces choses demandent à être rappelées; mais il est maintenant plus que jamais nécessaire de les dire et l'on ne saurait trop y insister à l'époque où nous vivons.

FEMME ATCHINOISE

coll. Kol. Instit.   phot. Nieuwenhuis.

INDIGÈNES DE MENTAWEI A BORD D'UN NAVIRE DU GOUVERNEMENT

coll. Kol. Instit.   phot. Nieuwenhuis.

L'AUTO-ÉDUCATION COLONIALE

Les ouvrages traitant de la politique coloniale sont unanimes à affirmer que c'est nous autres Européens, éducateurs et porteurs d'une civilisation supérieure, qui gratifions de notre abondance de trésors culturels les peuples primitifs ou mi-civilisés et que nous avons, de ce fait, droit à leur reconnaissance.

Il y aurait cependant lieu de se demander si nous ne pourrions pas bénéficier nous-mêmes, dans le domaine spirituel, de la tâche éducative assumée à l'égard des peuples mineurs confiés à nos soins. La possession d'un empire colonial peut signifier un bénéfice spirituel à côté d'un motif d'ordre matériel, dû au déploiement d'énergie. Le sentiment de responsabilité à l'égard du bien-être et du bonheur d'autres peuples, l'élargissement de notre horizon, fruit de la juste appréciation de ce que des peuples d'une civilisation différente de la nôtre considèrent comme leur souverain bien culturel, la maîtrise de nous-mêmes dans l'exercice d'une autorité sur des peuples de volonté plus débile que la nôtre; tous ces facteurs constituent une trempe salutaire pour le caractère national. Posé dans sa plus simple expression, le problème se trouve réduit à ceci : Les indigènes ont-ils quelque chose à nous apprendre et devons-nous profiter de ces leçons? Nous, les peuples hautement doués et qui avons atteint un degré supérieur de culture, pouvons-nous et, si cette possibilité existe, devons-nous entrer en apprentissage chez des peuples moins civilisés, voire même chez des primitifs? Leur civilisation différente admet-elle cet apprentissage et y sommes-nous tenus dans leur intérêt comme dans le nôtre?

Si la question ainsi posée peut nous surprendre, elle constitue de ce fait un motif pour chercher à faire jaillir la clarté dans le chaos d'opinions contradictoires qu'elle suscite.

Les Indigènes peuvent-ils nous apprendre quelque chose?

Celui qui veut justifier une réponse affirmative n'a qu'à s'ins-pirer des idées d'une époque où l'on prêchait le retour à l'état de la nature, bref, des temps où l'on glorifiait l'homme primitif, et consulter *Le Sauvage* de Seumer qui enchanta nos imaginations d'adolescents à cause de la leçon de générosité donnée à un colon européen.

Ce « franc Huron » qui ignorait le mince vernis de la politesse européenne et qui sentait battre en son sein un cœur, tel que Dieu le lui avait donné, un cœur non encore souillé par la civili-sation, répondait en souriant :

> Seht, ihr fremden klugen weissen Leute,
> Seht, wir Wilden sind doch bessere Menschen!

(Voyez-vous, vous autres étrangers blancs et intelligents, nous, les sauvages, nous valons mieux que vous).

La réponse de Max Müller est également affirmative. Pour lui l'étude de la langue, de la littérature, de la philosophie et des arts de l'Inde est tout aussi fructueuse que celle des Grecs, des Romains et des peuples sémitiques. Et cette affirmation vise aussi bien l'Inde contemporaine, où se dressent de multiples problèmes dont la solution intéresse les Européens, que l'Inde antique d'il y a quelques millénaires, l'Inde des Indous. Cet Hindoustan est un musée d'archéologie singulièrement vivant qui recèle en abondance des trésors archéologiques, mytholo-giques, linguistiques et juridiques. On y vit dans un monde qui évoque les temps les plus reculés aussi bien qu'un avenir lointain, et ouvre des perspectives qu'offre bien rarement la vieille Europe. L'Occidental doit s'y « orienter », c'est-à-dire son attention doit se poser sur des hommes et sur une société d'Orient, bref sur un Orient et sur tout ce qu'il a d'humain. Or Max Müller recherche avant tout cette orientation dans la littérature et la religion de l'Inde antique que les Védas et les épopées nous révèlent d'aussi haute valeur que celles qui nous apparaissent dans les écrits d'Homère et de Virgile. Mais lorsqu'il veut distiller de leur littérature des preuves de la sincérité des Indous, il se heurte aux objections que soulèvent les connaisseurs du caractère indou moderne, qui l'accusent de partialité. Max Müller oublie que le mensonge est l'arme des faibles et par conséquent des primitifs et des peuples sauvages qui se trouvent dans une position d'infériorité par suite de la terreur que leur inspire leur entourage aussi bien que l'étranger, si merveilleusement outillé. En parlant de cette infériorité on aurait tort de ne songer qu'aux conséquences du despotisme, des privilèges de classe, de la rapacité et de l'autocratie des chefs, de l'inégalité devant la loi, des conceptions religieuses et des institutions nationales. Il s'agit plutôt de certaines qualités, corollaires d'un certain degré de civilisation et qui poussent l'individu à obéir à ses émotions plutôt qu'à la réflexion.

« Ce qui manque le plus aux esprits primitifs, c'est la précision et la netteté, c'est le raisonnement droit, et, dans l'ordre matériel, le soin, l'application, l'esprit de suite dans le travail... La précision scientifique est source de l'honnêteté... Mais ceux dont la vie est aménagée avec une simplicité primitive, et tout près de la nature, sont une proie facile pour l'irréel, le surnaturel, l'irrationnel [1]. »

1. Courant et Alspetite cité par Jules Harmand, *Domination et colonisation*, 1910, p. 267.

Le langage imagé, les fioritures apportées au moindre récit, les expériences dans le domaine de la fantaisie que l'on connaît chez l'Indigène, sont bien moins la preuve d'un mensonge conscient que de l'habitude de jongler avec la vérité d'une façon agaçante pour l'Occidental, parce que celui-ci ne parvient à la comprendre qu'au prix d'un effort de volonté tendant à se placer dans le monde de pensées et d'émotions créé par l'état d'instabilité nerveuse de l'Indigène.

Or la volonté robuste de l'Occidental répugne à cette transposition dans un monde d'angoisse et de lâcheté violemment antipathique à la ferme volonté, corollaire de la force morale et de l'amour intransigeant de la vérité.

On discerne cependant une connaissance profonde de l'âme asiatique dans les paroles que Dostoïewski met dans la bouche de Rasumichin : « Mentir dans son intérêt est presque préférable à dire la vérité à tout le monde, car dans le premier cas on est un homme, dans le second un oiseau qui chante ». Celui qui parle ici, c'est l'Asiatique russe qui ne distingue pas nettement le rêve de la réalité, l'imagination du fait. Sa faculté d'observation n'est qu'imparfaitement développée, car l'imagination a une force persuasive autrement grande que la réalité et l'élément psychique prédomine dans le monde des choses. Il résulte de ce qui précède que l'observateur de la vie journalière de l'autochtone qui veut trouver la réponse à la question que nous nous sommes posée : « L'indigène peut-il nous apprendre quelque chose? » est enclin, dans bien des cas, à se prononcer pour la négative.

Aussi celui qui désire cette réponse négative trouvera-t-il toute son argumentation dans un livre sur la sélection humaine paru récemment et où l'on relève des opinions remarquables sur les peuples de civilisation inférieure. L'auteur de cet ouvrage, le savant Charles Richet (*La Sélection humaine*, 1919), distingue trois races humaines : la race noire d'Afrique, la race jaune d'Asie et la race blanche d'Europe et d'Amérique.

Généralement parlant, rien ne s'oppose à cette classification. L'anthropologie qui a pour objet l'étude de la vie physique de l'humanité et de ses groupements basés sur des divergences physiques n'a pas su trouver, jusqu'à ce jour, une classification satisfaisante de l'humanité, tâche extrêmement délicate du fait de la difficulté qu'il y a à établir, d'une façon suffisamment nette, les lignes de démarcation entre les groupes. Tous les efforts tendant à rendre plus claires les conceptions relatives à la classification de l'humanité d'après des propriétés communes sont autant de voyages d'exploration dans les régions abruptes et peut-être inaccessibles d'une division rationnelle en différentes races. Au point de vue scientifique ces efforts sont particulièrement intéressants, ne fût-ce que pour satisfaire à notre besoin de repérer un point fixe dans un domaine purement spéculatif, de trouver des lignes de démarcation nettes entre ce qui est semblable et dissemblable, de grouper ce qui rentre dans la même catégorie et de rendre la matière assimilable à l'esprit. Néanmoins si nous passons en revue les tentatives de classification somatique des races, à commencer par Linné et continuant jusqu'à, disons, Giuffrida-Ruggeri, nous comprenons qu'on en soit finalement revenu à la classification générale; race noire à cheveux crépus; race jaune à cheveux plats et race blanche à cheveux bouclés ou droits.

On peut en outre chercher avec Richet la supériorité des races dans leurs dispositions intellectuelles telles qu'elles se manifestent par la mémoire, la compréhension, le bon sens, l'aptitude à généraliser, la volonté de mener à bonne fin une chose entreprise, etc. Mais il n'est pas besoin, dit Richet, de vérifier successivement toutes ces qualités, car elles se sont manifestées, au cours des siècles, dans les civilisations représentées par les di-

verses races. Chacune d'elles a produit son chef-d'œuvre, subi,
pour ainsi dire, son examen; il devient dès lors facile de distinguer les races supérieures des races inférieures.

Que constatons-nous alors? Les nègres n'ont pour ainsi dire
pas contribué à l'œuvre de la civilisation; s'il n'en occupent
pas le dernier échelon, ils n'en arrivent pas moins bons derniers, lorsqu'il s'agit d'apprécier leur valeur au point de vue
humain. Où est leur Archimède, leur Keppler, leur Galilée,
leur Newton, leur Lavoisier, leur Darwin, leur Pasteur? Et
Richet conclut résolument à l'infériorité de la race noire du
fait que le niveau de leur civilisation se trouve à zéro.

Pour les races jaunes, c'est-à-dire les Asiatiques, la question
est plus délicate. Il faut reconnaître aux Chinois et aux Japonais
une civilisation ancienne, un édifice social d'une complexité
extrême. Ils ont leurs poètes, leurs philosophes, leurs hommes
politiques. Mais, demande encore Richet : « Où est leur Archimède, leur Keppler etc.? Il se peut qu'ils aient connu la boussole avant les Occidentaux. Mais cela n'empêche pas qu'ils n'ont
ni découvert l'Amérique ni atteint le Pôle. Quant au théâtre
Chinois avec ses vingt-cinq mille pièces, Richet les troque volontiers (sans les avoirs lues, d'ailleurs) contre Hamlet ou Œdipe.
A ses yeux tous les Bouddhas d'Asie ne valent pas le seul Gla-
diateur mourant. Et que sont toutes les divinités chinoises ou
la Grande Muraille auprès du Parthénon et de la Sainte-Cha-
pelle? Supposé que seuls l'Europe et le bassin méditerranéen
eussent existé, la perte eût-elle été grande pour le monde? »

L'auteur poursuit sur le même ton, s'enorgueillissant de la
race blanche, de sa science, de ses inventions, de sa domination de
la matière, auxquelles il oppose l'animisme et ses basses superstitions, le fumeux génie de Bouddha et les fantasmagories des
Védas.

Nous touchons là à un exemple frappant du chauvinisme de l'Européen occidental avec tout ce qu'il comporte d'orgueil, d'outre-cuidance et de présomption. Comment réfuter ces prétentions?

Faut-il y opposer des figures telles que le pédagogue nègre Booker Washington, citer un rare savant indou dans la science occidentale? Ou encore faut-il alléguer la théorie des milieux? Ou les rapports entre les anciens Européens occidentaux et les représentants d'une civilisation supérieure, rapports qui rendirent possible l'assimilation des trésors de la civilisation étrangère? Faut-il aussi rapporter le fait que nos missionnaires ont discerné dans l'animisme l'angoisse et la soif ardente de la vie, dans l'Indouisme une aspiration éperdue vers l'union avec Dieu et dans le Bouddhisme le culte du surnaturel en opposition avec la basse matérialité? Ou encore, faut-il citer la première épitre de saint Paul à Thimothée, l'exhortant au mépris des vaines disputes de paroles qualifiées d'entendement.

À quoi bon?

Supposé qu'on soumette la présomption des Occidentaux au jugement d'un lettré indonésien, qu'en dirait-il? Répondrait-il avec le philosophe de Riau, le Rajah Ali Adji :

Voulez-vous reconnaître l'homme heureux?

Vous le reconnaîtrez à ceci qu'il s'abstient de vaines disputes.

Voulez-vous reconnaître le savant?

Il ne se lasse pas de demander et d'apprendre.

Voulez-vous reconnaître le sage?

Il se pourvoit, dans la vie, de provisions pour le grand voyage.

Pour être formulée en des termes différents, la leçon de Thomas à Kempis est sensiblement identique.

Se pourrait-il que l'Indonésien nous apportât ce recueillement comme le fait Thomas à Kempis dans son livre qui plus que toute autre œuvre littéraire européenne se rapproche de la vision bouddhique et se pourrait-il aussi qu'il nous offrît ce recueillement en échange de l'intellectualisme saturé de matérialisme qui caractérise l'Européen? Et ce recueillement ne représente-t-il pas une source de bonheur inconnue à notre civilisation moderne?

Notre philosophie européenne est basée sur la volonté, la force, l'action. Nous avons fouillé le globe d'un pôle à l'autre, nous avons imposé notre volonté dans les profondeurs des mers aussi bien que sur les cimes neigeuses. Partout les Occidentaux exigent l'obéissance à leurs lois comme si leur volonté signifiait la félicité universelle et éternelle, arrêtée objectivement. Lorsque nous exigeons des peuples qu'ils acceptent notre morale et notre science pratique occidentales, notre volonté de fer dans la poursuite d'un but, notre intellectualisme, notre domination sur les faits, notre méthode à pourvoir à nos besoins et notre politique sociale, ce ne sont pas là des conseils que nous donnons, ce sont des ordres. Notre civilisation occidentale est extensive, mais ce qu'on y cherche en vain, c'est le recueillement, la concentration qui conduit à la perfection de soi-même et au repos de l'âme. Où trouver cette éducation intérieure dont le fruit naturel est la bonté, par laquelle il faut comprendre, non la volonté raisonnée de faire le bien conformément à notre propre interprétation de ce terme, mais l'incapacité orientale de faire autre chose que du bien à ceux dont on pénètre l'âme en pensée, du fait qu'on comprend leur vie intérieure et sait en apprécier la valeur.

Nous voulons porter aux Indonésiens le bonheur et le bien-être. Mais quelle signification prêtons-nous à ces termes, si encore, comme pour beaucoup d'entre nous, ce ne sont pas des mots vides de sens.

Certes, on peut identifier la notion de « bonheur » et celle de la « justice » ou « d'absence de douleur ». Ou encore on peut définir le bonheur humain comme étant « l'unique bonheur engendrant le bonheur », le contentement de l'âme, le contentement de la vie, fruit de la religiosité. « Etre heureux » veut dire alors :

« être riche en Dieu ». Cet état d'âme contient et verse en abondance à l'homme, la bénédiction « blessedness » — où Carlyle voit, avec raison, le bonheur réel — happiness. On peut voir aussi dans notre civilisation, imbue de l'esprit du christianisme, le porteur du souverain bien pour la société comme pour l'individu, surtout lorsqu'on voit dans la civilisation supérieure une activité supérieure aussi dans les domaines de l'esprit et de la morale. Ce que l'indigène nous demande, c'est l'exemple d'une activité que le régent de Serang définissait un jour en parlant de la vitalité dans les domaines moral et matériel, « car si chez nous le recueillement fait défaut, chez l'Indigène c'est l'action. »

On a dit que les personnes actives sont en général plus honnêtes, plus disposées à l'épargne, plus dignes de confiance, plus économes, bref d'une moralité plus élevée que les autres. Mais il convient d'opposer à ce point de vue celui de Gœthe qui disait : Der Handelnde ist immer gewissenlos (L'homme d'action agit toujours sans scrupules).

C'est par conséquent en rapprochant ces deux extrêmes qu'il faut réaliser un mélange harmonieux de la méditation et de l'action.

Ce que nous devons donner aux Indes, si nous voulons le bien de l'autochtone, ce sont des guides instruits par nous et qui ne glorifient ni leur personne, ni leurs devises empruntées ailleurs, des hommes cherchant pour la société dont ils sont issus des voies sûres menant au progrès et à une activité plus grande dans le domaine moral et matériel. Car dans le domaine matériel aussi ce progrès est indispensable et il convient d'inscrire sur sa bannière cette autre devise : Un bien-être plus grand se rattachant à la vitalité toujours plus grande des sociétés autochtones.

Si, dans cet ordre d'idées, on veut définir la conception du « bien-être » (car comme pour la conception du bonheur il est aisé de formuler nombre de définitions, conformément aux préférences de chacun) on pourrait dire qu'à l'égard des sociétés autochtones il faut tâcher d'établir l'équilibre entre le développement de la production et celui des besoins. Cet effort vers une production plus intensive en vue d'une demande toujours plus grande, repose en partie sur la vitalité grandissante dans le domaine matériel. Boeke [1] y voit le but principal et affirme qu'il faut démontrer à l'indigène l'intérêt de la sécurité sociale et du bien-être matériel et développer chez lui la notion de l'intérêt individuel.

Dans le domaine pratique le problème se trouve réduit à ceci : comment convaincre l'autochtone de la valeur de l'effort accompli et comment le persuader qu'il est de son devoir de travailler ou, en d'autres termes, que l'accroissement de son activité signifie le bonheur comme le bien-être. Ce ne seront ni les brochures répandues à profusion, ni les devises présomptueuses qui mèneront au but, car cette conviction ne saurait pas plus être imposée par la plume que par la parole. Ce qu'il faut, c'est des faits tangibles tels que la sécurité du bien acquis, stimulant de l'économie; c'est le contentement de l'entourage où l'indigène se livre à ses occupations et, comme conséquence immédiate, la sensation de bien-être, qui l'incite au travail. C'est encore le traitement bienveillant de la part des chefs qui s'assurent de ce fait du dévouement du travailleur; c'est l'équité rigoureuse dans le paiement des salaires, qui doivent être suffisants pour garantir une nourriture saine, un logement convenable. Il faut enfin donner à l'indigène de bons soins médicaux, et une instruction solide libérant l'individu des entraves de toute nature et créant des besoins nouveaux, motifs de déploiement d'énergie.

Pouvons-nous concevoir, nous autres Occidentaux, ce que signifie, pour une société indigène, la naissance de besoins nou-

1. Dr. H.-J. Boeke. *Tropisch-Koloniale staathuishoudkunde* (Économie des colonies dans les tropiques), 1910, p. 204.

veaux, nous qui sommes brûlés d'une véritable « fièvre de besoins » qui fait que toute notre vie durant nous sommes attachés à la poursuite de biens matériels, à la chasse haletante des richesses? Et ne pourrions-nous pas prendre, à cet égard, exemple sur l'Indigène? Ses besoins sont insignifiants, mais il reste de la place, dans son cœur, pour la ferveur religieuse qui, dans notre société, se trouve refoulée à l'arrière-plan.

Libre à nous de faire nos réserves quant à sa magie et même de considérer sa croyance animiste avec un sourire de pitié. Pour lui ce sont des problèmes d'une gravité extrême. Ils prennent dans sa vie une place prépondérante, car il existe des rapports intimes entre ces problèmes et ses idées sur la mort, sur le secours des esprits, sur la jalousie des ancêtres, etc.

Nous rendons-nous compte de ce que désire l'autochtone lorsqu'il veut passer à l'action, déployer sa force vitale dans le domaine politique, par exemple? Ne finira-t-il pas par s'assimiler la brutalité des mœurs politiques de l'Occident? La vie parlementaire européenne est d'un piètre exemple et il est hors de doute que le ton et l'atmosphère morale du Conseil National aux Indes, au début, se différenciaient à son avantage d'avec ce que nous voyons en Europe. Déjà la presse indigène a changé de ton. Maintes fois elle se laisse aller aux injures qui caractérisent certains journaux de la métropole, et l'extrême correction qu'on trouvait, il y a quelques années, dans les journaux des Indes, a disparu. La liberté d'exprimer ses pensées a amené une désinvolture regrettable dans la façon d'attribuer des intentions peu généreuses aux gouvernants; et l'on se demande si les limites n'ont pas été dépassées par des écrivains ne possédant qu'une demi-instruction et qui profitent des connaissances acquises dans les écoles pour rédiger des boniments de bateleurs dénués de toute dignité et qui forment un contraste flagrant avec le savoir-vivre de l'Indigène. La rencontre de deux philosophies, antagonistes sous certains rapports, a eu, dans ce domaine, une influence néfaste sur l'autochtone européanisé. Il ferait infiniment mieux de rappeler à une vie plus élevée sa civilisation orientale et d'en écarter les biens culturels qui, mal digérés et présentés d'une façon prétentieuse, ne font que beaucoup de bruit sans lui donner la maturité d'esprit nécessaire. Cette vie plus élevée doterait l'Indigène d'une conscience nationale pleine de dignité, infiniment supérieure à la politique bâtarde qui répugne à l'Oriental aussi bien qu'à l'Occidental. Un nationalisme de cette trempe, fondé sur le légitime orgueil d'un caractère qui se manifeste dans ses aptitudes et dans une civilisation propres à l'Indonésien, ferait naître chez l'autochtone la conscience de sa valeur et gagnerait les sympathies de tout le monde. Alors on assisterait à l'éclosion de grands caractères capables de prendre en mains les destinées du peuple. Maintes fois on a posé la question : En quoi l'Indigène est-il inférieur à l'Occidental? Invariablement la réponse, donnée sans réflexion, était celle-ci : L'infériorité de l'Indigène résulte du fait qu'il appartient à une race inférieure. Cette réponse, qui trouverait un démenti éclatant dans la conscience nationale dont il a été parlé plus haut, est d'ailleurs parfaitement insuffisante et suppose, *a priori*, des différences biologiques qui ne sont pas près d'être prouvées. En outre cette réponse ne tient pas compte des circonstances telles que le niveau de la civilisation, le développement économique et l'ambiance indigène pris dans le sens le plus étendu du terme.

Il peut être utile d'examiner ici, à titre d'exemple, deux des éléments constitutifs de cette ambiance, à savoir l'entourage naturel et les rapports sociaux. Il faudra tenir compte du fait que les autochtones des Indes néerlandaises sont des insulaires et que leurs sociétés ont un caractère de communauté très prononcé.

D'une part les mers intérieures de l'Archipel, la ligne prolongée du littoral et les nombreuses baies permettent une navigation active entre les îles. D'autre part les Indes ont attiré depuis des siècles les manifestations des civilisations les plus diverses comme portées par les grands courants maritimes qui passent de l'Océan Indien dans le Pacifique : un commerce étranger venant de Chine, des religions étrangères venant de l'Inde, des gouvernements étrangers venant de l'Europe occidentale. Ces influences étrangères eurent à briser la résistance opposée par le caractère insulaire et qui est propre pour ainsi dire à toutes les régions de l'Archipel. Dans les vastes continents que sont en réalité l'intérieur de Bornéo et de la Nouvelle-Guinée, l'invasion de ces éléments étrangers suit la route tracée par les fleuves, les cols de montagne et les vallées. Dans l'Archipel ce sont les vents et les courants maritimes dominants en certains détroits tels que celui de Malaka qui ont montré la route à ces civilisations venant de loin et n'avançant souvent que par étapes. Si les voies maritimes et la conformation des îles ont pu exercer parfois une influence favorable à l'invasion, ces éléments contribuèrent souvent à perpétuer l'isolement et l'exclusion de tel ou tel groupe. Ils constituèrent en effet dans bien des cas des obstacles et, détournant les courants de civilisation, furent la cause d'un développement exclusif et de l'affaiblissement vital dans des territoires peu étendus où les nouveaux besoins ne se faisaient que peu sentir. Là où les côtes sont inaccessibles (les îles du littoral occidental de Sumatra, Bourou, Nouvelle-Guinée du Sud) la mer constituait une barrière presque infranchissable qui conservait dans toute sa pureté le caractère spécial du type humain aussi bien que de la civilisation. C'est grâce à elle que la présomption et l'égoïsme individuel purent se maintenir intacts. Les us et coutumes ancestraux, les conceptions séculaires, trouvèrent un refuge derrière les brisants qui rejetaient les fruits des civilisations étrangères et protégeaient la population contre toute influence venant du dehors. La crainte de la mer était un obstacle de plus. Dans les îles telles que Timor, Bali, Bawean où l'on voyait dans tout étranger un ennemi et où l'insulaire n'était guère enclin à chercher des voies de communication, la langue et les institutions sociales ont la vie dure et resteront, on ne sait pour combien de temps encore, cachées aux yeux du savant voulant pénétrer dans ce musée merveilleux de variété qu'est l'Archipel indonésien.

Un autre exemple démontrera la tendance communiste prononcée qui caractérise la vie sociale indonésienne, et prouvera combien l'individu se trouve refoulé au second plan, sacrifié qu'il est à la collectivité dont il n'est qu'une fraction.

Sur la côte occidentale de Sumatra, lorsqu'on ramène le filet chargé de poissons, les enfants qui ont aidé à le retirer et même toute personne qui a assisté au travail en spectateur désintéressé, tous peuvent prendre leur part du produit de la mer, propriété commune qui prodigue ses richesses à la collectivité.

Même le marché indigène fait défaut dans la société franchement communiste des Toradjas du Centre de Célèbes. Le droit de propriété indigène sur l'eau et sur le sol est chose inconnue et on est réfractaire au développement des droits rigoureux de l'individu sur les biens mobiliers.

Dans le Minahassa les intérêts de famille sont confiés à un Conseil se composant d'un très grand nombre d'hommes et de femmes. A Ternate, la division, d'ailleurs fort rare, des biens familiaux ne se fait qu'avec l'assentiment de tous les membres de la famille; on ne dira pas qu'une jeune fille de Karo est mariée à un tel mais à une certaine « marga » et chez les Malais de Menangkabau l'intérêt de l'individu est complètement subordonné à celui de la famille.

Le droit de « l'adat » (l'usage) des Javanais ne s'explique également que si l'on tient compte de l'idée de communauté qui caractérise la société indonésienne. On ne retrouve pas seulement ce caractère de communauté dans les compétences remarquables que le conseil du village emprunte au droit dont est investie la commune de disposer du sol (Participation dans la vente et dans l'engagement du sol, parfois même dans la cession à bail et la location, moyennant, comme paiement, une partie de la récolte, droit de disposer du sol pour une durée de temps indéterminée, lorsque l'intérêt de la commune l'exige; assignation de terrains à de nouveaux arrivés, etc.) On le retrouve aussi dans la collaboration usuelle que l'on reconnaît dans la propriété commune de parcs pour le bétail (mesure contre le vol) et des granges pour le riz ou dans la construction et l'entretien en commun de travaux d'irrigation. C'est en vain qu'on chercherait dans le droit de l'adat javanais ou madourais une réglementation concernant la servitude héréditaire. On peut être propriétaire ou bien détenir en gage une plantation enclavée dans la propriété d'un tiers, sans qu'il soit besoin de créer une réglementation spéciale pour en permettre l'accès. On n'a que faire d'une règlementation tatillonne touchant le droit sur les eaux d'irrigation, et les stipulations immuables concernant la tutelle ou les droits de succession sont également superflues.

Cet état de choses résulte du fait que tous les droits sont interprétés et appliqués, non comme dans le droit romain où prédomine l'intérêt individuel, mais conformément au principe que l'usage des biens individuels doit être dans l'intérêt de la collectivité [1].

Le mot « tanggoung » évoque l'idée d'innombrables cas de caution et de responsabilité à l'égard des actes d'autrui. Il évoque l'aide prêtée pour la culture du riz, la construction des habitations, le travail dans les plantations, les transports, les cérémonies qui accompagnent les mariages, les obsèques et la récolte,

1. Van Vollenhoven. *Het adatrecht van Nederlandsch-Indië.* 1918, I p. 541.

les pépinières communes, bref tous les cas d'assistance mutuelle entre les habitants du même village. Ce mot contient la certitude de réciprocité pour les services, l'aide que se prêtent les membres de la famille ou les voisins et les services rendus aux personnages de marque de la communauté. Comment les Archimède, les Galilée ou les Pasteur, chers à Richet, pourraient-ils occuper une place prépondérante dans une communauté aussi strictement limitée par des principes d'ordre familial, territorial et coopératif et restreinte dans le cercle étroit créé par les tendances généalogiques?

Or, dans cette communauté se manifestent à l'heure présente des forces diverses qui tendent à exercer une influence dissolvante sur ces sentiments de solidarité.

Les communications faciles, les séjours souvent prolongés loin du pays d'origine, l'enseignement occidental ont élargi l'horizon au delà des limites de l'ambiance immédiate. Ces influences ont miné le respect à l'égard des autorités du village et de la mosquée et elles ont porté atteinte aussi aux liens familiaux. Dans certains cas elles ont dépeuplé les écoles confessionnelles mahométanes, dans d'autres cas elles ont amené celles-ci à adopter nos méthodes d'éducation.

Ce sont surtout ceux qui se posèrent en élus intellectuels, ceux qui voulurent passer au tamis les idées étrangères pour séparer l'ivraie du bon grain, bref, les entraîneurs dans le domaine politique et les représentants de l'opposition contre notre Gouvernement qui commencèrent à donner la préférence aux devises venues d'ailleurs plutôt qu'aux conceptions et aux besoins de la population indigène. Leurs jugements prouvent combien est laborieuse l'émancipation de la personnalité, processus fondé sur l'acquisition d'un noyau de convictions solides. On retrouve chez eux tous les symptômes de la lutte qui accompagne l'effort tendant vers la formation d'un caractère et la conquête d'un point de vue inattaquable à l'égard du monde extérieur. Ils ont ce côté superficiel des individus dont toute l'attention est tendue vers la modification de l'apparence au lieu de se concentrer sur l'essence même des choses. On se rend compte de l'extrême difficulté que comporte cette transformation pour l'Indonésien si l'on songe que même dans notre société occidentale tout individu se trouve étroitement lié par la tradition prise dans le sens le plus étendu du terme. Or cette transformation est encore bien plus difficile dans l'ambiance extrêmement restreinte de la société indigène, où la tradition règne en maîtresse absolue et où elle est maintenue non seulement par la famille mais aussi par la foule des esprits ancestraux à l'œil de qui on ne saurait se soustraire et qui épient ou protègent jalousement toute créature. Ici l'émancipation de l'individu ne devient possible qu'à condition que la chaîne soit rompue; pour cela il faut que l'individu se détache de sa communauté généalogique ou territoriale. Le développement de l'individualité exige impérieusement que l'entourage naturel et supranaturel qui la lient étroitement et influencent les sentiments, le jugement et les actions de l'individu aient perdu tout empire sur lui. C'est alors seulement que pourront sortir de la foule les guides capables d'une part de choisir une orientation nouvelle pour l'indiquer au peuple et rattachés d'autre part assez étroitement à leurs compatriotes pour que ceux-ci voient en eux les guides vers l'inconnu rêvé. Mais la société demande encore davantage. Le nombre de ces personnalités doit être assez grand pour que de la médiocrité inévitable jaillissent des personnalités géniales, capables d'entrevoir des perspectives nouvelles, et capables aussi de trouver pour elles-mêmes et pour les masses la voie à suivre. Jusqu'à ce jour les Indes n'ont pas encore produit des individus de cette trempe, car parmi les quelques personnalités de premier plan qui ont joué un rôle jusqu'à ce jour, il ne s'en est guère trouvé de

marquantes ou de célèbres. Aussi si Richet nous demandait :
où est votre Homère de Sumatra, votre Platon de Bornéo, votre
Shakespeare malais, votre Kant soundanais ou votre Keppler de
Java, nous serions obligés de lui répondre que nous ne pouvons
pas il est vrai citer des génies de cette envergure, mais que rien
ne prouve que les Indes n'en produiront pas dans l'avenir. Et si
l'on nous objecte que l'Archipel a une histoire assez ancienne
pour avoir pu donner à l'humanité des hommes éminents, nous
ne pourrions que répondre avec la même réserve que les Indonésiens modernes n'ont pas encore eu l'occasion de mettre en
vedette des célébrités ni de célébrer leur gloire ou d'inviter
l'étranger à se ranger à leur point de vue dans les cas où ils ont
cru découvrir un homme célèbre dans leur société exiguë. Le
temps aussi bien que l'espace ont fait défaut jusqu'à présent, et
nous commençons à nous rendre compte que ce n'est pas peu
dire.

Une autre raison encore explique pourquoi aucune célébrité
ne s'est encore révélée. Tant que subsistait la contrainte religieuse, la glorification de l'individu se trouvait exclue. Le mysticisme des mahométans de l'Indonésie ressentait le besoin de
saints islamites et le Byzantinisme hindou créa les rois dieux,
mais le sentiment religieux pénétrait et contraignait toute chose
à un degré tel qu'il devenait impossible à des artistes ou à des
politiciens d'atteindre à la célébrité. Il est significatif que les
créateurs d'un art absolu, digne d'une renommée mondiale et
dont nous trouvons les spécimens dans les musées ethnographiques indiens, sont restés anonymes et que de nos jours encore
telle tisseuse, tel sculpteur de bois restent et resteront toujours
inconnus. N'est-il pas significatif que nous ignorions le nom de
celui qui projeta Tjandi-Pawon, de celui qui modela Pradjna-
paramita?

Aussi devons-nous user d'une extrême circonspection dans

nos jugements, souvent défavorables, sur certaines manifestations de l'intellectualisme indigène. Il se peut qu'elles nous paraissent « neurasthéniques », mais elles peuvent fort bien représenter les symptômes de la libération laborieuse des entraves séculaires, de l'éclosion d'une vie nouvelle qui se libère des sentiments sociaux moutonniers et qui se sent appelée à collaborer intensivement à la réalisation d'un idéal. Et vouloir une chose avec intensité n'est-ce pas de l'amour, lorsque cette volonté vise à assurer le bien-être d'autrui? Et quelle transformation radicale n'impose-t-elle pas à l'Indonésien chez qui l'activité tout intérieure prédomine si souvent? Transformer cette vie intérieure égocentrique en une activité enthousiaste, c'est ce qu'on pourrait appeler le secret de toute éducation. L'exaspération nationaliste demande un traitement rationnel, sans quoi elle tourne à la folie, car si les « sentiments nationaux » peuvent être nobles et créer l'enthousiasme, ils peuvent aussi mener à la désagrégation et à la révolution. Il est hors de doute que le sentiment national réveillé dans une partie de la société indonésienne est, pour une bonne part, le fruit des mesures prises par le Gouvernement néerlandais. Ces mesures sont multiples : moyens de communication, législation uniforme pour tout l'empire colonial, un gouvernement actif s'étendant sur le territoire entier, déplacement des fonctionnaires indigènes d'une région de l'Archipel à l'autre, position assumée par le Gouvernement qui place son point de vue au-dessus des différences de religion, décentralisation, Conseil National, Conseils de la juridiction d'un Régent, etc. Toutes ces mesures contribuent à éveiller le désir de droits communs, à développer la compréhension de l'unité des intérêts, à ouvrir des perspectives nouvelles vers des idéals communs.

Se plaçant ainsi au-dessus des partis, le Gouvernement ouvrait, par l'enseignement, des sources nouvelles pour la connaissance du bien et du mal. Il éveillait chez l'Indigène des désirs et des aspirations qui paraissaient, en majeure partie, tendre à des droits et des avantages nouveaux pour l'autochtone.

Mais faut-il en conclure que les mesures néerlandaises qui ont éveillé aux Indes la personnalité et les tendances à l'unité et au nationalisme ne permettent à notre civilisation qu'un seul rôle : celui de donner? Ou bien l'œuvre éducatrice entreprise aux Indes, notre œuvre de colonisation nous a-t-elle valu des avantages et a-t-elle complété aussi notre propre éducation?

De fait les avantages que la Hollande a tirée des Indes n'appartiennent pas exclusivement au domaine matériel. Le gouvernement de son empire colonial lui a également rapporté des profits d'ordre moral. Il a élargi notre horizon, nous a appris à apprécier la valeur des civilisations autres que la nôtre, il a développé notre esprit de tolérance, trempé notre volonté dans la lutte contre les difficultés et offert des occasions multiples au déploiement de nos énergies.

Dans le domaine de la politique extérieure, nos intérêts coloniaux ont fortement influencé notre attitude lors de notre guerre contre l'Espagne, qui a fait de la Hollande un état indépendant. Notre politique intérieure a également subi l'influence de nos intérêts en Indonésie du fait qu'ils sauvegardaient l'unité intérieure et nous mettaient en garde contre la présomption mesquine résultant de l'isolement et d'une attention excessive donnée aux querelles intestines, bref notre tâche colonisatrice orientait notre pensée nationale vers le bien-être d'autres pays et d'autres peuples.

Parmi les facteurs qui concourent à sauvegarder l'unité d'un Etat, à savoir la communauté de nationalité, de religion et d'intérêts, les intérêts coloniaux se sont fait valoir d'une façon toute particulière aux XVIIe et XVIIIe siècles. Les luttes tendant à équilibrer ces intérêts ont fortement prédominé dans l'histoire de l'Europe occidentale pour autant qu'elles se livraient entre les grandes puissances maritimes de l'époque : l'Angleterre, la France, les Pays-Bas, l'Espagne et le Portugal [1].

A cet égard le XVIe siècle représente la période hispano-portugaise, le XVIIe siècle la période franco-anglo-hollandaise, notre pays ayant l'initiative tandis que le XVIIIe siècle vit s'établir dans l'Europe occidentale la suprématie de l'Angleterre avec sa population coloniale formidable.

La Hollande a néanmoins conservé un rang important parmi les nations, du fait que le domaine colonial qui nous restait nous imposait la tâche grandiose de porter à un niveau supérieur la civilisation et le développement intellectuel des peuples de l'Archipel indien. Il importait aussi de donner un développement plus grand à leur vie politique, ce qui revient à dire qu'il fallait leur offrir la possibilité de donner plus d'ampleur à leur effort tendant vers l'émancipation et à prendre en mains la défense de leurs propres intérêts, intérêts qui peu à peu sont venus occuper une place prépondérante dans notre tâche coloniale. C'est pour cette raison que ce serait fort mal s'acquitter de notre tâche que d'abandonner dans un avenir prochain les peuples indiens à leur propre sort. Ce faisant nous déchaînerions à nouveau les puissances indigènes qui ont fait dire que jamais les Indonésiens gouvernés par nous n'ont connu de meilleur gouvernement que sous le régime hollandais. Car ce régime n'est aujourd'hui qu'un système d'éducation, système loyal et le mieux adapté possible, et qui tend à guider l'effort des populations vers le droit de participer à la gestion de leurs intérêts et vers une indépendance de plus en plus grande. Est-il possible de pronostiquer dès maintenant où aboutira cet effort ? Peut-on évaluer la durée de cette évolution ? Certainement non, mais il

1. J.-R. Seely. *The expansion of England.* ed. 1919, p. 123 e. s.

paraît naturel que l'unité politique devra reposer sur la base
d'un sentiment national très développé dans le sein de la société
indigène. Naguère encore ce sentiment national était chose
inconnue aux Indes, car son développement exige que soient
remplies les conditions suivantes.

L'existence d'un idiome commun ou tout au moins du sentiment de communauté de race est indispensable; aucune barrière
ne doit subsister entre les diverses parties formant la communauté. Est également indispensable le culte commun de principes moraux identiques et de traditions populaires; enfin une
longue période de prospérité ou d'adversité traversée en commun
devra unir les individus. Il résulte de l'examen de ces conditions
que ce n'est que graduellement que l'Indonésie atteindra son
but et l'individu aussi bien que le monde colonial en général ne
peut que bénéficier du caractère graduel de cette évolution. A
cet égard il existe une identité parfaite entre le domaine matériel et le domaine spirituel, car ici aussi il faut créer l'harmonie
entre la civilisation occidentale et orientale là où elles entrent
en contact. Lorsque le fonctionnaire du Gouvernement a voyagé
de longues journées durant dans une pirogue conduite par des
rameurs dont il parle la langue comme un naturel, il arrive parfois qu'un de ceux-ci lui adresse la parole en employant, invo-
lontairement, un pronom personnel familier. On peut y voir un
signe que l'Européen est admis dans le cercle indigène. Il peut
s'en réjouir dans son for intérieur, mais son but n'est pas atteint
encore. Représentant d'une force éducatrice dont le but final est
de se rendre superflue, il doit élever l'indigène à son niveau.
Il ressort de ce qui précède que le but du gouvernement néerlandais doit être de réduire petit à petit la distance qui nous
sépare des peuples de l'Archipel indien. En pleine confiance
nous offrons, dans notre domaine indonésien, une place conforme
à leurs aptitudes à ceux parmi les autochtones qui ont atteint

un niveau culturel supérieur (Idenburg). On s'efforce, des deux côtés, de diminuer la distance qui nous sépare et celle-ci aura cessé d'exister dès le moment où les Indes auront adopté la science, la volonté, l'aptitude à l'effort soutenu qui caractérisent l'homme de l'Occident et qui lui ont permis d'assumer la tâche des autres tant qu'ils étaient mineurs.

Aussi une éducation de cette nature est-elle non seulement intellectuelle, elle est aussi morale et sociale. Nous nous acquitterions imparfaitement de notre devoir en n'apportant que l'enseignement et la mission; il faut y ajouter deux choses encore: l'exemple et le sens d'un développement graduel. C'est la société indigène elle-même qui s'est chargée de nous indiquer que c'était là ce dont elle avait besoin.

Examinons d'abord le progrès, fruit de l'exemple. Est-il besoin d'insister sur l'influence profonde qu'exerce l'Européen vivant solitaire parmi les indigènes et dont tous les actes témoignent de son esprit de justice? Si les indigènes ont conservé leur caractère, le départ de leur hôte ne sera pas prétexte à de longs discours : ils lui porteront des fruits pour le voyage et le prieront de toucher les enfants pour les bénir. Et l'influence qu'exerce l'exemple d'une seule famille qui met en pratique l'amour du prochain en vouant son existence au bonheur de l'indigène, se manifeste par ceci : les mânes redoutables des aïeux sont réduits à l'impuissance et l'amour du prochain règne en maître absolu.

L'exemple est le plus beau des dons que l'on puisse faire à son entourage. Celui qui fait le don de soi-même à l'humanité pour y mesurer l'élévation de son idéal, est un rédempteur. Sa seule présence est plus efficace que toute doctrine. Dans cet ordre d'idées un missionnaire, fût-il par ailleurs un esprit peu cultivé, est le porteur de la bonne nouvelle, s'il prouve par ses actes qu'il s'est voué au service de la charité et de l'amour de l'humanité.

ETHNOLOGIE COLONIALE

La fréquentation de l'indigène durant de longues années et l'activité désintéressée au service du prochain peuvent exercer une influence des plus salutaires de par l'exemple seul, qui sera d'autant plus fructueux s'il est donné par des personnes étrangères au Gouvernement; ainsi on évitera jusqu'à l'apparence que les soins prodigués à l'indigène sont accompagnés d'un souci plus profond encore du Trésor. Certes l'école peut dégrossir l'esprit, développer sa compréhension; les livres populaires peuvent contribuer à cette œuvre que secondent les professeurs itinérants et les démonstrations de tout genre; mais tout cela compte peu auprès de l'influence exercée par l'exemple individuel donné au grand jour par ceux qui vivent au sein de la société indigène ou qui sont appelés à la gouverner. Les mariages d'enfants, tolérés par la loi des Moslims et qui livraient à un époux la jeune fille n'ayant pas encore atteint l'âge adulte, se font de plus en plus rares dans les milieux aristocratiques javanais. Cet usage compromettait gravement le développement des sociétés indonésiennes, et l'exemple de son abolition, venant de haut, ne pourra manquer d'exercer une influence bienfaisante. L'enseignement indigène donné aux jeunes filles, qui développera chez la femme le sentiment de sa dignité, agira certainement dans le même sens. L'exemple donné par Prang Wedono VII, chef de la dynastie de Mangkounegoro, sera sans nul doute des plus fertiles en conséquences. De concert avec ses régents, ses officiers et les membres de sa famille, ce prince a promulgué un décret leur interdisant de marier leurs filles ou leurs pupilles n'ayant pas accompli leur seizième année et leur défendant également de prendre femme ou concubine qui n'aurait pas atteint cet âge.

Dans l'Inde anglaise nous constatons également l'influence favorable de la civilisation sur les rapports sexuels, et l'on voit diminuer graduellement les abus tels que la licence effrénée

des mœurs chez les deux sexes avant le mariage, les mariages
entre enfants, les innombrables divorces et l'incinération des
veuves. Ici aussi l'enseignement donné aux jeunes filles contribue
puissamment à l'amélioration que l'on constate et si, comme c'est
le cas dans le Mangkounegaran, les fonctionnaires supérieurs
donnent l'exemple, ces mœurs dissolues tendront certainement
à disparaître.

Si tout Occidental revêtu d'une dignité quelconque ou d'un
pouvoir, ou bien occupant une place qui lui confère une partie
de la direction dans la société indigène, payait d'exemple, le
rapprochement et la confiance et par conséquent les garanties
pour le relèvement moral de l'indigène seraient chose acquise.
Seulement il ne faudrait pas qu'on se fasse trop d'illusions sur
les possibilités d'une évolution rapide et apprendre à se contenter d'un développement lent et graduel.

Ce sens du développement graduel, de la tradition, de la solidarité des générations successives nous manque au point de nous
faire voir une révolution là où il n'y a en réalité qu'une évolution
et de vouloir réaliser comme par enchantement ce qui, de fait,
n'est réalisable que petit à petit. Des idées nouvelles répandues
dans une société indigène se composant d'éléments impression-
nables peuvent, il est vrai, causer à un moment donné, une
effervescence inouïe. L'enracinement, l'adaptation réelle et l'assimilation parfaite de principes nouveaux est toujours un processus qui demande de longues années. Rien n'est plus aisé que
d'inscrire aux programmes politiques et même aux murs des
habitations coloniales l'égalité des hommes de race différente.
Mais de ce fait cette égalité, si peu synonyme d'équivalence, ne
se trouve pas réalisée : l'assimilation dans ce sens du terme est
irréalisable, ne fût-ce qu'à cause de l'hétérogénéité des grandeurs
et de la nature fondamentale. Si l'Indigène ou l'Européen oublie
ce point d'importance capitale, il fait plus de mal que le législa-

teur qui légiférerait sans distinction de race. Plus encore que ce
législateur, il néglige le caractère personnel, ce qui équivaut à
fomenter des troubles dans la vie sociale, à dissoudre les liens
familiaux — quelque étroits qu'ils puissent être — de l'indigène et à rabaisser le niveau moral. Tout peuple a ses idéals qui
lui sont propres. Imposer l'idéal d'un peuple à un autre ou
l'en affubler tant bien que mal, est irrationnel ou même criminel.
L'éducation rationnelle dans la voie du progrès reconnaît ce qui
est propre et désirable pour chacun des partis : elle ne supprime
que ce qui doit être supprimé et vise à une collaboration harmonieuse. Pour fonder une association de cette nature et pour la
rendre salutaire aux deux partis, il faut de la patience. Il faut un
travail lent et progressif et l'attente patiente du moment propice.
On dirait qu'il y a dans l'histoire des peuples de civilisation
moins avancée certaines périodes où se manifeste un besoin
impérieux de nouveaux produits de civilisation, où les temps sont
mûrs pour recevoir de nouveaux éléments culturels. Les personnes ou les peuples qui ont la charge de l'éducation d'un
peuple traversant une période de cette nature, doivent l'utiliser
pour accomplir l'œuvre grandiose de la civilisation et pour dis-
penser largement leurs bienfaits, le regard tourné vers l'avenir,
sous peine d'être devancés par d'autres peuples.

Un peuple peu civilisé s'assimile bien plus aisément l'usage
d'objets nouveaux que des biens culturels appartenant au domaine spirituel. Le progrès dans le domaine industriel, l'accueil
fait aux produits étrangers sont autrement rapides que l'adoption d'idées religieuses nouvelles, exception faite pour les cas
où celles-ci se rattachent aux circonstances sociales ou économiques en voie de transformation, circonstances qui aux Indes
se rattachent en tout premier lieu au Gouvernement, au commerce ou à l'agriculture. Or lorsque ceux qui apportent ou trans-
mettent le progrès économique peuvent exercer une influence

du fait qu'ils détiennent le pouvoir ou bien qu'ils peuvent donner à leur partisan certaine supériorité sociale, les conditions pour l'assimilation des biens spirituels tels que les trésors de la science ou de la morale deviennent plus favorables. C'est surtout le commerçant, calculateur et âpre au gain, qui a prouvé qu'il peut rendre de grands services en sa qualité d'agent de transmission des richesses matérielles ou morales de la civilisation. Les Indes nous offrent l'exemple de la propagation de l'Islam et dans l'antiquité les Phéniciens en quête de profit ont largement contribué à la civilisation de l'Europe. Ce n'est pas en se posant en apôtre d'une morale civilisatrice ou d'une religion nouvelle que les commerçants, entrant en contact direct avec la population indigène, font des prosélytes; c'est parce que le gain du commerçant peut signifier également un bénéfice pour la population.

En effet, des considérations d'ordre purement matériel sont la garantie de bons rapports mutuels et l'assimilation graduelle des bienfaits de la civilisation, désirée par les deux partis, est, dans bien des cas, réclamée par le moins civilisé des deux!

Il est dans l'intérêt du but qu'on se propose de ne rien négliger pour favoriser les rapports mutuels de bienveillance, indice de la communauté d'idéal et de l'effort des deux partis pour assurer sa réalisation.

Il est absolument inutile de tâcher d'escamoter les différences dont l'origine se retrouve dans le caractère national. Cet escamotage n'est aucunement nécessaire. Il suffit que la bienveillance soit basée sur la connaissance et la compréhension mutuelles qui amènent la juste appréciation de ces différences, font naître la volonté de respecter et même de prévenir les *desiderata* qui en sont la conséquence.

Des considérations d'ordre historique peuvent puissamment contribuer à ce rapprochement. L'influence de ce facteur opérant sur des hommes qui travaillent en commun au service d'intérêts identiques fait naître des sentiments de solidarité, une tradition commune, brefs les liens que forge l'effort partagé. Cette influene de l'ambiance sur l'homme est d'ailleurs réciproque, car chacun apprend à connaître les éléments favorables ou défavorables découlant de la fréquentation prolongée de personnalités dont émane une force intellectuelle ou morale, dont les actes stimulent l'activité, dont la conversation porte à l'idéalisme, dont les créations artistiques ou intellectuelles ennoblissent.

La solidarité nationale peut naître de cette action réciproque entre les principes éducateurs et les sujets qui en subissent l'ascendant, surtout lorsqu'elle est basée sur la communauté séculaire d'intérêts de deux groupes ethniques se trouvant à un degré différent de civilisation.

Il existe une relation étroite entre l'histoire nationale et le caractère national : tous deux sont le fruit de la réaction exercée sur l'entourage. Lorsque celui-ci reste le même durant de longues années pour des groupes qui, pour être différents, n'en vivent pas moins dans le même milieu, il peut amener la fusion en une seule communauté de droit qui est, comme nation, aussi solidement établie que toute autre communauté organique d'intérêts.

L'éducation et les influences sociales font naître le patriotisme individuel. De même les événements peuvent faire naître chez un groupe de « peuples » et même chez des groupes de race différente que le destin a désignés à collaborer, une tendance à former une communauté homogène pour parer, en commun, aux influences venant de l'extérieur. La communauté d'intérêt refoule à l'arrière-plan certains égoïsmes, et de la fusion harmonieuse des éléments divers naît la nationalité nouvelle. Ces éléments divers auront comme corrollaire un rapprochement réciproque, une éducation mutuelle. Tels éléments d'une civilisation profiteront des leçons qu'ils tirent de l'exemple des représentants d'une pensée différente à la leur; ceux dont le développement s'est effectué dans une certaine direction, pourront apprendre en observant les sujets doués différemment. Enfin les peuples développés d'une certaine façon pourront tirer une leçon de l'observation des individus de dispositions différentes. Bien plus que de la fusion de races, la nationalité est le fruit d'un processus historique qui tend à estomper à l'horizon lointain des intérêts communs les contours trop nets des diversités d'intérêt. Et ce processus historique ne nuit aucunement au développement des caractéristiques des parties composantes si l'intérêt national n'en exige pas impérieusement la modification.

On ne saurait donc qu'applaudir aux premiers symptômes de la tendance à former une nationalité indonésienne, car ces symptômes se basent sur l'intelligence aussi bien que sur le sentiment, sur des fondements d'ordre moral aussi bien que matériel, sur l'idéalisme aussi bien que sur l'intérêt tels que les voient aujourd'hui les chefs et demain, peut-être, les masses.

Dans une mesure plus ou moins grande, ces symptômes révèlent partout l'avènement d'une nation indienne, où l'on reconnaît une des parties constituantes de la communauté englobant les Indes et la Hollande.

Le résultat de l'éducation occidentale donnée aux peuples indigènes est sans nul doute fonction de la personnalité du maître aussi bien que de la matière à enseigner, des dispositions et de la force de volonté de l'élève.

La guerre a fourni des indications précieuses sur la personnalité occidentale en général et en particulier sur le caractère

national des principaux peuples de l'Europe occidentale! Les
ennemis se sont regardés en face pour mesurer leur valeur réciproque. Pourvu que nous sachions faire la part de la partialité
inévitable que l'on trouve même dans la littérature de premier
ordre parue au cours de ces dernières années [1], nous trouverons
le résultat des recherches scientifiques qui nous mettent à même
de nous former une opinion sur l'esprit et les qualités caractéristiques de certains peuples. En résumé, nous aboutissons aux
conclusions suivantes :

Le Français joint à un esprit lucide et froidement spéculatif
un tempérament qui le prédispose au découragement aussi
bien qu'à l'espérance et qui le rend accessible aux émotions passagères. Sa logique serrée ne l'empêche pas de se laisser facilement dominer par le dogmatisme aussi bien que par le scepti-
cisme. Soucieux de la forme, il procède avec méthode dans les
recherches qu'il a entreprises. Son altruisme est doublé d'une
tendance au nivellement et à l'égalisation qui lui fait voir dans
tous les individus autant d'unités identiques entre elles, qualités
qui l'amènent à des sentiments de sympathie sociale et à l'amour
de l'humanité.

Or on nous décrit les peuples de l'Indo-Chine, notamment
les Annamites confiés aux soins de la France, comme ayant le
culte de leur antiquité et comme étant doués d'une grande méfiance à l'égard des innovations. Pacifiques et renfermés, calmes
et contemplatifs, ils cachent leurs sentiments intimes et n'agis-
sent qu'après mûre réflexion. Aussi aurait-on tort d'intervenir
brutalement dans leurs institutions sociales, leurs opinions juridiques et leurs principes moraux, car tout effort dirigé vers une
brusque transformation doit se heurter inévitablement à leur

1. W. Wundt. *Die Nationen und ihre Philosophie*, 1915, p. 11, 29 e. s. — J.-H. Parsons. *Mind and the Nation*, 1918, p. 136. — G. Papillault. *Science française, scolastique allemande*, 1917 p. 109, sq. — E. Hurwicz. *Die Seelen der Völker*, 1920.

résistance, et cela malgré l'intelligence des jeunes individus et de la débilité de la volonté qui caractérise beaucoup d'entre-eux [1].

Sous bien des rapports, le développement du peuple britannique et de ses institutions a différé de celui des peuples du continent.

Quant à l'entourage, il faut tenir compte de la rigueur du climat, de la fertilité du sol, de la richesse du sous-sol et enfin de la situation géographique qui a garanti à la Grande-Bretagne « son splendide isolement ». La société qui s'est développée dans cet entourage se distingue par une préférence prononcée pour l'action immédiate. L'isolement géographique a développé aussi, au plus haut degré, l'individualité et le conservatisme. Pris individuellement, aussi bien que comme nation, l'Anglais est égocentrique; il se contente d'améliorations insignifiantes, afin de pourvoir à un besoin immédiat. « Plutôt que de créer une loi nouvelle » dit Parsons, « nous nous cramponnons à une convention; plutôt que d'abolir une institution, nous la ferons servir à d'autres buts; plutôt que de créer une association nouvelle, nous baptiserons d'un autre nom une association existante; plutôt que de trouver une solution à un problème, nous feindrons l'ignorer le plus longtemps possible, pour, en fin de compte nous arranger tant bien que mal ».

Aussi, selon Wundt, la vie spirituelle des Anglais est-elle tout entière orientée vers la vie pratique. Froids calculateurs, possédant à un suprême degré le sentiment de leur valeur et de leur individualité, toute manifestation d'émotions intérieures leur répugne. Nullement enclins à s'occuper des sentiments religieux d'autrui et établissant une distinction marquée entre la science et la foi, ils montrent la plus grande circonspection lorsqu'il

1. Discours prononcé par M. A. Klubowsky, Gouverneur Général de l'Indochine le 27 novembre 1909, Saïgon 1909, p. 6 sq.

s'agit de tirer les conséquences des faits. Dédaignant les vaines spéculations, ils les remplacent par un empirisme rigoureux, la tranquille observation, la recherche patiente et le sens de la réalité.

Ces Anglais gouverneront-ils les Indonésiens de la péninsule malaise et porteront-ils leur développement à un degré supérieur? Ces Indonésiens que le plus profond connaisseur du Malais de Malaka [1] nous décrit comme ayant l'horreur du travail, comme méfiants à l'égard de l'étranger, comme dociles, fidèles et de caractère fermé. « Le Malais ne se résigne à cultiver ses rizières que lorsqu'il y est forcé par la nécessité ou par ses chefs. Pêcheur habile, parce que le métier se rapproche du sport, il se laisse parfois tenter à faire du commerce, mais ne réussit presque jamais à pourvoir à ses besoins. En effet, une fois qu'il a mis ses capitaux dans son entreprise, il dépense tout l'argent que lui rapporte la vente pour s'apercevoir un beau jour qu'il ne lui reste rien pour continuer ses affaires. Cela ne l'empêche pas d'ailleurs d'être bon camarade, un ami qui mérite notre intérêt et un ennemi qu'on aurait tort de dédaigner. Ambitieux à l'excès, il aime à exercer une autorité et à être considéré, car son âme est avide de titres et d'honneurs. Sa femme participe passionnément à ses aspirations. Elle le seconde intelligemment et se fait volontiers son porte-parole, quand elle croit que les biens de ce monde peuvent s'acquérir par d'habiles flatteries ou par des plaidoyers touchants ».

L'esprit hollandais est dominé, pour une large part, par la soif de la liberté individuelle dans les actes comme dans les pensées et dans le libre accomplissement de la tâche assumée. La collectivité doit céder le pas à l'individu. Le Hollandais aime à se donner de l'importance. Il est cérémonieux, sérieux et réfléchi.

1. T.-A. Swettenham. *The real Malay*, 1909. p. 37, 150.

coll. van Erp.

PLATEAU DE LA PREMIÈRE TERRASSE RESTAURÉE DU BOROBOUDOUR

MOSQUÉE SUR LE PLATEAU DE PADANG

coll. Kol. Instit.

phot. Nieuwenhuis.

Peu émotif et spontané, peu romanesque, il montre une grande ténacité et une grande persévérance, lorsqu'il s'agit de convictions établies, qu'il faut vaincre des difficultés ou quand il se heurte à une résistance quelconque. Il est curieux de constater qu'on nous conseille l'étude du caractère indonésien comme mesure hygiénique et comme préservatif contre le mécontentement. « Une vie de calme et de contentement est un élément de santé important dont on ne saurait s'exagérer l'importance. C'est pourquoi il faut étudier le caractère de l'indigène, s'appliquer à connaître les particularités de sa langue et de ses coutumes. Ainsi on ne se formalisera pas trop de ses actes, incompatibles avec la façon de penser européenne »[1].

Quel est donc, tel que nous avons appris à le connaître, ce caractère indigène? Qu'on nous permette une observation préalable. On ne saurait voir, jusqu'à ce jour, les résultats d'une enquête de psychologie expérimentale dans les données ethnologiques que nous possédons sur les peuples indonésiens. Trait que nous avons commun avec tous les magisters, nous donnons bien trop peu d'attention au caractère de l'élève. Il en résulte que nous disposons, comme unique documentation, des observations notées par des personnalités qu'une longue fréquentation des indigènes avait déterminées à formuler par écrit leurs impressions relatives au caractère de ces derniers. Nous possédons ainsi, brossée à larges traits, l'image de l'âme indonésienne. On a souvent affirmé, dit Swettenham (*The real Malay*, p. 265) qu'il est impossible à l'Européen de comprendre le caractère de l'Oriental et qu'il est inapte à suivre le fonctionnement tout particulier de son cerveau. Je doute que l'Oriental soit plus difficile à comprendre que l'Occidental, si l'on voulait se donner la peine de l'étudier tout comme on se préparerait de longue

1. Dr. C.-L. van der Burg, *De geneesheer in Nederlandsch-Indië*, 1882, I, p. 331.

main à l'étude approfondie de n'importe quel sujet qui nous serait étranger. On ne saurait s'attendre à ce qu'une personne qui a grandi dans l'entourage chrétien de l'Europe occidentale comprenne du jour au lendemain les particularités de caractère d'un peuple indou ou mahométan-oriental. Si l'on habite l'Orient pendant de longues années, si l'on se familiarise d'une façon complète avec la langue, la littérature, les us et coutumes, les préjugés et les superstitions de l'indigène; si l'on couche sur le même plancher que lui et qu'on mange au même plat, si on combat à ses côtés ou même contre lui, si l'on partage ses joies et ses souffrances et qu'on finit enfin par gagner sa confiance et son estime, alors il devient possible de déchiffrer son caractère. On se rendra compte alors que les Orientaux se ressemblent bien plus entre eux que les Occidentaux, fussent-ils, ces derniers, de même nationalité. Certes, on en trouve des bons et des mauvais, des énergiques et des apathiques, mais ce qu'on ne rencontrera jamais, ce sont ces produits, spéciaux à la civilisation occidentale, dont le caractère est fonction de leur état nerveux et celui-ci, à son tour, de l'entourage, du moment, de la situation politique, du marché financier et de mille autres influences dont l'Oriental, et c'est fort heureux, ne se fait pas une idée.

L'Oriental, c'est pour nous autres Hollandais l'Indonésien avec sa civilisation insulaire, sans grande émotivité, son imagination fertile, son esprit enfantin. Nous ne nous occupons pas, ici, de l'habitant de l'Asie occidentale, berceau des religions démocratiques, pénétré de l'esprit sémitique, de l'habitant de l'Inde à l'âme aryenne et sa société aristocratique, ni encore de l'homme de l'Asie orientale avec sa tolérance prosaïque provenant de l'état d'esprit mongol.

Les rapports fréquents et prolongés entre les habitants de l'Archipel indien et l'Occidental ont modifié favorablement l'opinion de ce dernier sur le caractère indonésien. Il est à noter aussi que le jugement des véritables connaisseurs de ce caractère est autrement bienveillant que celui des personnes qui n'ont eu avec ces peuples que des relations peu prolongées et superficielles. Citons comme exemple le jugement du professeur missionnaire Van Alphen. Il nous dépeint les habitants de l'île de Soumba comme des êtres méfiants, faux, poltrons, cruels, impertinents, indiscrets, impolis, malpropres et avides au suprême degré, mais laborieux, religieux et hospitaliers. Nous pouvons opposer à ce jugement, en somme défavorable, celui qu'émettait trente ans plus tard le pasteur Wielinga, profond connaisseur du caractère populaire de Soumba. C'est, dit-il, une race forte et douée d'une force vitale prodigieuse. Courageux à affronter la vie, ils font preuve de beaucoup de caractère et de bon sens et acceptent avec reconnaissance l'enseignement qu'on leur apporte.

Chez l'habitant de Timor, la conscience de soi-même et le sentiment d'équité sont fort développés. Excellent observateur, il est doué d'une grande perspicacité. Ainsi les habitants de Timor, reconnaissant des animaux marins dans les fossiles, ont déduit de ce fait que le niveau de la mer était autrefois plus élevé et que l'océan avait submergé la terre.

Ce jugement, qui porte sur un des groupes les moins civilisés parmi les Indonésiens, contraste heureusement avec celui du résident Waterloo (1812), qui déclare que « le Javanais ne pense jamais », ou du résident Middelkoop (1808), qui affirme que « la population de Tjeribon se livre à ses passions bestiales sans la moindre retenue et que toute notion du bien et du mal lui est étrangère ».

Dès 1633, le pasteur Helmichius Helmichiï émettait sur le compte des Amboinais un jugement plus équitable en disant que, quand on les méprise, c'est bien souvent parce qu'on manque d'amour et que, si on les calomnie, c'est faute de les connaître. La vérité est, et il faut la dire, qu'ils sont en général bien supérieurs à ceux qui les méprisent et qu'on trouve plus de licence, de méchanceté et d'impiété chez notre nation que chez eux.

Pour être juste, il faut cependant tenir compte du fait que la comparaison avait été établie entre les indigènes de l'époque et les agents de la Compagnie des Indes orientales, et que le pasteur Helmichius jugeait « notre nation » d'après ceux-ci. Or, Coen déclare lui-même : « C'est une bande impie qui nous donne beaucoup de tracas. Ils se comportent pis que des bêtes et sont la cause de l'horreur que nous inspirons aux Indiens et de l'indignation que nous provoquons. Comme ceux-ci ne voient pas d'autres représentants de notre nation, ils la croient tout entière aussi impie, aussi injuste et aussi grossière. Nous prions instamment Vos Seigneuries de chercher des moyens à remédier à cet état de choses. »

On ne s'étonne plus si les habitants des Moluques se sont différenciés avantageusement de ces « colons », mais on éprouve une profonde satisfaction en opposant le jugement de Helmichius à celui de Valentijn, qui les déclare « méchants, parjures, têtus, ne faisant le bien que lorsqu'ils y sont forcés, menteurs, effrontés, faux et non-seulement parjures et trompeurs, mais aussi excessivement superstitieux, paresseux, versatiles, rebelles, lâches, orgueilleux, cruels, féroces et scélérats ».

D'ailleurs le jugement de Valentijn (1724) sur les Javanais est aussi présomptueux : « Ce sont, généralement, des individus féroces, faux et cruels et ne méritant guère de confiance, qui assassineraient un homme pour quelques sous; hormis cela, se sont les hommes les plus poltrons et les plus lâches que la terre ait portés. J'en ai cependant rencontrés qui ont fait preuve d'une grande fidélité, mais ce n'était que dans leur propre intérêt ou pour leur propre sécurité ». Le temps a permis d'approfondir le caractère indonésien et Mayer (1897) émet, sur le Javanais, un jugement plus humain. « Comme tout individu sauvage ou mi-civilisé, le Javanais est plutôt porté à subir les mauvaises influences que les bonnes. En effet, l'éducation plus que défectueuse qu'il reçoit dans sa jeunesse et l'instruction relativement élémentaire dont il doit se contenter, ne lui permettent pas de comprendre et d'apprécier la valeur des impressions favorables pour en faire son profit, alors que l'homme le moins civilisé comprend aussitôt, par intuition, tout ce qui est mauvais. Au reste, le Javanais est plutôt doux et docile qu'insolent et arrogant, mais comme son caractère est faible et superstitieux, rien n'est plus aisé que de l'induire à toutes les mauvaises actions et à toutes les sottises imaginables. Ce qui nous frappe, lorsque nous fréquentons le Javanais, c'est son souci extrême des formes; dans ses rapports avec ses chefs et les autres personnages de rang élevé, son respect et sa courtoisie vont parfois jusqu'à l'obséquiosité, ce qui s'explique d'ailleurs par le despotisme qui a pesé sur lui des siècles durant et dont il a conservé le souvenir.

Le Javanais montre un grand attachement pour le sol natal, sa famille et ses enfants; il est serviable et hospitalier, calme et patient. Sous une bonne direction, il est courageux et pacifique. Doué d'un bon sens inné et d'un goût averti pour les arts, il possède des dispositions pour un développement intellectuel. Ce sont là les qualités du Javanais auxquelles, comme pour le reste de l'humanité, viennent s'opposer certains défauts. Parmi les défaillances morales qui frappent plus particulièrement l'observateur occidental, nous mentionnerons la paresse, l'apathie, la répugnance à l'effort, la sensualité, la débilité de la personnalité et le manque de sentiment d'indépendance (Poensen). Le Gouverneur-Général anglais Raffles déjà disait : « La généralité des Javanais a peu de loisirs et peu de goût pour le développement intellectuel ou pour l'étude, mais ils ne manquent ni de sagacité ni d'aptitudes. Le professeur Snouk Hurgronje a mis le doigt sur la plaie en demandant si au moral le contraste entre l'Occidental et l'Oriental est en réalité aussi grand qu'on veut nous le faire croire. Une expérimentation sérieuse ne tendrait-elle pas à prouver que, comme pour l'intellectualité, le jugement basé sur la soi-disant expérience n'est autre qu'un préjugé invétéré?

Une expérimentation sérieuse! Nous en avons un exemple dans l'admission à l'école de marine militaire à Makassar de jeunes gens originaires de Menado, appartenant à de bonnes familles et possédant une instruction suffisante. Ils se révèlent de bons militaires, travailleurs, studieux et d'intelligence ouverte. Désireux de voir le monde, ils ont le goût des voyages et se distinguent par un esprit de corps fort développé. Sauf de fort rares exceptions, ces jeunes gens, âgés de 16 à 21 ans, ont répondu aux espérances qu'on avait mises en eux. Menado, Sangir et Ambon donnent de « fins marins à la marine militaire ». Et ne peut-on pas voir le résultat d'une expérimentation sérieuse dans le fait qu'une certaine catégorie de personnes de diverses nationalités indonésiennes, les médecins indigènes venus en Hollande pour parachever leurs études, sont en général fort appréciés dans les cliniques et les laboratoires d'Europe et s'y révèlent des travailleurs consciencieux.

Aussi les critiques du caractère indonésien peuvent-elles être ramenées principalement à un manque de volonté, d'audace, de perspicacité, de confiance en soi, de persévérance, de jugement personnel et d'indépendance. Et toutes ces défaillances ne se résument-elles pas en une seule : la débilité de la personnalité, qui caractérise tous les primitifs ou mi-civilisés? Il en résulte que celui qui voudra y remédier par des moyens d'ordre politique ou économique ou encore par l'enseignement scolaire et l'éducation morale, sait parfaitement où devront tendre ses efforts : il s'agit surtout de développer l'individualité de l'autochtone, sans oublier cependant qu'il n'est nullement nécessaire de se proposer, comme but à atteindre, les produits de la personnalité européenne, ne fût-ce que pour cette raison que le domaine et les conditions de développement diffèrent profondément pour l'Europe et l'Indonésie! Ce sont précisément ce manque de volonté, cette manifestation imparfaite de la personnalité, ce manque d'entraînement et d'expérience, cet état nerveux mal équilibré, bref ce développement imparfait du moi qui prêtent aux masses indonésiennes un caractère enfantin. Celui-ci ne s'explique pas uniquement par les facultés émotives de la race, car on retrouve les mêmes traits de caractère chez les Européens du moyen âge. Aussi, lorsqu'on parle d'une infériorité de la race, on ne peut y voir autre chose que l'infériorité de l'élève vis-à-vis de son maître plus âgé, plus fort et plus riche d'expérience. Et il ne faudra pas perdre de vue que tous les élèves ne possèdent pas les mêmes facultés morales et intellectuelles héréditaires que les maîtres et que toute époque historique aussi bien que toute nation a connu ses lois morales et sa logique sociale qui lui étaient propres à côté des propriétés générales inhérentes à la nature humaine qui se font jour partout. Aussi aura-t-on toujours recours à des points de comparaison avec des stades ou des époques de civilisation de l'histoire de l'Europe occidentale, lorsqu'il s'agira de se prononcer sur des possibilités de développement pour des peuples soi-disant inférieurs. Car dans l'ethnologie, science d'ailleurs essentiellement altruiste, on se prend bien souvent soi-même comme point de départ pour l'estimation de la valeur humaine. Et quelle que soit la mesure, réputée comme raisonnée et objective, que l'on ajoute à cette mesure subjective, que ce soit le degré de complexité sociale, les résultats techniques, la maîtrise sur l'entourage, les manifestations de l'amour du prochain ou la force de la personnalité, toujours les regards de l'observateur se tourneront vers la lumière qui nous vient de l'histoire de l'humanité. En fin de compte, l'homme appartenant à une certaine région ou à une certaine époque se trouve inondé de la clarté que projette sur lui l'anthropologie prise dans le sens le plus étendu du terme. Ici l'observateur est l'Européen occidental d'aujourd'hui. Froid spéculateur, mettant dans ses raisonnements une logique inflexible, systématique, énergique, travaillant sans relâche, plein de son importance et enclin à persévérer avec réflexion, voire même avec autorité. Le sujet dont doit se parfaire l'éducation, c'est l'Indonésien contemplatif, cérémonieux, apathique et ambitieux.

Ou serait-il plus conforme à la réalité de représenter le cas comme suit : d'une part le groupe actif d'où sortent les explorateurs et les hommes d'action, d'autre part le groupe émotif où rêvent les natures poétiques et les artistes? Ou encore faut-il voir dans l'Occidental l'être phlegmatique, fort de son expérience, dans la vie duquel on discerne l'unité, la cohérence et la volonté inébranlable d'atteindre le but qu'il s'est proposé? Et dans l'Oriental l'être nerveux dont les jugements et l'état d'âme sont fonctions d'idées passagères, pour qui l'argent ne compte pas, sensuel, peu ponctuel, mais imaginatif et porté au symbole?

Chez l'Indonésien le sentiment prédomine souvent sur l'intelligence; la réalité, l'action et l'observation sont fonctions de son mysticisme; il affectionne, en général, les couleurs vives, la musique, le jeu, et sa vie intérieure est plutôt réceptive que productive. Il existe un parallélisme frappant entre ces caractéristiques et celles de l'âme européenne médiévale. Ne constate-t-on pas à cette époque, chez l'Européen occidental, une grande douceur et une dureté impitoyable, un formalisme excessif de spiritualité et de matérialité, un monde de pensées pénétré de religiosité? Si la réponse à cette question est affirmative, la question de savoir si nous pouvons et devons tirer une leçon de nos rapports avec les Indonésiens d'aujourd'hui correspond exactement à celle de savoir si l'humanité de l'Europe occidentale médiévale a quelque chose à nous apprendre, vérité que personne ne songera à mettre en doute.

Ce n'est pas accidentellement que cette question et sa réponse figurent dans le présent chapitre : elles sont de portée générale et concernent l'histoire du développement de l'Humanité entière. Les peuples qu'on est convenu d'appeler « non-historiques » ont leur histoire aussi bien que les autres. Le temps durant lequel la semence séjourne dans la terre fait certainement partie de la durée de la vie d'une plante (Gœthe). C'est pourquoi il existe une relation étroite entre l'histoire du développement des peuples indigènes et l'histoire de l'humanité. L'histoire des peuples « non-historiques » présente de nombreux phénomènes qui peuvent être comparés aux événements historiques des peuples européens par exemple. Cette analogie peut même nous amener à la conclusion, bien plus qu'à l'hypothèse, que l'on constate un parallélisme dans le développement de la civilisation de tous les vastes groupes de l'humanité. Malgré les courants nouveaux qui se sont fait jour au cours de ces dernières années, la civilisation de la partie sud-est de l'Asie offre une impression d'équilibre contrastant avec celle de l'Occident, où l'on constate un mouvement perpétuel de changement et de transformation rapide. C'est peut-être pour cette raison que l'Orient évoque toujours le souvenir de notre moyen âge, époque où notre idéal à nous aussi était la recherche de la perfection « en profondeur », idéal qui a cédé la place aujourd'hui à l'idéal du progrès par nivellement.

Les Drs Brandes et Djajadiningrat ont établi d'une façon magistrale la comparaison entre la littérature et l'historiographie d'une part et celles de notre moyen âge de l'autre. On a qualifié « d'en tous points médiévale » la littérature javanaise. De fait, nous retrouvons dans cette dernière les mêmes conceptions que dans la littérature du moyen-âge, concernant l'histoire de l'historiographie. Ce parallélisme est plus évident que jamais, depuis la publication de l'ouvrage de Huisinga sur le moyen-âge, où, partant d'un point de vue ethnologique et psychologique, l'auteur ouvre des perspectives nouvelles sur la vie morale et intellectuelle de l'Européen occidental de cette époque. Nous nous permettons de relever quelques points de ressemblance qui permettent de se faire une image plus vivante que celle qu'évoque le parallélisme ethnologique constaté dans la pensée humaine en général.

La place qu'occupe le prince dans la pensée de ses sujets se manifeste en tout premier lieu par un langage exprimant l'adoration qui encense sa majesté terrestre; ensuite, les sentiments de fidélité passionnée et les élans de dévouement aveugle à la personne du prince ainsi que la crainte des effets de ses passions, colère ou vengeance; enfin, la tendance à considérer le décès du prince comme une calamité publique, ce sont là des caractéristiques indonésiennes aussi bien que médiévales. Les princes javanais sont parfois représentés comme la divinité double Çiva Bouddha, comme le monarque des monarques réunissant en sa personne toutes les perfections et dont la naissance est annoncée par des tremblements de terre, des pluies de cendres, des éruptions volcaniques et des orages. Dans le moyen âge indonésien actuel (p. ex. à Louwou, où le Datou est nommé « notre Dieu »), le décès du prince oblige la population à observer un silence morne (que même les coqs ne doivent pas troubler par leur chant) et à se nourrir de riz noir. De nos jours encore les princes javanais sont appelés « l'axe de l'univers » ou « celui qui porte l'univers en son sein ». Les princesses javanaises du moyen âge sont louées comme étant parfaites en beauté et en grâce. Or, de nos jours encore la jeune fille de Manangkabau à Sumatra est traitée en princesse durant ses fiançailles et l'on dit alors « qu'elle se tient dans ses appartements comme dans une ville d'or cachée par des rideaux d'argent, entourée de fleurs d'or et servie par des anges ».

On lit dans les récits indonésiens que dans les cas où un péril menace le prince, sa suite s'excite à une attaque d'amok, ce qui signifie la perte de tous. Récemment encore on immolait des dizaines d'esclaves et d'otages sur le tombeau d'un prince de certaine région de l'Orient, ceci afin que les victimes lui servissent d'escorte dans le royaume des ombres.

Aussi la fidélité du serf à son seigneur est-elle frappante, dans la société indonésienne : on obéit au chef reconnu légitime par le droit de l'adat, et il est excessivement rare qu'on trahisse la confiance d'un chef ou qu'on dévoile un secret confié par lui. Les Indonésiens obéissent au chef ou au prince, parce que cette obéissance est conforme à leur conception de la fidélité telle qu'elle fut adoptée par les ancêtres. Le supérieur porte la responsabilité, mais on lui obéit aveuglément, dans l'attente qu'il prêtera son secours dans les temps difficiles. Bref, on est prêt à souffrir au besoin pour le supérieur et se soustraire à ce devoir serait une trahison et un opprobre [1].

D'autre part il y a la terreur qu'inspirait le prince ou l'homme de marque, la crainte de son courroux impulsif et de ses fureurs soudaines qui signifiaient la mort ou la ruine sous le gouvernement despotique où la vengeance ne se lassait pas, lorsqu'il s'agissait d'escarmouches aux frontières ou de la destruction de hameaux, de champs ou de travaux d'irrigation appartenant à des habitants des régions limitrophes. L'indulgence à l'égard des faiblesses ou des défaillances de la progéniture ou des parents était égalée par la cruauté à l'égard des personnes tombées en disgrâce ou de celles qui, pour n'importe quelle raison, n'étaient pas bien vues du prince ou lui causaient des inquiétudes.

1. F.-A. Swettenham. *British Malaya*, 1908, p. 141.

ETHNOLOGIE COLONIALE

Pour se distraire, le Rajah de Soemba s'offrait jadis le spectacle
suivant : il faisait envelopper des esclaves dans de la paille
enduite de poix et de résine; puis on y mettait le feu et on orga-
nisait une course à la rivière, où les malheureux cherchaient un
soulagement à leurs tortures. Avant l'arrivée des Hollandais
dans un des établissements de cette île le sultan disposait chaque
jour de 100 hommes pour porter son parasol, son crachoir et sa
cafetière... Les Dayaks de Kota Waringin avaient un voyage de
40 journées à faire pour se rendre à l'endroit où ils travaillaient
en corvée pour le Sultan et ils devaient se pourvoir eux-mêmes
de provisions pour le voyage aller et retour... Dans l'île de Timor
aucune justice ne défendait les faibles... Si l'on voulait se débar-
rasser d'un indésirable, on le reléguait sur une pointe de rocher
sans eau et sans nourriture. C'est à Timor qu'on enterrait
vivants des adultes et même des enfants.

Cette cruauté monstrueuse à l'égard des inférieurs n'excluait
et n'exclut pas des démonstrations de douleur, improvisées
spontanément à la mort des membres de la famille. Ces lamentations funèbres sont identiques pour plusieurs peuples indonésiens. Chez les Toradjas (Centre de Célèbes) l'enfant pleurera
sa mère en disant : Ma mère, que deviendra votre enfant de qui
vous ne pouvez plus prendre soin. De même nous avons entendu
maintes fois une mère se lamenter en ces termes sur la mort de
son enfant : Pourquoi ne suis-je pas morte à votre place? On
hurle les qualités (les bonnes, bien entendu) du défunt : Qui
vous égalait au travail des champs, qui vous égalait pour le courage, quels bons repas vous m'avez préparés, etc., formules
alternant avec des plaintes sur soi-même : qui ira chercher mon
bois, qui préparera mes repas, qui arrachera l'ivraie de mon
champ?

Chez les Bataks la mère, auprès du corps de son fils, se lamente
en disant : C'est moi, à votre place, qui voudrais descendre dans

la terre. Je suis pareille à la poule que l'on abandonne, au cheval qu'on laisse errer, çà et là, au couvercle de marmite qu'on jette au rebut. La veuve, pleurant son mari, se lamente en disant : Mon mari, le grand, l'excellent, ma montagne qui se levait beau comme le soleil et ne se couchait qu'à regret, mon mari dont les os ne connaissaient pas la fatigue, dont les doigts ne reposaient jamais; lui à qui mes pensées vont toujours, lorsque je relève la tête et quand je me rappelle comment il se rendait au marché où florit le commerce. Chez les Malais de Menangkabau, la veuve pleure son mari et se lamente : Mon appui est brisé, le sol s'est effondré sous mes pas; j'ai cru que le soleil brillerait jusqu'au soir, mais la pluie est survenue en plein jour. Ah, mon mari, réveillez-vous. Le repas est préparé, allons aux champs. Ah, Seigneur, où êtes-vous allé? Comment avez-vous pu m'abandonner. Qui travaillera nos champs, qui rentrera notre bétail et, lorsque sera venu le Ramesan et qu'on viendra me rendre visite, où vous trouverai-je?

Ces lamentations funèbres et poétiques qu'accompagne une cruauté révoltante envers les faibles sont bien du moyen âge!

Chez le type passionné et impulsif, n'ayant pas atteint la maturité et dans l'âme duquel l'ivraie basse et fleurie prend aisément racine, chez ce type, représentant d'une civilisation, la cruauté et la lamentation se complètent mutuellement.

Un contemporain [1] a fait observer qu'on ne peut comprendre la vie spirituelle des habitants des tropiques qu'à condition de prendre comme point de départ la flore de ces régions; l'homme des tropiques végète, en ce sens que tout en lui atteint, sans effort, son maximum de développement; les plantes dont la cime se perd dans le ciel, possèdent la vitalité des dieux et l'on retrouve cette même végétation luxuriante dans l'âme humaine. Les ima-

I. H. Keyserling, *Das Reisetagebuch eines Philosophen*, 3ᵉ éd., 1920, p. 33.

ges des dieux, des esprits et des démons jaillissent, pareilles à des
fleurs, du sol fertile. On ne peut s'expliquer le polydémonisme
et ses innombrables divinités qu'en y voyant un phénomène
du règne végétal. Ce n'est pas l'homme qui se crée ces images
sans nombre; elles poussent en lui sans effort d'une façon spontanée et certainement sans le moindre effort intellectuel. Il
faut en effet voir dans la formation de ces images un processus
naturel, où tout effort est non seulement inutile, mais anti-natu-
rel. Le panthéon indou animiste n'est pas le résultat d'un système théorique constructif, il a jailli du sol, fruit de la luxuriance
tropicale. Ce n'est pas qu'on cherche à entrer en contact avec
les dieux : tout existe, et là où l'on croit présent tout ce qui peut
exister, l'idéalisme devient superflu. La fantaisie ne peut pas
acquérir de l'ampleur, dans une ambiance pareille; la conscience
est pauvre, attendu que tout se fait automatiquement, et l'imagination perd son activité du fait qu'il n'y a pas de place pour
l'effort de l'esprit. Mais l'esprit se sent enclin au mysticisme,
car il perçoit la force divine dans toutes les manifestations de
la vie.

C'est ainsi qu'une atmosphère de mysticisme enveloppe
aussi le prince ou le chef : le peuple voit en eux ceux qui main-
tiennent les règles arrêtées par les ancêtres. Pour les Bataks,
Sisingamangardja était en effet un prince-dieu, et la vue de sa
langue donnait la mort; de même pour les Toradjas la vue seule
du prince de Louwou causait le gonflement du ventre.

Le langage de « l'adoration sacrée » est intimement lié à l'idée
qu'on se fait de ces majestés terrestres. De nos jours encore il
existe, pour les rapports avec ces personnages d'un ordre supérieur, des vocables et des formules qui expriment certaines distinctions et certaines nuances « tabou », non seulement au point
de vue social, mais aussi et surtout au point de vue religieux.
C'est pourquoi le langage de la cour à Java équivaut aux termes

spéciaux en usage pour les morts et les divinités. Aussi n'existe-t-il aucune différence de sens réelle entre le bhasa Kedaton des Principautés de Java d'une part et le sasahara (langage maritime) des îles de Sangir et de Talaoud, le pantang kapour (langage du camphre) de Barous, le langage « des champs » pour la récolte du riz à Java et ailleurs, et enfin le bhasa sangiang (langage des poètes) de l'autre.

On peut donc, sous certains rapports, considérer le Krama ingghil de Java, Madagascar et Samoa comme un développement donné au pamali. Seulement la tendance d'esprit javanaise, soucieuse de la différenciation selon la condition sociale, le rang et l'âge, a contribué à varier les vocables et les modes d'expression selon les rapports sociaux. On aurait donc tort de voir uniquement des preuves prolixes de respect dans ces « expressions élevées » ou dans ces « formes raffinées ». Elles correspondent à un besoin de l'âme, elles calment la détresse de la conscience et ne visent dans le fond qu'à éviter de blesser les conceptions religieuses et sociales ancrées dans l'âme indonésienne. Ceci s'explique d'autant plus facilement que les langues des peuples peu développés, tout comme celle des individus manquant de maturité, sont riches en termes pour désigner les choses concrètes, mais pauvres pour exprimer des idées générales, car l'abstraction ne leur est guère accessible et ils se contentent d'un nombre restreint de notions générales. En outre cette différenciation du langage dans la vie journalière est l'indice d'une sensibilité intuitive généralement répandue chez ces peuples « inférieurs » et qui correspond parfaitement à leur vie intérieure intuitive, don précieux de leur civilisation. Et n'y aurait-il pas pour nous autres Occidentaux qui pensons souvent sans recueillement et qui agissons souvent sans amour, n'y aurait-il pas des motifs d'humilité ou tout au moins d'attention recueillie pour la haute valeur d'une vie intuitive aussi riche? N'y aurait-il pas lieu de rechercher si nous ne pourrions pas en tirer une leçon, si nous ne pourrions pas nous assimiler une parcelle de ce sens religieux, intime et profond, des choses qui porte à s'abandonner à elles avec amour et qui sera partout et toujours le souverain bien?

La tendance à concrétiser, dont il a été question plus haut, est d'ailleurs aussi manifeste dans le droit de l' «adat» (usage) indonésien où l'on trouve non les chinoiseries de la jusrisprudence occidentale, mais la ferme volonté de redresser les torts par le châtiment, et ceci par des mesures dirigées contre celui qui a violé le droit, contre ses biens ou contre ses parents. Le droit de l'adat ne s'enquiert pas de droits abstraits, il exige des preuves et des indices extérieurs, visibles pour tous. Il impose des obligations à l'égard des biens réels et matériels, n'est basé sur autre chose que sur la pensée indigène concrète qui demande, avec un souci extrême de l'équité, le châtiment du coupable.

Sa fille ayant commis contre l'adat un délit insignifiant à nos yeux, un prince de Lombok prononça contre elle la peine de mort par le kriss, et cela avec autant de sérénité qu'il l'eût fait contre un otage de Soembawa. Pour satisfaire à l'idée de justice on calculera avec une minutie extrême le dommage résultant du vol d'une pièce de toile dans la juridiction d'un village malais de Sumatra.

Il y a lieu de se demander si la littérature de peuples dont la pensée revêt une forme aussi concrète n'est pas forcément aride sous tous les rapports et s'il y a place, dans cette littérature, pour des sentiments réellement humains et pour les subtils accents de la vie intérieure.

Ces questions ont été examinées par M. M.-R. Brandstetter dans ses études sur le sens de la nature (Lucerne 1893-1908) et sur les caractéristiques des contes épiques (Lucerne 1891) chez les Malais. L'auteur arrive à la conclusion que les expressions poétiques ne sont pas rares dans les produits littéraires indonésiens. Dans le langage des prêtres de Toba la chute d'eau est dite : « le serpent d'eau ruisselante » et la liane : le « serpent suspendu ». Dans la langue des Boughis l'écume de la rivière s'appelle la « fleur de l'eau »; en malais littéraire un pâturage est désigné par les termes : un lac vert, et en javanais le crocodile est nommé : « le tigre de l'eau ».

La prose et la poésie malaises d'autrefois témoignent, selon l'auteur, d'une observation fort juste de la nature ainsi que d'un talent réel pour la rendre sous une forme qui frappe l'imagination. C'est chose probable et ce caractère de la littérature se rattache à la joie que puise l'âme malaise dans la contemplation de la nature, sentiment que l'on retrouve dans l'amour des fleurs et dans le choix des sites où sont situés les lieux de plaisance que l'on trouve dans un entourage qui charme notre sens esthétique à nous, aussi. Mais la manière plastique dans laquelle sont traduites les impressions de la nature ne nous font-elles pas conclure à un mode de penser concret chez les indigènes plutôt qu'au don poétique tel que nous le concevons?

Pour répondre à cette question nous citerons deux exemples. Le premier est une description de la nature tirée du récit Brata Joeda, fort populaire à Java. Ce récit est attribué à Empou Sedah, qui vivait au XII° siècle de notre ère sous le règne du prince Djajabaja de Kediri. L'auteur l'a emprunté au Mahabarata et l'a adapté au goût javanais. Cette description d'un paysage à la nuit tombante a été empruntée à la traduction hollandaise de M. A. B. Cohen Stuart (*Rapport de la société de Batavia*, t. XXXVII, 1860, p. 12)

« Le soleil était couché et disparaissait dans la mer; une ombre douce s'étendait sur l'entourage. Des étoiles sans nombre scintillaient dans le ciel, pareilles à des fleurs qui y eussent été semées. Des milliers de voix se faisaient entendre dans la cour intérieure; le chant des oiseaux se mêlait au bruissement de la brise dans

— 113 —

les fleurs parfumées. Gracieuse, la lune écartait ses voiles et ajoutait une splendeur nouvelle aux beautés du palais qui prenait l'apparence des jardins célestes de Batara Enara. Le jeu de lumière du clair de lune était d'une beauté magique; les joyaux dans le palais brillaient d'un éclat toujours plus intense auquel venait s'ajouter la splendeur de l'habitation d'or flambant qui dardait ses rayons vers le ciel ».

La description suivante d'un arbre dans un enclos de Menangkabau est empruntée à un épanchement poétique lors d'une fête. « Il y a un dalima si haut que ses feuilles balaient les nues et que les rameaux pendants touchent la terre. Ses jeunes bourgeons font venir l'eau à la bouche. Un serpent s'enroule autour de ses racines et un dragon sacré, aux écailles et aux nageoires d'or, enlace le tronc. Les rameaux sont pareils aux chaînes que vendent les marchands de la côte de Coromandel et ses feuilles sont pareilles à un éventail chinois. Les abeilles butinent autour de ses branches, des scorpions rongent son tronc et de gros scolopendres rampent sur ses rameaux, suçant des fleurs des serpents ailés; le sage perroquet se tient à la cime et rend la justice. »

Ici ce n'est donc pas l'arbre lui-même, la nature elle-même qui fait naître l'impression. C'est bien plutôt ce qu'y ajoute la pensée, et ces bêtes curieuses ou bizarres qu'elle y place impressionneraient aussi l'esprit d'un enfant. Nous reconnaissons dans ces produits littéraires de l'Indonésie la qualité enfantine, qui ressent le besoin d'une rhétorique que nous jugeons ampoulée. Nous relevons des descriptions exaltées d'ustensiles d'usage journalier dans un banquet : tout est de fabrication étrangère, de provenance lointaine : de Patani, de Keda, du Japon, ou de l'Arabie. Pour obtenir un effet, la beauté pure est identifiée ou ajoutée à l'utilité, à la force merveilleuse, à la bizarrerie ou à l'influence magique.

Il en est de même pour les caractères des héros dans les contes épiques indonésiens. Leur amour, qui n'est guère qu'un emballement passager, n'est, le plus souvent, que de la sensualité affublée d'une abnégation qui prétend être ethique, à moins qu'elle ne se complique de dépit et de jalousie. A côté de l'amour paternel ou maternel, de l'amour filial et de la fidélité conjugale, on trouve un lyrisme et une douleur exagérée. C'est inouï combien on pleure : les rois, les geôliers et les bourreaux pleurent avec une monotonie qui nous frappe d'ailleurs partout dans la littérature indonésienne. Il faut faire la part cependant, l'influence considérable exercée depuis le début du siècle présent par la civilisation occidentale, influence qui se révèle surtout dans la littérature se rattachant à une compréhension plus parfaite des choses, fruit de l'instruction occidentale.

D'une part comme réaction contre les éléments d'origine étrangère, d'autre part comme conséquence de cette compréhension plus parfaite, les Indonésiens montrent une tendance à s'intéresser à leur propre histoire et aux trésors de leur ancienne civilisation qui, à Java surtout, se manifestent dans les anciens écrits et les monuments de pierre, témoignage d'une grandeur passée. Sous ce rapport Java ne fait pas exception et on y constate, comme partout ailleurs, une tendance à apprécier ce qui a été propre, depuis des siècles, à la nation et à la civilisation, comme si ce culte du passé constituait un point de repère à une époque où le nivellement et l'uniformisation sont considérés comme le panacée suprême, et comme si ce culte donnait de la beauté et du charme à la vie lorsque la monotonie menace de submerger tout ce qui caractérise les peuples.

C'est d'ailleurs avec raison qu'on se met en garde contre ce danger. Aux Indes, et spécialement à Java, on recueille les œuvres littéraires dont le moyen âge javanais abonde. On a appris à distinguer ce qui peut être utile à notre époque de ce qui se révèle imparfait et déparé par des défaillances caractéristiques de la civilisation indonésienne et inférieur aux œuvres de la civilisation de l'Inde antique où des étrangers, mieux préparés pour cette étude, ont su discerner la beauté qui a rayonné vers l'Orient comme vers l'Occident. Nous saisissons ici sur le vif la différence d'époque et de race.

Quelle est la partie de la littérature de l'Inde antique qui a produit la plus profonde impression sur l'âme occidentale? Au XVIIe siècle, *La Porte ouverte sur le Paganisme secret*, par Rogerius et *La Description de Malabar, de Coromandel et de Ceylan* par Baldeus mirent en lumière, pour la première fois, les conceptions religieuses des Brahmines et les particularités ethnographiques de l'Inde; vers la fin du XVIIIe siècle la haute valeur des trésors philosophiques et artistiques de la littérature sanscrite se révéla aux yeux de la civilisation occidentale.

Le nom de Çakuntala, mère de Bharata, parvint en Europe par le drame du même nom de l'*Anneau fatal* et de *Signe de reconnaissance de Kadilassa*, et cela par les traductions de Jones et de Forster. Le succès en fut immense

(La traduction de Kern date de 1863).

Nous sommes frappés par le sérieux et la pitié qui émanent de ce drame auquel Gœthe emprunta la forme de son prologue du *Faust*, en rendant le contenu par l'épigramme suivante :

Willst du den Himmel, die Erde mit einem Namen begreifen,
Nenn ich Sakuntala dich, und so ist alles gesagt.

Le drame glorifie le charme de la jeune fille naïve, de la femme dévouée et de l'amour conjugal.

Plus profonde encore fut l'impression produite, à la même époque, par le Bhagavad Ghita : *The song of the adorable One*, *La Manifestation du Saint*, le *Chant du Bienheureux*, *Des Erhabenen Gesang*. Dans ce poème philosophique, ce n'est pas seulement le poète qui parle, c'est le mystique, c'est le sage qui, plus tard, devait inspirer Tagore, et qui devait, jusqu'à ce jour

être honoré comme l'émule de l'auteur de l'évangile selon saint
Jean et comme le poète dont le verbe revêt une splendeur et
une force sans pareille. Et rappelons enfin l'apothéose de l'épouse
fidèle Çavitri que nous autres, Hollandais, connaissons par la
traduction de Vogel et qui inspira à Verlaine les vers splendides :

> Pour sauver son époux, Gavitri fit le vœu
> De se tenir trois jours entiers, trois nuits entières,
> Debout, sans remuer jambes, buste ou paupières :
> Rigide, ainsi que dit Vyaça, comme un pieu.

Dès le moyen âge la traduction arabe du livre des fables boud-
dhistes de Pançatantra avait été à son tour traduite dans toutes
les langues européennes. De même le Hitopadeça et le Mrçaka
tika avaient dévoilé The Light of Asia et l'on constate bientôt un
enthousiasme grandissant pour l'imagination, les méditations et
la profondeur de pensée de l'Inde antique. Quel était ici l'élément qu'apprécia plus particulièrement l'Européen et qui l'in-
cita à l'imitation ?

Le problème est intéressant, attendu que les conclusions pourront servir de terme de comparaison avec les habitants de l'Archipel indonésien, ceux-ci ayant pris connaissance de la civilisation de l'Hindoustan plusieurs siècles avant l'Europe, et y ayant
recouru d'une façon toute différente pour consolider leur civilisation.

L'Europe occidentale subit le charme, non seulement de l'Art
littéraire, mais aussi de la noblesse de la pensée, du mysticisme,
de l'amour du prochain malheureux, de l'attitude méditative
à l'égard de la vie, de la vision spirituelle sur l'univers, du sentiment religieux de la vision du monde extérieur, des prophètes
et des philosophes que Tagore interprète aujourd'hui en disant :

Only he is pure who has washed away the world from his mind.

To him who knows, the dust and the flower are the same[1].

1. *Sacrifice and other plays*, 1917.

We feel God's nearness to us in all the human relationship of love and affection, and in our festivities. He is the chief guest whom we honour... We worship Him in all the true objects of our worship and love Him wherever our love is true [2].

En Europe ce mysticisme trouva un écho dans bien des cœurs. Il satisfaisait, ici aussi, au même besoin humain que Thomas à Kempis exprimait d'une façon analogue en disant : les plus parfaits parmi les humains évitaient pour cette raison le plus qu'il leur était possible, tout commerce avec les autres et préféraient vivre dans la solitude avec Dieu.

Il se rencontre avec le Bhagavad Ghita :

Immobile comme la flamme de la lampe abritée du vent, telle est l'âme de celui qui se domine et qui a appris la sagesse.

Là où les pensées ont trouvé le repos et où elles sont rentrées dans le calme par l'exercice de la sagesse et où l'esprit peut se plaire.

Là où l'âme apprend à savourer la félicité infinie que l'on ne trouve que loin des sens et où il n'est plus possible de s'écarter de ce qui est réel.

Là où l'on n'aspire plus qu'au bien suprême, là où ne saurait exister de douleur ou de tristesse pour celui qui a conquis ce bien.

C'est là que se trouve réalisée l'union avec l'Etre suprême que l'on appelle piété et qui est la libération de toute souffrance.

C'est cette pieuse sagesse, cette beauté mystique que l'Occident salua avec ravissement et accepta avec enthousiasme. On considéra le Bhagavad Ghita et la glorification du devoir vue du point de vue de la glorification recueillie, comme l'œuvre la plus belle de la littérature du monde entier, et cela malgré les divergences de pensée dont on a dit qu'elles nuisaient à l'unité philosophique. A tort d'ailleurs, car les Indous y reconnaissent l'unité d'esprit,

2. *Personnality, lectures delivered in America.* 1917.

malgré la juxtaposition, dans le poème, du polythéisme hindou et des visions dualistes et monistes qui représentent, pour l'Indien, les formes d'expression de la vérité suprême. A ce point de vue il convient d'écarter les observations d'ordre intellectuel ou rationaliste, car la nature même du poème est de donner expression à l'esprit divin et de réaliser les vérités spirituelles pour « celui qui sait », en employant le symbolisme et la tradition connus. Ici la réflexion et l'enthousiasme doivent faire place au recueillement et à l'enthousiasme qui mènent à la vérité. Ni la pénétration, ni l'expérimentation ne peuvent être le fil conducteur qui relie ces ordres différents de la pensée, mais la modification de l'être psychique qui conduit d'un état à un autre [1]. Que retrouvons-nous de ces caractéristiques, si nous établissons la comparaison entre cette littérature et celle de l'Archipel? Tout d'abord ceci : Ce qui avait enthousiasmé surtout l'Europe occidentale, c'étaient les joyaux que recélait le grand Mahabbarata et ce qu'il y avait de purement humain dans leur éclat, alors que l'Archipel indien se révéla moins sensible à l'élévation de la pensée tissée dans l'étoffe hindoue qu'aux figures chatoyantes qui furent appréciées et copiées conformément au génie de la race indonésienne. Le professeur Kern a dit en parlant de la traduction en prose en vieux javanais de la Mahabbarata qu'elle se distingue du poème hindou par le style mi-enfantin, mi-didactique du javanais moderne. Hazeu confirme cette observation en comparant l'Adiparwa en vieux javanais à l'original sanscrit et il ajoute que dans le texte javanais c'est le magister et non le poète qui parle. Il abonde ainsi dans le sens de Van der Tuuk qui déclare que l'Adiparwa javanais « fourmille de gaffes ».

L'étude des textes en vieux javanais basés sur la littérature hindoue et qui nous ont été rendus accessibles par l'œuvre de

---

1. Keyserling. *Reisetagebuch eines Philosophen*, 6e éd., 1910, p. 302 et 351.

Juynboll ne fait que confirmer ce qui a été dit plus haut. L'élévation de la pensée, les épanchements sublimes font défaut ou
à peu près. Dans la manière dont il s'assimile les produits littéraires classiques de l'Inde nous saisissons sur le vif la tendance
de l'Indonésien peu cultivé à écarter les abstractions et à donner
toute son attention aux détails d'ordre matériel que renferment
les considérations d'ordre métaphysico-philosophiques généralement beaucoup trop élevées ou du moins beaucoup trop lointaines pour l'esprit indonésien. On aurait tort d'en déduire sans
plus l'incapacité de l'Indonésien à saisir le sens de ces contem-
plations. Il faut y voir une preuve de plus du manque total du
sens de l'abstrait chez les esprits peu cultivés (pour ne pas em-
ployer le terme « primitifs » avec tout ce qu'il comporte de vague)
et de la tendance générale chez ces esprits à donner à toutes les
idées une forme tangible. Ce caractère tangible leur est nécessaire ;
pour la justice il leur faut un signe extérieur, pour la morale un
exemple, pour la religion des divinités et des démons anthropomorphes qui châtient par la maladie ou par les mauvaises
récoltes. Enfin, il leur faut des ancêtres qui, apaisés par des
offrandes, des libations et de l'argent, affluent en grand nombre
aux sacrifices où, pour tous, ils sont présents. Il faut cependant
se garder de généraliser et d'émettre un jugement partial. Trois
observations s'imposent. Mentionnons en premier lieu le poème
épique de Brata-Jouda (XIIe siècle) dont le sujet a été emprunté
à Parva V-X du Mahabbarata, parfaitement acclimaté à Java
et qui offre, à côté des récits guerriers, des descriptions remarquables de la nature, de la douleur des femmes qui cherchent
sur le champ de bataille le corps des héros tombés et veulent
se vouer à la mort pour être réunies à l'amant adoré. Nous rencontrons également dans le Ramayana, devenu un poème javanais indépendant (Kern le place au XIIIe siècle), certains passages sur le sentiment du devoir ainsi que des exhortations à

la vertu où se trahit l'homme sensible à côté du magister.

On constate une deuxième exception importante à la règle formulée plus haut. Il s'agit d'une trouvaille faite par Raden Pourba Tjaraka, qui a reconnu dans un texte de Bali une grande partie de la Bhagavad Ghita sur plusieurs points conforme à la traduction française du texte sanscrit par Emile Burnouf (3e édition, 1905). Or, si la littérature Kawi contient des passages d'une beauté aussi parfaite, il faut user d'une extrême prudence en se prononçant sur son caractère général, prudence qu'impose d'ailleurs la nature même du sujet.

La troisième restriction concerne des œuvres littéraires de l'Indonésie d'aujourd'hui. Elle vise des épanchements poétiques et des pensées philosophiques dont la valeur a été hautement appréciée par les Occidentaux. La traduction malaise (Tjaja Hindia, 15 juillet 1920) du XLVIIe *Chant du Jardinier* de Tagore offre le spécimen d'un produit intellectuel bengalais parvenu à l'Indonésie en passant par l'Angleterre et peut-être par la Hollande. Nous reproduisons ci-dessous le poème malais et sa traduction anglaise :

If you would have it so, I will end my singing.

Kalau adinda, soeka, marilah saja berhenti menjanji.

If it sets your heart aflutter, I will take away my eyes from your face.

Kalau sekiranja mengoesoetkan hati adinda, marilah saja menolékkan moeka dari pada adinda.

If it suddenly startles you in your walk, I will step aside and take another path.

Kalau rasanja adinda terkedjoet pada waktoe saja berdjalan djalan, marilah saja mendjimpang serta mentjahari seboeah djalan jang lain.

If it confuses you in your flower-weaving, I will shun your lonely garden.	Kalau mengganggoe adinda tengah mengarang boenga, biarlah saja menghindarkan diri dari taman adinda jang soenji itoe.
If it makes the water wanton and wild, I will not row my boat by your bank.	Kalau sekiranja, saja menggelombangkan air dengan hébat, wahai adinda, biarlah djangan saja berdajoeng ditepi halaman adinda.

La comparaison de ces documents littéraires de l'antiquité et de l'heure présente nous amène à des conclusions parallèles à celles du Dr P.-H.-M. Travaglino concernant le caractère de l'indigène. Ce psychologue constate deux qualités enfantines caractéristiques pour l'indigène : une imagination féconde et une forte émotivité. Il en résulte une puérilité qui se manifeste dans les actes aussi bien que dans les opinions. Ajoutons à ces caractéristiques la surabondance de vitalité et de sensualité et un sens social peu développé, et nous retrouvons les indices des instincts primordiaux de l'humanité.

L'imagination et l'émotivité, ne sont-ce pas là les qualités dont découle la spontanéité indispensable à l'artiste convaincu par intuition et qui forme la force imaginative, source de l'art ? Et lorsque s'y joint la dévotion, ne donnent-elles pas le sublime à la vie spirituelle qui se manifeste sous une forme vaste et grandiose, précisément par cette imagination, cette émotivité et cette dévotion mêmes, et ceci à plus forte raison lorsque d'abondants loisirs permettent la concentration et la libération intérieure ?

Ce sont ces éléments qui rendirent possible à la conception philosophique et religieuse de la vie, antipode de notre pesant intellectualisme, de créer l'orientation métaphysique, le contact étroit et ininterrompu avec le domaine surnaturel qui trouve presque toujours sa manifestation dans l'art indigène. Il n'y a rien de contradictoire à ce que viennent s'y ajouter une tension et un rythme, une observation juste et une stylisation très prononcée, car il faut y voir une unité solidaire d'un certain niveau de civilisation. Ce niveau de civilisation se manifeste tant par suite de l'expression du surnaturel que par le sens de la réalité des objets de l'entourage et des rapports avec l'ambiance sentis d'une façon strictement concrète. C'est de là que provient le talent de l'Indonésien pour les arts décoratifs, pour l'ornementation des surfaces ou des objets où l'on ne sait ce qu'il faut le plus admirer : de la pureté de l'image ou de la beauté portée à un degré suprême de perfection. On retrouve également quelque chose de médiéval dans l'art appliqué de cette manière, dans l'ornementation des formes de la vie par la beauté, dans la combinaison de la volonté de créer la beauté et du goût de l'apparât, dans l'union de l'imagination et de la tradition. Dans tous ces éléments prédomine le lien étroit qui les relie aux conceptions religieuses.

Avant de créer ses chefs-d'œuvre, Fra Angelico priait, et seule l'ardente dévotion du moyen âge a su ériger ses cathédrales. De même seuls les initiés surent créer les petites divinités de Bali, et les temples indo-javanais témoignent chez leurs auteurs d'un esprit de dévotion tel qu'on ne le rencontre que bien rarement.

Il s'agit donc ici non seulement d'un trait de caractère hindou, mais aussi et même plutôt d'une caractéristique indonésienne où perce le besoin de ferveur dans l'art, sous quelle forme qu'il se présente.

La musique européenne ouvre le cœur, la musique javanaise le ferme, a dit un Javanais, et cette comparaison, pour peu qu'elle soit bien comprise, acquiert une portée singulièrement vaste. Car c'est précisément ce qui nous frappe aussi, nous autres Européens, lorsque nous nous abandonnons au charme fait de couleur, de forme et de style qui émane des manifestations de l'art indonésien empreint d'une fervente humanité.

Il se trouvera des personnes pour déclarer que nous perdrions notre temps à entrer en apprentissage chez les sociétés indigènes. Ces personnes pensent aux peuples soi-disant primitifs que l'on rencontre aussi dans notre Archipel. D'autres encore, bouffis de « suffisance pédagogique » préféreront oublier qu'il ne saurait être question, pour ce qui les concerne, d'une méthode d'éducation indirecte selon laquelle la volonté formatrice et transformatrice est dirigée en premier lieu sur nous-mêmes et sur les forces réfractaires qui vivent en nous pour être appliquées en second lieu à la société dont l'éducation doit se faire.

Ce point de vue est-il juste?

Est-il réellement indispensable pour notre auto-éducation coloniale d'entrer en apprentissage chez des peuples indigènes dont le niveau de civilisation est au moins celui du moyen âge de l'Europe occidentale. Ou encore notre civilisation pourrait-elle bénéficier même de l'étude des soi-disant « sauvages », lorsqu'on rencontre chez eux des manifestations d'une civilisation pareille à celle que l'on trouve chez les représentants les plus primitifs de l'humanité?

Autrement dit, hormis la nécessité d'entrer en apprentissage chez eux, n'y aurait-il pas profit, pour celui qui se trouve en relation avec ces sauvages, d'acquérir des connaissances plus précises sur leurs pensées et leurs actes, connaissances qui nous expliqueraient bien des vestiges de civilisations antérieures subsistant chez nous et qui constitueraient de ce fait un apport important à notre folk-lore?

La réponse à cette question ne saurait être qu'affirmative.

L'ethnologie met en lumière le folk-lore qui étudie ce qui subsiste de primitif dans l'âme de l'homme qui a atteint un degré supérieur de civilisation. Il contient de ce fait les preuves ou les exemples d'un stade antérieur d'où est sortie une civilisation nouvelle.

Et de cette civilisation nouvelle jaillissent parfois des pensées et des usages d'antan, et cela avec une intensité et une fraîcheur telle que le « survival » est susceptible de devenir un « revival ».

L'histoire de notre époque abonde en exemples du même genre. Aussi le folk-lore, loin d'être l'étude de fossiles (archéologie psychique), revêt le caractère de recherches faites dans un monde singulièrement vivant qui survit intensément en nous autres aussi, Occidentaux hypercivilisés.

Aussi les données ethnologiques que nous étudions aujourd'hui chez les peuples primitifs sont-elles susceptibles d'appartenir plus tard à leur folk-lore, une fois qu'ils auront monté de quelques degrés l'échelle des civilisations. Cette pensée prête à l'étude de l'ethnologie et du folk-lore un caractère bienveillant et humain, car ces sciences inspirent des sentiments de bienveillance et d'humanité à l'égard du prochain et elles inspirent le désir d'apprendre même de ceux qui sont moins civilisés que nous.

RAPPORTS AVEC LES INDIGÈNES

Lorsqu'un paquebot venant de Hollande entre dans le détroit de la Sonde, l'une des portes donnant accès à l'Archipel indien, il arrive parfois aux passagers de remarquer, entre les côtes de Java et de Sumatra, quelque petite embarcation pagayée par des indigènes rentrant à leur village riverain, avec un modeste chargement de poisson ou de noix de coco. Une question angoissante peut alors se poser au Hollandais qui se trouve à bord du steamer et qui serait animé par la ferme résolution de consacrer, comme le font tant d'autres de ses compatriotes, une partie de sa vie au service de nos colonies. Car, soit qu'il ait à travailler au bien matériel ou spirituel des indigènes, soit qu'il ait à fréquenter ceux-ci dans un autre dessein, il aura toujours à résoudre la question de savoir comment se mettre en bons termes avec ces êtres si primitifs à ses yeux errant sur les flots dans un esquif consistant en un tronc d'arbre creusé. Car il ne pourra se soustraire à l'impression qu'il y a un abîme entre le sens de la propriété matérielle si primitive de ces indigènes et l'idée qu'il s'en fait lui, l'Européen qui traverse les océans sur son château flottant construit d'acier.

Cette impression se modifie bien un peu une fois que l'Européen est établi parmi les indigènes et qu'il a eu l'occasion d'apprendre à les connaître dans leur propre milieu. Il ne pourra cependant s'empêcher de constater qu'il y a une distance plus ou moins grande entre l'Européen et l'habitant des tropiques. Car une fois qu'on a pris conscience des différences qui séparent les deux races au point de vue des habitudes de logement, habillement, ornements, nourriture, manière de pourvoir aux besoins de la vie matérielle, ustensiles de ménage et animaux domestiques, ornementation et conceptions artistiques, relations sociales, us et coutumes, idées de droit, conceptions religieuses et langue, on se rend compte que dans l'Archipel indien on se trouve placé non seulement au milieu d'une autre nature et d'un autre climat, mais aussi au milieu de peuples qui occupent une place à part dans l'humanité, place qui diffère de la nôtre non seulement par les manifestations de l'esprit mais aussi et surtout dans le domaine de la culture intellectuelle. En considérant la vie religieuse de l'individu s'exprimant par la foi, la vie de l'âme et le culte, ou bien par la vie sociale de confréries religieuses, en scrutant les idées de droit renfermées dans la justice indigène et les règles de l'adat, en étudiant les aspirations à la beauté qui se manifestent soit dans des dessins des tissus soit dans des sculptures en bois, en bambou ou en ivoire, en parcourant la littérature très variée, nous sentons que nous autres occidentaux nous participons d'une civilisation différente de celle des habitants de nos colonies de l'Extrême-Orient. Car notre civilisation, riche en chefs-d'œuvre picturaux, où la lumière du soleil se marie aux couleurs de la palette, et qui possède tel hymne de la fraternité humaine, ou encore la bonne nouvelle de l'Evangile, se voit opposer là-bas les dessins les plus énigmatiques au monde, figurés dans l'ornementation indigène; puis, c'est le tintement en mineur du gamelan, et dans nos promenades à travers les villages de bambou c'est le récitatif monotone du Coran ou les mantras destinés à conjurer les démons. Alors nous sentons que des hommes tout autres que nous vivent là-bas, dans un monde étrange où l'on trouve la plus grande diversité d'hommes et de groupes d'hommes qui tous ont appris à donner plus ou moins leur confiance au Hollandais qui s'établit parmi eux.

ETHNOLOGIE COLONIALE

Une distance de plusieurs siècles sépare le Papou, croyant chasser l'étranger en répandant des cendres, de la fille d'un régent javanais Raden Adjeng Kartini, dont on affirme qu'elle avait l'âme plus européenne que javanaise. On serait tenté de dire que c'est la même distance que celle qui sépare l'homme néolithique de l'âge de la pierre polie, de l'homme cultivé. Cette femme n'hésitait pas à dire son opinion sur les rapports entre le Hollandais et le Javanais. L'idée qu'elle se faisait sur ces rapports prouve que chez elle l'examen avait abouti à une certitude, certitude qui lui donnait le courage de déclarer :

« L'Européen s'irrite de beaucoup de particularités du Javanais, par exemple de son indifférence, de son indolence, etc. Eh bien, Hollandais, pourquoi ne faites-vous rien pour chasser ces vices, puisque vous vous en scandalisez tant? »

Tout le monde se rend compte de la distance qui sépare le Koubou errant dans les forêts de Sumatra de l'aristocrate balinais, distance plus grande que celle qui sépare les Germains de Tacite des Croisés. Entre ces deux extrêmes on trouve une longue suite d'autres degrés de civilisation plus ou moins élevée. Lorsqu'on considère ces deux faits, la question s'impose de savoir s'il est possible de parler des rapports avec les indigènes d'Insulinde, ce vaste archipel aux populations nombreuses se distinguant entre elles par des stades de civilisations différentes, populations dont parfois les individus mêmes diffèrent entre eux par le rang et la condition, par la culture intellectuelle et morale, par la langue et la religion.

C'est là la première difficulté. La seconde ne vient pas tant de la société indigène que de nous autres Européens. Car nous qui sommes appelés à fréquenter les indigènes, nous différons également les uns des autres sous plusieurs rapports. Outre l'origine, l'éducation et la culture, il y a entre ceux qui, en vertu de leurs fonctions, sont obligés de fréquenter les indigènes

PONTS JETÉS SUR L'ANAI SUR LA COTE-OUEST DE SUMATRA

coll. Kol. Instit.

phot. Nieuwenhuis

SALUT JAVANAIS

des différences si accentuées au point de vue du caractère, de l'intelligence et de la morale qu'il y a lieu de se demander sous ce rapport aussi, si l'on pourra discuter avec fruit sur la conduite à suivre par tous ces Européens envers tous ces indigènes si différents entre eux. Il y a encore une autre cause de différenciation, à savoir la nature des fonctions de l'Européen désigné pour fréquenter les indigènes. On conçoit aisément qu'un explorateur scientifique qui distribuerait des présents et des remèdes, et dont le but principal serait d'étudier et de noter ce qui lui semblerait curieux, pourrait traiter tout autrement les indigènes qu'il visiterait que celui qui, chargé d'une mission d'ordre matériel ou spirituel, voudrait les conduire dans des voies déterminées. Il est évident qu'un négociateur, désireux d'obtenir des avantages politiques ou commerciaux, se conduira envers les indigènes autrement que le militaire qui, voulant atteindre sans délai un but déterminé, se servirait au besoin de la violence. Malgré la grande variété des individus et des circonstances, variété qui pourrait faire douter de l'utilité qu'il y aurait à traiter le sujet en question, on peut dégager des vérités générales qui, plus ou moins, pourront servir de ligne de conduite générale. Il en est de cela comme du traitement des problèmes pédagogiques; ce n'est que par l'échange de vues qu'on se rend compte de l'importance et de l'envergure du sujet. C'est en y réfléchissant qu'on découvre toute sa portée, et c'est en comparant sa propre opinion fondée sur l'expérience et l'étude, à celle des autres, qu'on arrive à se former des vues plus justes, et une conviction bien établie et qu'on arrive peut-être à modifier sa ligne de conduite. Il en est de même du problème des rapports avec les indigènes. L'échange de vues au sujet de ce problème ne conduit pas toujours à des prescriptions formelles, il est vrai, mais il pourra avoir ce résultat que chacun pour soi, prendra la résolution de s'efforcer, dans son commerce avec les indigènes,

— 129 —

à observer certaines règles et à éviter des fautes commises par les autres.

Eh bien, dès qu'une détermination de cette nature, qui n'est autre qu'une conviction basée sur le raisonnement, se sera établie en ceux qui auront à fréquenter les indigènes, on aura déjà atteint, à proprement parler, ce qu'il est possible d'atteindre, à savoir la suppression des mouvements d'humeur envers les indigènes, mouvements qu'on regrette si souvent, dans la suite, et qui ont pour cause une insuffisante préparation morale et intellectuelle, insuffisante en face des difficultés qui se présentent souvent à l'imprévu dans les rapports avec les natifs. On pourra difficilement se former une telle conviction, à moins de se rendre exactement compte de qui l'on aura à fréquenter, de qui il faudra demander le secours, qui l'on aura à éduquer, de quel côté penche la balance quand il s'agit de peser la valeur des différents éléments de civilisation indigènes et étrangers, et partant chez qui il faudra se mettre en apprentissage pour apprendre ce qui manque au propre savoir et à la propre éducation comparés aux capacités et au caractère respectifs. Aussi ne doit-on, dans cette étude, voir autre chose qu'une tentative pour amener à réfléchir sur cette question en tant qu'elle a trait à la fréquentation de la population des Indes néerlandaises.

La question mérite bien d'être étudiée, car de la conduite du Hollandais envers l'indigène de nos colonies dépend notre situation dans la zone où l'Européen et l'indigène se rencontrent : c'est la base même de notre politique coloniale. S'il y a des malentendus dans cette zone, la ligne de conduite politique observée dans le traitement des affaires publiques ne saurait mener au but proposé, attendu que la principale condition pour créer une bonne intelligence et pour faire un bon choix d'arguments manquerait. C'est alors qu'on est le témoin des traitements injurieux par le bâton du planteur, auxquels répondent des rancunes et des cris et, sur une plus grande échelle, un régime gouvernemental insupportable au milieu de révoltes populaires, le régime de la force à côté de dispositions légales mal comprises. Là aussi, les guides qui montreront le chemin conduisant à des rapports corrects avec les indigènes, sont la science et l'expérience. Car la pierre d'achoppement est ordinairement une connaissance imparfaite de soi-même, des renseignements insuffisants, ou encore et surtout le manque de compréhension de la vie intérieure des indigènes. Pour être à même de juger notre prochain avec équité, il faut le comprendre, ramener ses actions à leurs motifs tels qu'ils sont représentés, évalués et comparés les uns aux autres, non pas par nous, mais par lui-même (Heymans).

Celui qui a pris parfaitement conscience de la différence plus ou moins accentuée qui existe entre l'Européen et l'Indigène que le premier doit fréquenter ou diriger, trouvera un double motif d'encouragement. D'abord, dans le fait que de l'élévation morale et intellectuelle de l'Indigène résulte généralement chez celui-ci un sentiment de solidarité qui comble l'abîme, et ensuite dans la certitude que l'examen approfondi de la vie et de la pensée indigène fait naître chez presque tous les Européens un sentiment d'appréciation plus juste. On peut donc jeter le pont des deux rives à la fois. Du côté indigène, la base en sera l'élévation morale, scientifique et économique, et du côté européen, une étude approfondie de la situation et des idées indigènes. Que cette méthode soit aussi applicable aux pratiques gouvernementales dans les colonies, c'est ce qui résulte clairement de la double tendance du Gouvernement des Indes, qui vise l'éducation populaire en même temps que l'étude des données sur la population. Par rapport à ce dernier sujet il est utile d'attirer l'attention sur une manifestation de la politique coloniale s'exprimant par certaines mesures gouvernementales.

ETHNOLOGIE COLONIALE

Car il faut rendre justice et apprécier telles mesures gouvernementales qui contribuent à augmenter nos connaissances concernant la population et l'usage que le Gouvernement — et comment en serait-il autrement? — fait de ces connaissances. Subsides accordés à des entreprises scientifiques dans le domaine de l'ethnologie, renseignements judicieux sur les principes et les tendances politiques et religieuses de la vie mahométane dans les colonies; nomination de fonctionnaires pour l'étude des langues indigènes; institution d'un bureau chargé de recueillir des données encyclopédiques sur le pays et sur la population : ce sont là des manifestations du besoin qui se fait sentir, dans les sphères gouvernementales, de posséder, sur la population, des renseignements indispensables pour bien gouverner.

L'exemple que nous offre la région d'Atchin démontre clairement les changements complets que la connaissance approfondie du pays et de la population peut produire dans la conduite du Gouvernement et les revirements que ce changement de politique peut provoquer au plus grand profit de la Hollande qui n'y avait jusque-là qu'essuyé des insuccès. A côté d'une intervention énergique et appuyée, la connaissance de la situation a été le facteur principal qui a fini par tout mener à bonne fin. Cette connaissance tantôt produisant tout son effet, tantôt appliquée avec moins de succès, détermina finalement une politique aussi patiente qu'énergique et prudente, qui ne laissa pas de produire d'excellents résultats. L'armement moderne des militaires et le livre sur les Atchinois écrit par le savant Snouck Hurgronje, ont fini par remporter la victoire, utilisés qu'ils étaient par des hommes qui unissaient la science militaire à la connaissance du peuple que ce livre leur fournissait. Plus les administrateurs européens d'une colonie seront au courant du pays et de la population, plus on aura de garanties pour une saine administration des indigènes. Cette circonstance constitue à elle seule une raison suffisante pour donner aux experts habitant dans la colonie elle-même une voix dans l'organisation et la législation, ce qui profitera grandement à la population coloniale dans son ensemble. Les éléments de la population indigène qui y sont propres, pourront de même occuper une place importante dans les rangs de ces experts.

Et le fait que, dans les dernières années, où la force consciente du peuple hollandais dans le domaine colonial s'est manifestée de si heureuse façon il s'est joint, à l'exercice de la force une tendance à rechercher ce qu'il y a de sain dans la société indienne et à l'élever et le mener à la perfection, constitue un phénomène heureux et digne d'attention. Et cela, non seulement en ce qui concerne la concession de voix aux éléments indiens dans la délibération sur les affaires locales de gouvernement, mais aussi là où il s'agit de donner une vie nouvelle à l'économie politique de la société indienne, et à l'égard de domaines ou de petits domaines autonomes.

Le gouvernement a déclaré à plusieurs reprises que les régimes d'autonomies, dont l'autorité a été considérablement restreinte par quelques brèves déclarations politiques, ne sont pas devenus pour cela de simples instruments aux mains de nos fonctionnaires administratifs, mais que ces déclarations ont effectivement pour but de maintenir les administrations indigènes et de les éduquer de façon à transmettre de plus en plus l'exercice de l'administration, des mains des fonctionnaires européens dans celles des chefs autonomes. L'ordonnance sur les autonomies, arrêtée dernièrement et publiée dans l'*Officiel indien* 1914, n° 24, semble être déjà un premier pas dans cette direction. Elle délimite nettement, en effet, les droits et les attributions du Gouvernement et des districts autonomes, elle garantit aux chefs autonomes que l'organisation du gouvernement de leurs districts se basera essentiellement sur les institutions, les us et coutumes de chaque district, elle charge en outre les chefs de la représentation du district. Ainsi donc les chefs autonomes peuvent avoir la conviction qu'on a en vue leur éducation, non leur anéantissement, ce qui ne laissera pas d'augmenter leur intérêt dans les affaires concernant leur district, affaires dont ils s'occupaient auparavant « humainement mais aussi à la manière orientale » (Moresco), l'ennui les poussant au gaspillage et à toutes sortes de folies (Ballot). Cet état de choses peut être amélioré maintenant que notre influence gouvernementale peut se faire valoir, grâce à la force éducatrice qui émane du Gouvernement néerlandais.

Cette éducation ne saurait avoir d'autres principes que ceux inclus dans la réponse aux questions suivantes : de quelle nature sont les organisations à développer, quels sont les bons moyens d'éducation, et sous quels rapports l'éducateur peut-il ou doit-il s'abstenir d'exercer son influence?

Il est d'autant plus nécessaire que cette question soit entièrement élucidée aux yeux des éducateurs, par une réelle connaissance du pays et de la population, que l'intervention énergique de ces dernières années entraînait souvent un traitement uniforme de ce qui devait plutôt être traité séparément et que souvent on intervenait brusquement alors qu'il eût été préférable de procéder graduellement. Bien que l'uniformité dans les grandes lignes de notre politique à l'égard des autonomies soit désirable pour les détails, chacune d'elles exige des mesures particulières. Une organisation simultanée de leur situation juridique était sans doute désirable au point de vue de l'opportunité, mais le propre stade de développement oblige à ne pas anticiper sur la propre période de croissance et d'épanouissement.

Ceci nous ramène aux facteurs indispensables à l'œuvre de l'administration : connaissance des situations et des rapports indigènes, contact ininterrompu avec la société autochtone ; intelligence de l'âme du natif, pénétration de ses tendances et ses capacités. Si ces facteurs font valoir leur influence, les éducateurs sauront ce qui pourra être supprimé, ce qui est nuisible à un bon développement des régimes autonomistes, et en même temps ce qui doit être réalisé pour le plus grand bien du pays et de la population au moyen des ressources financières dans ces pays mêmes, ce qui semble constituer une garantie pour l'emploi des impôts payés par les indigènes, au profit de leurs communautés. Dans le fond, toute la politique gouvernementale de ces dernières années n'est autre chose que la reconnaissance officielle du fait qu'il est désirable de maintenir et de développer ce qu'il y a de bon dans la société indigène [1]. Le Gouvernement s'abstient d'annexer ces régions autonomes aux régions placées sous le gouvernement direct, ce qui ferait appliquer dès maintenant tous nos règlements généraux sur ces territoires, et étoufferait par conséquent en grande partie la vie indigène. Au cas où cette ligne de conduite mènera au but, le problème de la manière de traiter l'indigène et sa société s'imposera de nouveau impérieusement.

L'observation précédente a trait non seulement aux chefs de la population des régions autonomes, mais également aux chefs indigènes occupant une place de fonctionnaire dans le grand corps administratif, destiné à sauvegarder les intérêts des dizaines de millions d'indigènes habitant dans les domaines placés sous la dépendance directe du Gouvernement. Aujourd'hui plus que jamais il faudra insister sur l'ordonnance gouvernementale prescrivant que, autant que les circonstances le permettent, la population indigène doit être confiée à la direction immédiate de ses propres chefs, nommés ou reconnus par

---

1. A ce sujet il est utile de mentionner également l'Ordonnance concernant les communes indigènes (*Staatsblad*, 1906 n° 83), mettant hors de doute la personnalité juridique de la « desa » javanaise. Qu'on ait toutefois agi à l'encontre aussi de cette ligne de conduite, c'est ce qui résulte du livre du professeur van Vollenhoven: Miskenning van het Adatrecht (*Méconnaissance du droit coutumier*); Leyde, 1909.

le Gouvernement. C'est là un principe qu'on appelle souvent la clef de l'histoire des colonies hollandaises. On constate heureusement de nos jours des efforts pour élever le niveau de l'élément indigène parmi les fonctionnaires administratifs de manière qu'il soit possible de leur confier l'administration ordinaire et de restreindre la tâche de l'administration européenne à la surveillance de l'état général des choses, y compris la conduite de leurs « plus jeunes frères », les chefs indigènes. De cette façon on obtient, à condition que les relations mutuelles soient bonnes, une collaboration entre les éléments administratifs européens et indigènes. Cette collaboration pourra garantir non seulement l'observation de la ligne de conduite désirée par le Gouvernement colonial, mais elle pourra encore avoir pour conséquence qu'on attache aux désirs de la population l'intérêt qu'ils méritent.

Il est clair que dans la zone où les éléments administratifs européen et indigène se rencontrent, la question de savoir comment l'Européen devra se comporter envers l'indigène des colonies s'impose dans toute sa gravité. En effet, c'est ici que se font jour la manière dont on se fréquente, le degré de confiance qu'on s'accorde, l'appréciation mutuelle, la vue nette des intentions de chacun, sans qu'il puisse être question de malentendus. Dans cette zone il faut parler une langue intelligible aux deux partis, dans toutes ses nuances, et les paroles devront s'accompagner d'une courtoisie formant la base de la tolérance bienveillante des idées mutuelles. Une zone de cette nature existe pour toutes les branches du service colonial où l'Européen et l'indigène se rencontrent [1] et la nature de leurs relations devient plus im-

1. Qu'à ce sujet, il y ait encore beaucoup à améliorer, c'est ce que prouvent les paroles de M. Van Deventer, prononcées à la Chambre dans la séance du 12 novembre 1913, compte rendu officiel, p. 120 s. s. « L'attitude prise aux Indes envers les Indigènes doit changer, aussi bien du côté des particuliers que du côté de beaucoup de fonctionnaires, car exception faite de quelques-uns, même parmi les fonctionnaires, cette attitude est peu correcte. »

portante à mesure qu'ils collaborent à un but plus élevé; elle est du plus grand intérêt là où il s'agit d'augmenter, d'ennoblir et d'élever la culture spirituelle des indigènes, tenue par eux en grande estime, étant l'héritage de leurs ancêtres. Il s'ensuit que la manière de fréquenter avec les indigènes est d'extrême importance tant dans le gouvernement que dans la justice, la mission, l'enseignement et en outre dans toutes les branches du service où l'Européen et l'Oriental prennent contact, non moins que dans les armées de terre et de mer qui se composent en partie de Chrétiens indigènes, originaires des Moluques et d'indigènes provenant de plusieurs autres contrées de l'Archipel. Il en est de même dans le commerce et dans l'industrie qui reposent presque entièrement sur la collaboration des indigènes.

« Si les Hollandais ont réussi dans leur politique coloniale, c'est uniquement parce qu'ils ont appris à comprendre les institutions indigènes », dit Clive Day, certes non sans quelque exagération. Mais il est hors de doute qu'il y a un rapport intime entre le degré de notre pouvoir et la nécessité de chercher le point juste d'adaptation à la société indigène.

La valeur politique de la connaissance du pays et de la population ne consiste pas seulement dans son influence sur la manière d'exercer le pouvoir, elle se trouve également dans un système juridique sainement conçu, laissant de la place au droit coutumier de la population. Aussi le respect de ce droit coutumier constitue-t-il un principe séculaire de notre justice coloniale. A l'égard de la population indigène ce principe s'exprime par le maintien plus ou moins complet de la justice indigène. Bien qu'en général

Cette faute n'est pas propre aux Hollandais seuls, elle paraît être beaucoup plus fréquente dans l'Inde anglaise, à en juger des affirmations d'Edwin Bevan dans son petit livre *Indian Nationalism*, Londres 1914, p. 73 sq. Il dit entre autres, donnant force exemples à l'appui de ses affirmations « That one of the gravest factors in the situation is the frequent rudeness with which educated Indians are treated by Englishmen and Englichwomen in India seems to me certain. It is a very ugly fact and shows an ugly side of our national character. »

le droit coutumier ne soit demeuré en vigueur que partiellement dans les domaines placés directement sous le Gouvernement, il occupe encore une place importante dans certaines parties de ces domaines et dans les régions autonomes. Dans les sphères du Gouvernement la loi pénale selon le droit coutumier a été en grande partie supprimée mais elle a persisté en dehors de ces sphères.

En revanche, le droit privé selon l'adat s'est maintenu généralement dans tout l'Archipel, bien que dans les sphères gouvernementales on y ait fait quelques infractions. La majeure partie du droit coutumier est toujours le droit malais-polynésien indigène, et il ne renferme des éléments religieux que dans les campagnes, pour les pénalités et dans la mesure où la religion hindoue, l'Islam ou le Christianisme pourront avoir transformé ou supplanté le droit d'adat [1].

La connaissance du droit coutumier est donc nécessaire au juge qui doit l'exercer, et au besoin l'adoucir par des considérations humanitaires en appliquant des principes d'équité des Européens. Car à défaut de cette connaissance on doit forcément froisser le sentiment d'équité des indigènes et la justice étrangère serait sentie comme une injustice. Le droit indigène qui doit être étudié avant tout dans la vie de tous les jours et qui est en effet un droit essentiellement vivant, ne peut pas être connu de celui qui est étranger à la société indigène. La force bienfaisante qui peut émaner de celui qui est au courant du droit coutumier, est prouvée par le fait que des arrêts juridiques ont été sollicités à nos fonctionnaires (Hestenberg) par des parties domiciliées dans des régions presqu'entièrement indépendantes alors de notre autorité, mais où s'était déjà répandue la renommée du représentant de la justice européenne, comme possédant une science consommée du droit coutumier.

1. Mr. C. van Vollenhoven. *Het adatrecht in Nederlandsch-Indië*, Leyde, 1906, p. 37. 62.

Cette connaissance est d'autant plus nécessaire que le caractère des indigènes est très processif. A côté de la satisfaction du sentiment de droit, les procès lui offrent parfois la possibilité de réaliser un bénéfice sans travail ou bien l'espoir de vaincre une partie adverse, ce qui flatte son amour-propre. En outre, les causes judiciaires peuvent fournir l'occasion de joutes oratoires, qui réjouissent l'âme, cela d'autant plus que le style fleuri ou ampoulé l'emporte sur le style objectif. On dit que les Gajos résolvent quelquefois des questions touchant la propriété par un duel de plongeon. Après les indispensables préparations solennelles, les parties piquent une tête en présence des chefs et des membres de la famille. Celui qui est le premier à revenir à la surface a perdu le procès irrévocablement [1].

« Les Gajos, grands joueurs, aiment à considérer ces procès comme un jeu dont la mise serait le droit disputé. Les assistants rendent ce jeu encore plus animé en faisant des paris sur l'issue du duel. Les spectateurs sont parfois armés, pour parer aux démonstrations de ceux qui sans cela auraient peut-être envie de huer avec trop d'entrain leur partisan vaincu ». Un pareil duel de plongeon avec les émotions d'un combat de coqs rappelle vivement ce que l'indigène ressent en faisant des procès ou en y assistant.

Mais ce serait une erreur grave que d'attribuer l'amour des procès exclusivement à l'amour du gain, des sports ou au goût des solutions de problèmes, souvent d'invention ingénieuse. La soif de justice et d'équité qu'on constate généralement chez les populations indigènes, est la base principale des nombreux procès se produisant chez eux.

Pour satisfaire à ce besoin de justice et afin de pouvoir faire face à tout ce qui regarde l'étude et l'application de ce droit coutumier, l'étude de l'ethnologie est indispensable, attendu qu'elle

1. Snouck Hurgronje, *Het Gajoland en zyne bewoners*, Batavia, 1903, p. 127.

permet de poser aux indigènes, qui se connaissent en cette matière, des questions où ils discernent le témoignage d'un intérêt solide et qui les portent à accorder leur confiance. Ceci peut même avoir pour effet de leur faire accepter des décisions contraires à leurs propres sentiments de droit, parce qu'ils savent que ces décisions proviennent d'un désir sincère de rendre justice.

Ce désir pourra se manifester également dans les incidents au cours de l'audience, par la forme et la nature des questions que le juge européen posera à l'accusé ou aux parties ou bien aux témoins, par les délibérations de ce juge avec ses collègues indigènes, bref, dans sa façon générale de se conduire envers les indigènes, conduite qui dépendra ici comme ailleurs en grande partie de la connaissance du caractère populaire indigène et de l'estime qu'on aura pour la morale et l'intelligence d'autrui. Ici comme ailleurs la meilleure introduction à ces connaissances et à cette appréciation c'est l'ethnologie, qui nous montre l'homme dans toute la richesse de ses capacités, et qui pourra contribuer en premier lieu à faire comprendre que les principes de droit sont le bien commun de l'humanité entière et qu'une société indigène dépourvue d'un droit déterminé serait impossible.

L'importance d'une connaissance solide des principes de droit indigène a augmenté dans ces derniers temps en rapport avec l'extension de l'autorité hollandaise dans les possessions en dehors de Java, et le maintien de la justice indigène dans les contrées ramenées sous l'influence de notre Gouvernement, de sorte que là aussi, pour ce qui concerne la haute justice, on rend actuellement la justice en bonne partie selon les lois du droit coutumier et sous la direction ou la surveillance des fonctionnaires du Gouvernement. C'est là une affaire extrêmement délicate parce que le guide sûr d'un code fait défaut et que tout dépend de la connaissance parfaite des intérêts en cause et des us et coutumes des indigènes qui, eux, n'apportent de la confiance aux arrêts de leurs juges prononçant selon le droit coutumier que lorsque l'influence de l'autorité européenne se fait reconnaître par une administration meilleure que celle à laquelle ils étaient soumis avant l'immixtion hollandaise dans leurs affaires. Pour que cette influence produise des résultats favorables, il est nécessaire que le fonctionnaire hollandais se livre en même temps à une étude approfondie du droit coutumier et de ses institutions.

Mais ce n'est pas tout. Ce fonctionnaire doit être également intimement convaincu de la nécessité d'étudier la pensée, les besoins, les intérêts de la population, parce que en dehors de ses fonctions judiciaires cette étude est le meilleur moyen pour arriver à une appréciation juste de tout ce qu'il voit arriver dans son entourage, et pour comprendre les actions des indigènes.

Car le juge tenu de prononcer selon le droit coutumier se voit souvent obligé de collaborer à l'application de prescriptions légales telles que la suivante [1] :

« Les conventions se rapportant à des fiançailles ou des mariages confèrent un droit dont la violation pourra entraîner une demande de réparation d'honneur dans le seul cas où cette convention aura été confirmée par un acte ou par un signe extérieur »; ou encore, en matière de délits : « Le préjudice causé à quelqu'un par suite des actions illicites d'un autre doit être autant que possible réparé ou compensé ».

Il est évident que les études ethnologiques sont indispensables aussi à l'œuvre éducatrice de la mission. L'éducateur doit se placer au niveau de l'enfant, pénétrer la sphère de ses idées pour les influencer (Mlle de la Bassecour Caan). Il faut connaître tout d'abord le païen lui-même, si l'on veut comprendre la conversion du païen au Christianisme. Beaucoup de malentendus imputables aux missionnaires s'expliquent par le fait qu'on ne

1. M. C. van Vollenhoven, *Een adatwetboekje voor heel Indië*, Leyde, 1910, sous 11 et 93.

comprend pas l'indigène (Le P. Simon). En effet le missionnaire demande à l'indigène son affection et sa confiance, et comment sauraient-elles lui être accordées par des gens « dont la vie intérieure est entièrement étrangère à la sienne et difficilement accessible, l'indigène prenant une attitude méfiante à l'égard de tout ce qui lui est étranger, par suite de son manque de culture et de son faible degré de développement » (Limburg). Et la mission veut substituer chez la population indigène la conception chrétienne à la conception animiste. Elle veut « la pénétrer d'états d'âme, de conceptions et bientôt de convictions qui la mettent à même de suivre la civilisation chrétienne sous d'autres rapports encore, quoique toujours conformément à sa propre nature et ses propres dispositions. Ainsi, pour nous en tenir à ce seul fait, elle veut lui donner, au lieu de la crainte des esprits, souveraine mais paralysant tout, la foi dans le Père céleste, la foi dans la rédemption par Jésus-Christ, le principe de l'amour du prochain, le sentiment de la dignité humaine, la conscience d'être appelé à une vie éternelle » (Valeton). Le but propre de la mission, c'est la prédication de l'Évangile, afin de rattacher les âmes au Christ. Car si la mission a pour tâche d'accomplir une œuvre éducatrice — l'éducation à l'indépendance par la voie de l'enseignement de l'Évangile — et si, comme tout éducateur judicieux, elle doit s'efforcer de convaincre ses disciples de ce que le péché a de blâmable, tous ses efforts doivent tendre aussi à diminuer les occasions de pécher (Gunning). Or, celui qui assumerait une tâche pareille, bâtirait sur le sable, s'il ne cherchait à découvrir dans la pensée indigène les points de contact pour les états d'âme, les idées et les convictions désirées, et si, en prêchant, il ne tenait pas compte de ce qui est propre à impressionner l'âme indigène et aisément accessible à son esprit. Le missionnaire qui ne s'efforce pas de gagner par ses paroles et ses actions la confiance des indigènes dans ses rapports quotidiens avec eux, et qui ne cherche pas à pénétrer leurs relations sociales et l'esprit de leur vie n'atteindra probablement jamais son but. Car à lui aussi, bien que fonctionnaire administratif, est applicable la vérité que dans le domaine où l'Européen et l'indigène se rencontrent, les différences d'opinion sont admissibles, mais non pas les malentendus. Tant que l'indigène n'aura pas assez de culture intellectuelle et morale pour suivre les pensées et les réflexions de l'Européen, on ne pourra éviter un malentendu qu'à condition que l'Européen fasse tout son possible pour comprendre l'indigène, pour connaître les motifs de ses actions, pour profiter de la connaissance de la langue et de la population. Celui qui parcourt la littérature des missions, rencontre à tout bout de champ des remarques insistant sur la nécessité d'acquérir des connaissances sur la manière de vivre et les rapports indigènes, et il est de même frappé par le fait que les missionnaires ont puissamment contribué à augmenter la connaissance des idées de peuples non civilisés.

Comment en serait-il autrement, puisque les efforts des missionnaires tendent à éveiller chez le païen la conscience qu'ils est un homme, dans toute l'acception du terme (Wielinga). Ils n'y réussiraient jamais s'ils négligeaient les connaissances de l'indigène et restaient indifférents à tout ce qu'il offre d'intéressant et à tout ce qui le distingue de son prochain demeurant ailleurs ou venu d'ailleurs.

Citons quelques exemples.

La compréhension ethnologique est indispensable au missionnaire à Timor pour comprendre ce qui se passe dans le cœur de ses disciples impressionnés par la vue de la tête fichée sur un pieu, d'un voleur décapité[1]. Cette impression restera obscure

1. *Berichten uit Ned. Indië voor de leden van den St. Claverbond* (Pas en vente); La Haye, 1907 2., p. 110 s. s.

à l'Européen profondément ignorant des règles concernant le châtiment immédiat en cas de flagrant délit par le droit coutumier, ainsi que de la vénération des crânes. L'intelligence des mœurs matrimoniales de l'Archipel indien sera nécessaire pour que le missionnaire à l'île de Flores puisse donner une explication de l'aversion simulée entre les nouveaux mariés [1] et pour que son collègue dans les îles de Kei comprenne quelle pensée se trouve à la base du fait constaté par lui lorsqu'après avoir reçu des médicaments on demande en outre un peu de tabac (ce qui est une manière de remercier); [2] il doit être au courant de la familiarité chez les peuples primitifs, qui comporte qu'on donne des présents. Le missionnaire qui rencontrera à Sumatra la croyance aux loups-garous [3] ne se trouvera pas en présence d'un fait étranger pour lui, du moment qu'il sera au courant de la lycanthropie, selon laquelle l'âme humaine peut loger provisoirement dans un animal : tigre, cochon, crocodile, chien, chat, lampyreck, etc.

Quand, dans les *Rapports de la Société missionnaire néerlandaise*, 1913, p. 7 ls.s. on fait mention d'une fête des morts chez les Tonapou's et qu'on raconte comment à un moment donné on répand du riz sur la foule assemblée, le Dr Kruyt, missionnaire-ethnologue, explique cet usage en disant qu'il a pour but d'appeler ou de fixer la substance animique des hommes, pour le cas où celle-ci s'en serait allée, en rapport avec l'idée d'après laquelle on se représente l'âme sous la forme d'un oiseau qu'on appellerait et qu'on attirerait en répandant du riz et lorsqu'à cette occasion on fend des tiges de bambou, l'initié dira : tenez, c'est la même chose quand il s'agit de divorce; ici on rompt le lien symboliquement, en fendant une noix de coco, là on

1. Le même, 1908, I, p. 65.
2. Le même, 1909, II, p. 114.
3. Le même, 1911, I, p. 13.

rompt le commerce avec les morts en fendant des bambous.

Ces quelques exemples démontreront combien le missionnaire est mêlé sans cesse à la vie de l'âme indigène, lorsqu'il essaie de laisser intactes les particularités de chaque peuple et chaque race, et en ne voulant introduire dans cette vie étrangère qu'un principe sanctifiant, rénovateur, purificateur : la personne du Christ (Brouwer). Dans un article intéressant et qui a trait à notre sujet, le docteur Brouwer [1] nous apprend que pour réussir, le missionnaire doit être « capable », aux yeux de l'indigène, c'est-à-dire adroit, courageux, patient, secourable, résolu, poli, modeste, sérieux; ce qu'il ne pourra être de tout son cœur que lorsqu'il comprendra la langue, la religion, les coutumes et la pensée de l'indigène.

En reconnaissant dans la mission une influence éducatrice, influence qui ne saurait produire des effets utiles que lorsque entre l'élève et l'éducateur naît la confiance, il s'ensuit tout naturellement que dans l'enseignement proprement dit, donné par des Européens aux Indigènes des colonies hollandaises, il faut avant tout des relations basées sur une appréciation mutuelle. Alors il apparaît en outre qu'on ne pourra arriver à ériger un système pédagogique pour cet enseignement indigène sans comprendre la nature des élèves et la société où ils vivent. Car on ne saurait s'imaginer de développement populaire sans connaissance des capacités et des dispositions d'un peuple, et sans se rendre compte des circonstances qui obscurcissent ou qui captivent son esprit. Voilà pourquoi les instituteurs européens professant dans les écoles normales pour instituteurs indigènes, sont tenus à se soumettre à un examen au cours duquel ils montreront des connaissances suffisantes du malais et de l'ethnographie. Cette exigence devrait être imposée à tout Européen

1. *Mededeelingen van wege het Nederlandsch Zendelinggenootschap*, p. 293, s. s.

ayant à instruire des indigènes. Celui qui voudra élever et guider des indigènes ne saurait s'en passer, et de ce qui a été dit ci-dessus de la sphère d'activité des missionnaires, il résulte tout naturellement qu'il serait infiniment utile que dans leur éduca-tion on tienne également compte de l'entourage étranger dans lequel ils auront à travailler. Aussi voyons-nous l'histoire des Indes, l'ethnographie, l'Islam indien et le malais figurer dans le programme d'instruction de tous les futurs missionnaires et pour la formation de pasteurs-missionnaires des églises réformées on cite comme principale matière de l'examen : la connaissance du pays, du peuple et de la religion plus particulièrement en ce qui concerne le terrain de mission désigné. Comment l'enseigne-ment pourrait-il intéresser l'élève indigène, comment pourra-t-il produire l'association de différents groupes de peuples, si l'instituteur ne sait pas ce qui intéresse l'élève? Comment l'enseignement pourra-t-il produire de bons résultats, si l'institu-teur ignore la pensée de ses élèves, leur capacité d'observation, d'imagination, de conception, leur mémoire, s'il n'a pas réfléchi sur les particularités qui le font différer des élèves qu'il avait à instruire en Hollande et si cette comparaison ne l'a pas con-vaincu de la nécessité qu'il y a à choisir une autre matière et une autre méthode d'enseignement? Quand les pensées de l'élève indigène s'égarent, l'instituteur doit pouvoir deviner que l'es-prit de son élève est encore en train d'élaborer les puissantes impressions de la représentation du wayang à laquelle il a assisté la veille, ou que sa pensée s'occupe des troupeaux de buffles con-fiés à l'enfant. La représentation du wayang, le jeu d'ombres qui ne laisse de captiver depuis des siècles toute la société javanaise avec ses lakons empruntés aux mythes malais-polynésiens ou à la littérature sanscrite et avec ses héros et ses princesses, ses aventures guerrières et amoureuses, ses exemples de fidélité ou de trahison, son jugement divin et ses récompenses par des bienfaits; le troupeau de buffles s'avançant docilement à travers les broussailles, les prairies et les marais, tandis que les garçons le mènent par la caresse de leurs paroles ou par leur colère d'enfant, de l'aube jusqu'à la tombée de la nuit. L'instituteur désirant sérieusement comprendre ses élèves, doit pouvoir s'initier à ces états d'âme.

Dans ce qui précède on a parlé de la nécessité qu'il y avait pour le fonctionnaire administratif, le juge, le missionnaire et l'instituteur, de connaître la langue et les hommes dans les contrées où ils auront à travailler. Mais il va sans dire, comme d'ailleurs nous l'avons déjà constaté plus haut, qu'il ne s'agit là que d'exemples. En effet, cette nécessité existe pour tout le monde, fonctionnaire ou particulier, qui désirerait atteindre un but déterminé par ses rapports avec les indigènes et avec leur collaboration, ce qui est le cas à peu d'exceptions près, de tous ceux qui s'établissent aux colonies. Car personne ne pourra arriver à de bons résultats sans la collaboration de la population indigène. Le commerçant dans ses relations avec ses correspondants et en s'adaptant à leurs goûts et à leurs besoins, le marin dans ses rapports avec des indigènes à bord de son navire ou sur la terre ferme, le planteur en acquérant des champs ou en surveillant ses ouvriers, tous doivent savoir à quoi s'en tenir au sujet de ces indigènes et comment ils devront se conduire envers eux pour s'assurer l'estime et la confiance qui forment la base de la bonne marche des affaires. Pour le planteur et l'industriel surtout, il est nécessaire de se rendre compte de la meilleure manière pour amener l'indigène à travailler régulièrement et de savoir se servir d'arguments au lieu du bâton, dont l'usage n'est profitable ni à la bonne marche des affaires en général ni à leur propre intérêt. Car un indigène qui, exaspéré par un mot dur ou un traitement mauvais, perd toute crainte, oublie tout respect auquel l'obligeait sa condition, pour ne viser qu'à un moyen de faire prévaloir sa personnalité sur celle de celui qui s'est permis de l'agacer ou de le blesser, cet homme cherche à se donner satisfaction au moyen de son arme, plus redoutable que le bâton du planteur. Ce n'est pas de cette manière qu'on doit éveiller la personnalité de l'indigène; il vaut bien mieux développer et fortifier cette personnalité par un traitement loyal et la guider dans des voies désirables pour les deux partis. Des relations convenables ne pourront être établies que par l'examen attentif des renseignements sur les milieux indigènes et de tout ce qu'un entourage indigène révèle à nos yeux. Les personnes qu'on envoie aux colonies, semblent en vertu même de leur caractère et de leurs conceptions morales, tout désignées à diriger et à éduquer des hommes se trouvant à un degré inférieur de civilisation. Cependant il résulte de l'éducation spéciale des missionnaires que dans la pratique pas plus qu'en théorie, l'envoi de ces personnes n'offre de garanties suffisantes pour de bons rapports et un traitement convenable des indigènes. Le caractère et la noblesse d'esprit peuvent beaucoup, mais pas tout, l'ignorance et les notions erronées exerçant toujours une influence malfaisante. L'expérience coloniale recommandait toujours impérieusement l'étude de l'ethnologie, parce que cette science ouvre les yeux aux difficultés que comporte la direction des indigènes et parce qu'elle pourra contribuer à éviter des fautes dans les rapports avec les natifs, fautes qu'on commet d'autant plus facilement qu'on sera moins bien préparé au contact avec la société autochtone.

Quelles sont donc ces fautes? Les voici dans leur ordre d'importance : un traitement trop réservé, un ton trop élevé, des paroles hautaines et emportées, des injures, des moqueries. En outre l'exigence d'hommages exagérés, qui n'ont aucun sens envers les Européens, exigence ayant pour base l'arrogance, ainsi que la grossièreté qui est toujours injustifiable. Pour autant que ces fautes ne tiennent pas à l'éducation ou au caractère, on peut les ramener à la sottise ou l'ignorance imaginant un abîme infranchissable là où il n'en est pas, méconnaissant l'influence de civilisations étrangères ou se manifestant — et voici enfin une faute de nature toute différente — par un ton dégagé qui voudrait être une preuve d'affection.

Ce qui rend ces fautes si blâmables c'est encore le fait que la négligence de bonnes manières commise par un seul Européen pourra faire tort à toute la communauté européenne aux yeux des indigènes. Certainement, le don inné qu'a l'indigène d'apprécier la force et les faiblesses de ses supérieurs lui fait comprendre à qui il a affaire. Aussi attribue-t-il souvent des traitements impolis à un manque d'éducation, de sorte qu'en beaucoup de cas les fautes mentionnées prêtent au bouffon du village l'occasion de représenter l'étranger sous une forme caricaturale. Maint Hollandais, faisant l'important et se sentant comme tel, depuis son séjour parmi des indigènes, serait un peu guéri de sa présomption en voyant de ses propres yeux comment un bouffon de village par sa verve caustique, le livre à la juste risée des assistants. Plus d'un Européen aux gestes affairés, à la parole précipitée se tiendrait peut-être un peu plus coi dans un entourage indigène, s'il se voyait et entendait imiter par "sèchèressépèssé" et des gestes singés par des indigènes qu'il croyait graves et impassibles. Plus d'un de ces messieurs importants des tropiques, s'apercevrait que les indigènes non plus ne prennent pas au sérieux ce qui est artificiel, lorsqu'il se retrouverait sur une scène de théâtre indigène sous forme de caricature, voué aux risées de tous les assistants.

Le régent de Sérang a raconté un jour que dans les pesantrèn javanais on ose comparer les représentants de l'autorité hollandaise aux bouffons de Wajang-poerwa [1], qui sous forme de

1. *Tydschrift B.B.* 1908, p. 17.

figures de wayang représentent des caricatures d'hommes laids, considérés comme des personnages extrêmement drôles [1].

Ceci ne saurait étonner celui qui pendant un séjour prolongé dans un entourage indigène aura réfléchi sur la manière indigène de voir l'Européen.

D'autre part, les fautes mentionnées ci-dessus pourront avoir pour effet également de blesser des idées et des sentiments ignorés par nous, mais qui n'en existent pas moins chez les indigènes qui les apprécient beaucoup. Elles se manifestent encore par un traitement hautain qui parfois ne laisse pas de dégénérer en réprimandes vexantes et en moqueries devant des témoins, de sorte que la honte vient envenimer la blessure; par une familiarité s'exprimant par la plaisanterie et qui scandalise l'indigène encore plus qu'une telle conduite de la part d'un étranger ne nous choquerait, nous autres Européens. Elles sont cause enfin de la méconnaissance des suites qu'entraînent pour l'indigène une éducation ou un enseignement à l'européenne. Le désir de développement qui, bien loin de mériter l'humiliation est au contraire digne d'encouragement, fait naître un sentiment de dignité personnelle et une appréciation plus juste des étrangers dont l'autorité commandait autrefois le respect, respect qui ne s'impose plus à présent, à moins de leur découvrir des raisons de supériorité dans des qualités intellectuelles et morales d'ordre vraiment élevé.

Parmi les traitements blessants qui froissent toujours plus qu'on ne pense et qui se vengent par la révolte de l'être indigène n'épargnant plus rien, se range l'action de frapper l'indigène à la tête, qui est considérée par lui comme un organe central de l'âme.

La palpitation de la fontanelle chez les nourrissons et la nature

---

1. Eckhart (H.-E. Steinmetz); *Indische brieven aan een Staatsraad*, Harlem 1888, p. 113 et 153 note.

mortelle des blessures à la tête [1], fournissent à l'homme primitif des preuves matérielles à l'appui de cette croyance qui se manifeste par toutes sortes d'usages, comme la prise de la tête de l'ennemi (ou d'une partie, le scalpe ou une mèche de cheveux) au lieu du corps entier et de l'âme qui s'y tient (la chasse à la tête d'homme), l'attouchement ou le saupoudrage de la tête [2] avec du riz, en guise de bénédiction, la coutume de souffler sur le front ou dans les oreilles et les yeux d'un homme malade ou tombé en faiblesse, et celle de presser l'une contre l'autre la tête des nouveaux mariés [3]; tous ces usages sont autant de preuves du cas qu'on fait de la tête en qualité de siège de l'âme [4]. S'il est donc blâmable dans tous les cas d'infliger une punition corporelle à l'indigène, cette faute devient une action inconsidérée du moment qu'on frappe la tête. Par ce qui précède on voit clairement avec combien de prudence il faut chercher pour les indigènes, un moyen de punition juste. Des façons d'agir brusques et emportées auront généralement beaucoup moins d'effet que des corrections infligées en toute connaissance de cause, et ayant pour but le réveil d'une honte justifiée (Malou = honteux).

Il faut non moins de prudence lorsqu'on passe outre à un signe prohibitif se rapportant à une idée commune à tout l'Archipel, comme par exemple, pémali, tabou, poso, potou, etc.

Ici encore une action peut blesser beaucoup plus cruellement que ne se l'imagine un étranger. En effet, dans la pensée des indigènes cette violation est suivie de châtiments de la part des esprits, châtiment qui consiste en blessures corporelles, maladies ou mort.

Un animal tabou qu'on tue malgré l'avertissement de l'indi-

1. Crawley. *The idea of the soul*; Londres 1909, p. 239.
2. Kruyt. *Het animisme*, 's Gravenhage 1906, p. 17, e. v.
3. Wilken, *Verspreide geschriften*, publ. Van Ossenbruggen, I, p. 558.
4. L.-J. Dixon. *De Assistent in Deli*; Amsterdam 1913, p. 1 s. s.

gène, un terrain tabou sur lequel on marche, un arbre tabou dont on prend les fruits ou qu'on fait abattre, toutes ces actions déchaînent la vengeance des esprits funestes (ou celle de leurs serviteurs humains). Sous quelque forme qu'on rencontre dans l'Archipel indien le signe de « pemali » : soit sous celle de feuilles posées ou suspendues le long du chemin ou de la rivière (partout), d'une croix blanche tracée sur une cruche (Ambon), d'une image d'un animal (Moluques et ailleurs), ou d'amulettes d'autre nature, il faut toujours songer qu'un manque de respect à cet égard blesse les sentiments religieux de l'indigène. A l'égard de ces superstitions qui se rapportent souvent à des droits de propriété, on pourra se comporter de différentes manières : soit qu'on refuse délibérément d'en tenir compte; soit qu'on accepte les conséquences de la négligence de ces conceptions; soit enfin qu'on s'efforce de ne pas blesser inutilement les susceptibilités indigènes. Mainte fois on se trouvera dans des situations où le ménagement de ces susceptibilités produira d'excellents résultats. En tous cas, ce qui est nécessaire, c'est qu'on se rende un compte exact de leur importance dans la vie indigène.

C'est surtout lorsqu'on se sent appelé à apporter aux indigènes une civilisation qui leur est étrangère, qu'il faudra peser exactement la valeur acquise de la civilisation indigène. Que l'œuvre de la civilisation de la société indigène impose de plus hautes exigences au savoir et aux qualités morales de la société européenne coloniale, c'est un fait indéniable. Non seulement le désir d'obtenir plus de choses et de meilleure qualité, désir amené naturellement par le développement naissant [1] fait-il poser ces

1. Cela est applicable même à l'égard des coolies engagés par contrat, ainsi qu'il résulte du dernier (31e) compte-rendu de l'inspection du travail (Introduction p. 2) : si, dans d'autres temps, alors que les ouvriers contractuels étaient encore considérés comme de la marchandise et traités entièrement comme telle, on pouvait encore imposer aux coolies le respect et la crainte du planteur, par une conduite grossière et brutale, de sorte qu'en général les ouvriers n'osaient montrer leur mécontentement

exigences, mais encore la raison d'une prépondérance perma-
nente se modifie-t-elle en raison des qualités respectables de la
race colonisatrice. A moins de direction judicieuse et pourvu
qu'on le préserve de certains excès, le développement naissant
de la société indigène mènera à l'élévation de toute la population
coloniale et produira un rapprochement basé sur un fond plus
solide que l'éloignement exagéré qui n'est pas naturel entre des
hommes travaillant dans le même domaine, et que d'ailleurs on
ne saurait maintenir. Mais alors il faut veiller à ce que ce développement ne soit pas contrecarré par les obstacles qu'y dres-
serait inévitablement la méconnaissance de l'esprit populaire.
Pour comprendre cet esprit populaire il faut : de la confiance,
des enquêtes faites avec patience et en connaissance de cause, et
qui, pourvu qu'elles soient menées de façon judicieuse, pourront
constituer à elles seules une preuve d'intérêt et de rapprochement. Il faut en outre, pour comprendre l'âme populaire, des
rapports suivis avec l'indigène empreints de bienveillance et de
dignité, afin de lui faire sentir qu'on le considère comme son
semblable, le semblable que l'ethnologie et l'ethnographie
révèlent à tous ceux qui voudront prendre la peine de se mettre
au courant des conclusions auxquelles doivent aboutir forcément ces sciences. Le semblable dont il n'est pas bien facile
de gagner l'estime et l'amitié, parce qu'on aura à vaincre la
méfiance qui, bien que cachée souvent sous une humilité

tement qu'en masse (le « row »), aujourd'hui les circonstances s'étant modifiées par suite du réveil de
la conscience de l'indigène, réveil général et spontané, non créé par l'inspection du travail, comme
ont prétendu quelquefois les planteurs, ceux-ci sous peine de s'exposer à des attaques, auront à tenir
compte de cette modification de l'esprit de l'indigène, dans leur traitement et leurs rapports avec les
ouvriers.

Aussi afin de créer de bonnes relations entre patrons et ouvriers, il faudra plus que ce n'était le cas
jusque ici exiger des assistants la connaissance des langues et une conduite pleine de tact. Les administrations devront faire encore plus, afin d'élever la condition d'assistant aux yeux de l'indigène, but
qui pourra être atteint partiellement en favorisant le mariage de ces employés, ou que le prestige moral
de l'Européen sur l'indigène dépend également de la manière de vivre du premier.

cérémonieuse, ne saurait pourtant donner l'illusion de l'affection qu'à ceux qui se laisseraient prendre facilement aux flatteries. Celui-là seul qui connaît l'idiome du pays et les coutumes populaires, pourra conquérir l'affection des indigènes. Cette affection est la récompense de bons rapports avec les indigènes et permettra d'établir un lien solide entre les colonies et la Métropole. Ce lien devient le plus fort, si la pupille doit sa culture intellectuelle et morale au tuteur qui, de bonne foi, dirige les individus confiés à ses soins, de manière à les préparer graduellement à l'indépendance. Car une indépendance acquise de cette façon pourra donner lieu à quelque chose de plus élevé encore que la domination; elle peut être l'origine d'un sentiment inviolable de fraternité.

INDIGÈNES ET ÉTRANGERS

A un degré inférieur de civilisation, le sentiment de solidarité
d'un groupe de population à l'égard d'autres groupes fait entièrement défaut ainsi que le prouve la dénomination individuelle
qui chez les petits groupes primitifs d'individus se rendait par
« homme ». Le Niha, le To, le Anim, étaient, chacun dans son
propre territoire, à Nias, aux Célèbes centrales, au sud de la
Nouvelle-Guinée, « l'homme ». Un nom collectif pour différents
groupes ne devint d'usage ordinairement qu'au contact d'étrangers venus de loin, qui, considérant ces groupes comme un
tout, ressentirent le besoin d'une dénomination collective.

A côté du mot « homme » on prit comme détermination plus
précise le nom d'une rivière, d'une vallée ou d'une montagne.
Et ces « hommes de la côte », ces « hommes de l'intérieur »,
(Sumatra Ouest) ces « hommes d'amont ou d'aval » (Palembang),
ces « hommes » habitant telle vallée ou habitant sur les bords de
telle rivière, (Célèbes), vivaient chacun dans leur propre petit
monde, dont les limites étroites proscrivaient, généralement,
tout sentiment de fraternité en dehors de leur propre entourage.
Une crête de montagne entourée de brumes, ou un îlot deviné
vaguement dans le lointain, représentaient pour eux la terre de
leurs morts, et fermaient leur horizon géographique. Cet horizon
géographique se reflétait dans l'image du royaume des morts, qui
pour les habitants des côtes ou des petites îles, se trouvait outre-
mer, et ailleurs, si possible, de l'autre bord de la rivière, pour

rendre difficile ou impossible le retour des âmes des ancêtres [1].
On donnait aux morts des bières qui devaient leur servir de
bateaux, et on se figurait leur voyage vers le séjour des âmes
situé dans la direction du soleil couchant par des ponts étroits,
souvent de la largeur d'une paille, et dans des bacs dirigés par
des passeurs farouches.

Là où les connaissances géographiques étaient plus étendues,
le séjour des morts était supposé plus éloigné; pour les habitants
de l'Est de l'Archipel, il se trouvait dans une île voisine, mais les
âmes de descendants hollandais à Leti retournaient en Hollande
et depuis qu'une partie du sud de la Nouvelle Guinée entretient
avec Java des communications régulières par bateau, c'est là
que s'établit le séjour des morts de Sourabaja.

Devons-nous mépriser ces gens, parce qu'ils se figurent la
vie d'au-delà comme une continuation plus intense de la vie
terrestre, tandis que nous aimons à nous représenter la vie future
sous une forme contrastant favorablement avec l'existence journalière épuisante et monotone? Et dirons-nous qu'eux, les hommes de civilisation inférieure, ne sont pas dignes de nous autres,
parce qu'ils prennent peu ou point de mesures pour assurer leur
avenir et celui des leurs, tandis que nous autres, nous nous entou-
rons, nous et les nôtres, de soins continuels pour parer à toute
éventualité? Ou bien, leur envierons-nous le contentement qui
accompagne l'absence de besoins, et désirerons-nous être
comme eux, dans un entourage qui facilite la satisfaction de ces
besoins?

La réponse à ces questions n'est pas si facile à donner qu'on
pourrait le penser. A proprement parler, ce n'est que dans le
cours du siècle précédent que l'ethnologie fit disparaître le

1. Comp. Wilken. *Verspreide geschriften*, III, p. 48 ss. — Robinson. *Psychologie der Naturvölker;*
Leipsic p. 119 ss. — Samter. *Geburt, Hochzeit, Tod;* Léipsic 1911, p. 85 ss. — Kruyt. *Het animisme;* La Haye 1906, p. 349 ss.

dédain qu'on avait pour les peuples se trouvant à un degré inférieur de civilisation. Car c'est à cette époque que l'idée évolutionniste se fit jour et que les peuples civilisés se posèrent la question : dans quelle mesure se retrouvent encore parmi nous, les vestiges d'un niveau de civilisation analogue à celui de beaucoup de populations peu cultivées d'à présent? Dès lors il devenait difficile à l'ethnologie de les déclarer indignes, puisque les explorateurs de peuplades disséminées sur toute la terre, rapportaient qu'ils avaient rencontré des hommes, de vrais hommes, qui, pour autant qu'ils ne se sauvaient pas pour éviter un contact indésirable, avaient fait un accueil hospitalier au prochain, qu'eux aussi ils avaient découvert. D'autre part, les progrès de l'ethnologie enlevèrent tous leurs arguments à ceux qui tendaient au retour à l'état de nature et qui enviaient aux peuples incultes leur absence de besoins et leur quiétude d'âme, du moment qu'elle fournissait des renseignements exacts concernant l'existence difficile de certaines populations sauvages qui souffrent du climat et sont sujettes aux maladies, faute de collaboration et d'intelligence nette de la réalité ambiante, de sorte que la crainte de leur entourage domine en majeure partie leur pensée.

Ni mépris, ni envie ne semblent de propos ici; mais bien plutôt un désir sincère de comprendre et de pénétrer, et la volonté de développer et de diriger dans la voie que d'un commun accord on aura jugé la plus désirable, tout en se basant sur l'état actuel de ces civilisations. Il faut donc des actes de politique coloniale, ayant pour base les besoins et les désirs existants.

L'impression qui règne chez les Européens en ce qui concerne l'état d'âme de peuples se trouvant dans un stade primitif de civilisation, flotte entre deux extrêmes. D'un côté c'est l'idée de la guerre cruelle de tous contre tous, et les fers écrasants du cannibalisme, de la sorcellerie et de l'esclavage; de l'autre côté l'état idyllique de ces sauvages, libres de toute civilisation et goûtant une paix rêveuse, en harmonie avec la nature clémente où ils vivent.

Une part de vérité se cache dans chacune des deux impressions. Qu'un entourage offrant tout ce qu'on désirerait posséder ou produire dispose au contentement, c'est ce qu'on ne saurait nier. Que l'absence de contact avec des individus ou des groupes d'hommes ayant d'autres besoins, soit un facteur propre à assurer le repos, c'est ce que tout le monde doit reconnaître. Mais que penser, lorsque, comme c'est souvent le cas, les habitants de la côte, voisins, et à demi civilisés, essayent de mettre la main sur ce qui excite leur convoitise : des produits forestiers, agricoles et même la liberté personnelle des hommes ou des femmes?

Sans doute, l'idée que les paisibles laboureurs des sociétés indigènes habitant les régions intérieures éloignées, chercheraient à se détruire mutuellement, animés qu'ils sont d'un esprit d'hostilité et d'avidité sanguinaire, est fausse la plupart du temps. Grâce aux dons gratuits de la nature, la subsistance quotidienne ne demande pas de pénibles efforts. Cependant, combien de facteurs défavorables dominent à plusieurs égards la vie et les actions des peuples non-civilisés! En ce qui concerne notre Archipel, il convient de relever ici une situation sanitaire déplorable, la peur qui joue un rôle important dans la vie culturelle et les influences que ces peuples subissent ou ont subies par le contact avec d'autres peuples indigènes se trouvant à un niveau plus ou moins élevé de civilisation. Les influences nuisibles de la mauvaise situation sanitaire sur les rapports économiques se firent sentir dans plusieurs régions. Pour Bornéo (*Ind. Gen.* 20 janv. 1903), pour le Gajoland (Kempees; *Tocht van Daalen* p. 225) pour les Karo-Batas (*Hygienische Misstanden*) et aussi pour Silindoung on a mis fin aux contes sur les « hommes de la nature débordant de santé » (Uitgaven *Bataksch Instituut* no 5) aussi bien que pour les régions habitées par les Toradjas (Adriani en Kruyt 1912; 1 p. 87 n° 2; 413 s.) et pour Nias (Kleiweg de Zwaan). L'augmentation extraordinaire de la population à Java et à Madoura, qui s'est élevée entre 1880 et 1905, donc en vingt-cinq années, d'environ vingt à trente millions d'âmes, contraste avec ces données concernant des peuplades ramenées depuis peu sous l'autorité hollandaise. Même en admettant que des recensements perfectionnés ont quelque peu influencé le chiffre de cet accroissement, et malgré des conditions hygiéniques laissant encore à désirer dans plusieurs contrées, nous sommes toujours fondés à considérer cet accroissement, d'accord avec l'explorateur anglais Whitehead [1], comme une preuve convaincante du désir sérieux qui anime le Gouvernement hollandais, de travailler au bien de la population. Il va de soi que dans les régions où la population est à peu près sans défense, livrée aux maladies qui la ravagent, les hommes s'affaiblissent aussi psychologiquement et en viennent à craindre leur entourage. De là la crainte des esprits et des démons, la crainte du semblable et de dangers possibles, de là la méfiance qu'ils ont à l'égard de tout ce qui est nouveau et de tous ceux comparés auxquels ils se sentent dans un état d'infériorité. Même en tenant compte du fait que l'importance de l'influence déprimante exercée par la fréquence des maladies, échappe en partie à l'homme de civilisation inférieure faute de comparaison avec des situations plus favorables, de sorte qu'il ne subit pas la même impression que celle qui frappe les Européens plus avertis, il subsiste toujours la crainte, constatée généralement chez les peuples qui se croient continuellement menacés de démons partout présents. Comment l'indigène se croirait-il personnellement capable de mener à bien une chose quelconque, à l'aide de ses propres forces et de ses pro-

1. *The Exploration of Kina-Balu*, London 1893, p. 87.

pres capacités, si chaque pierre, chaque arbre, chaque rivière, chaque forêt, chaque montagne, chaque vallée peut recéler un ennemi? Si les connaissances et l'intelligence font défaut pour découvrir les causes réelles des adversités, comment pourrait alors régner la tranquillité, mère de la confiance? Si les résultats de la chasse, de la pêche, du combat, du commerce dépendent de mystères, de démons et d'ancêtres, comment la conscience de la propre force pourrait-elle conduire à de grandes choses?

Car même après avoir rempli toutes les exigences posées par ces esprits ou après les avoir enjolés par des promesses encore plus belles, il subsiste toujours la peur de leur infidélité, égale à la ruse humaine qui a tâché de les amener à se montrer propices. La peur, qui est un facteur important dans toutes les croyances animistes, ne pourra être supprimée que par les effets d'une civilisation plus avancée et par le développement intellectuel que le contact avec d'autres peuples pourra favoriser. Aussi quelques auteurs insistent-ils expressément sur l'affection douloureuse de l'esprit, la peur, qui accompagne l'animisme. On définit alors cette peur, comme le sentiment pénible d'insécurité, produit par la pensée d'être épié sans cesse, d'être puni aussitôt la faute commise et de voir sa destinée relevant de puissances invisibles. De même que l'expiation suit immédiatement toute infraction au droit coutumier, la puissance qui châtie, veille partout et le châtiment exercé par l'inconnu frappe inévitablement. Il semble qu'on ne doive pas trop insister sur ce facteur de la peur, vu l'idée antropomorphe que l'indigène se fait ordinairement des puissances ambiantes. Généralement c'est par des moyens simples et familiers qu'il parvient à faire persévérer les âmes des morts dans le rôle d'esprits protecteurs et là où ces moyens font défaut, on a recours à des paroles et des cérémonies pour les amener à des marchandages. On peut aussi donner en commun les soins aux âmes de défunts qui, le temps ou d'autres

RÉGENT JAVANAIS EN COSTUME OFFICIEL

coll. Kel. Instit.

ECOLE DE VILLAGE

phot. Charles & Cie

raisons aidant, sont devenus la propriété exclusive d'un cercle plus étendu d'adorateurs; ces cultes centralisés pourront être confiés à une personne déterminée qui pourra ainsi s'appliquer spécialement à la communication avec les esprits. Ce qui est applicable aux âmes des morts, l'est également, à proprement parler, aux esprits en général. Plus on réfléchissait et plus aussi on apportait d'organisation dans le monde des esprits, plus on les dominait facilement et plus la peur diminuait. D'abord parce que, à l'aide de l'influence protectrice d'esprits d'ordre supérieur, on pouvait tenir en respect des groupes entiers de puissances inférieures. Ensuite, parce qu'on pouvait charger des spécialistes experts des soins pour le monde organisé des esprits, et surtout de celui des puissances supérieures.

L'Hindouisme et l'Islamisme doivent être considérés comme des facteurs d'influence civilisatrice dans l'archipel indien, parce qu'ils ont donné à l'indigène un appui contre les dangers qui menaçaient le repos de l'âme. L'Hindouisme apporta sa hiérarchie des dieux, avec Çiva comme Mahadewa souverain, et en même temps les pedandas avec leurs Vedas et leur toja-tirta, de sorte qu'il ne restait plus à l'homme du commun que le soin des dieux particuliers de l'individu ou de la communauté. L'Islamisme avec « Allah » seul dieu, établit ou fortifia la croyance à un Dieu souverain. A l'égard d'influences civilisa-trices ayant pu être exercées par un groupe de la population de l'Archipel indien sur l'autre, nous citerons trois exemples, parce qu'il n'est pas sans intérêt de vérifier si, comme le pense Wundt, il s'agit ici de cas où l'homme sauvage devient la proie de la semi-culture ou bien si dans l'Archipel indien on peut relever des résultats plus favorables. On trouve les trois exemples en question, à la Nouvelle-Guinée occidentale, où ont agi des influences venant des Moluques, à Bornéo, où les Dajaks de l'intérieur ont subi l'influence des Malais, et à Lombok, où les

Sassaks mahométans ont été longtemps soumis à l'autorité des Hindous de Bali.

Quant à la Nouvelle-Guinée occidentale, c'est la partie des Indes néerlandaises située le plus à l'est et qui par sa situation isolée est restée le plus longtemps soustraite au contact des peuplades plus civilisées. Elle se distingue cependant favorablement du sud de la Nouvelle-Guinée, où les germes mêmes pour une société mieux organisée font presqu'entièrement défaut (Colyn). Et bien qu'on ne puisse voir dans les Makassars, les Arabes, les Chinois, les Cérammois et les Gorammois, qui visitaient en qualité de négociants l'ouest de la Nouvelle-Guinée (et surtout la partie de la côte de cette île tournée vers Ceram, Ceram Laout et les îles de Goram), comme les pionniers les plus désirables de civilisation, ce sont eux et les chasseurs du paradisier de l'île de Ternate que l'on considère officiellement comme des éléments d'influence plutôt favorable. Ils abusent, il est vrai, souvent de l'ignorance de la population, et exigent un bénéfice souvent usuraire dans leurs transactions commerciales, mais pour « des raisons faciles à concevoir » ils combattent l'anthropophagie. En jugeant les actes de ces étrangers, il ne faudra pas perdre de vue que leur entreprise témoigne de beaucoup de courage, que leur métier comporte beaucoup d'aléas, dont ils doivent nécessairement trouver le dédommagement dans les profits commerciaux qu'ils réalisent. Mais il va sans dire que ces circonstances n'exemptent pas le Gouvernement de l'obligation qu'il a ici aussi de protéger la population indigène contre l'injustice. La période durant laquelle on paye cher l'avantage du contact avec le monde extérieur est un stade qui se présente nécessairement dans l'histoire du développement de tout peuple, et que les Papous traversent présentement comme un processus de développement naturel (Lulofs).

Tandis qu'à l'ouest de la Nouvelle-Guinée le Gouvernement

peut encore exercer quelque influence sur le développement de la population dans son contact avec des éléments particulièrement défavorables, et en prévenir les pires excès, ce contact s'est établi à Bornéo entre les Malais et les Dajaks, presqu'entièrement en dehors de notre Gouvernement. Ceci paraît fort regrettable, car, à ce propos, Nieuwenhuis fait mention du « drame » qui se déroule là où une race de peu de culture intellectuelle et morale mais plus énergique, telle que les Malais de Bornéo, en opprime une autre, telle que les Dajaks, possédant plus de culture et de capacités, mais plus faibles de caractère. On trouve chez les Dajaks dépendant des Malais une décadence qui fait désespérer de leur avenir, mais chez les Dajaks qui ont conservé leur indépendance on rencontre l'abondance et des richesses. Plus entreprenant et plus courageux que le Dajak, le Malais avait beau jeu parmi ces tribus de Dajaks vivant en discorde, surtout parce qu'il était muni d'armes et de moyens que les étrangers d'outre-mer lui avaient procurées. Des princes du sang et des négociants sans scrupules pouvaient exploiter et tromper les Dajaks, laboureurs crédules, vivant à leur portée, jusqu'à les ruiner économiquement et moralement.

Nous trouvons le troisième exemple à Lombok, où le processus de civilisation exercée par un peuple indigène, les habitants de Bali, sur l'autre, les Sassaks, s'est accompli également sans notre intervention, mais où cette intervention est devenue nécessaire à la longue. En effet, la raison principale de l'expédition de Lombok était, selon la déclaration de M. Bergsma, alors ministre, la ruine qui menaçait une grande partie de la population de Lombok, à cause de la famine ravageant l'île « par suite de l'état permanent de mauvaise administration »; et cependant Liefrinck (*Indisch Genootschap*, 30 déc. 1902) mentionnait « l'influence salutaire exercée, pendant son époque de prospérité, par le gouvernement de Bali sur le pays et sur la population, et les mesures excellentes projetées et édictées par ce gouvernement ». Malgré ces prescriptions excellentes et cette influence salutaire il se produisait dans les contrées très éloignées du siège du gouvernement de Bali des choses que même un Sassak accoutumé à toutes les vexations possibles ne pouvait plus supporter. D'ailleurs à quoi serviraient de belles prescriptions si des princes ayant perdu tout respect pour le vieux roi ne les observaient point ou les appliquaient d'une manière insupportable pour la population? Malgré les meilleures intentions et malgré tous les succès obtenus, ici non plus on ne pouvait tolérer, à la longue, l'assujétissement d'un peuple indigène par un autre. Une troisième puissance devrait intervenir, pour apporter la délivrance.

Ainsi, ni l'influence illimitée des Ceramois et des Ternatois, à la Nouvelle-Guinée, ni celle des Ckalais à Bornéo, ni enfin celle des habitants de Bali à Lombok, n'ont donc produit de résultats durables et favorables, résultats que rien, d'ailleurs, n'autorise d'attendre dans la suite non plus.

Des trois exemples empruntés à des régions toutes différentes, et des circonstances très dissemblables qu'on y rencontre, il est permis de conclure que le processus de civilisation des peuples de l'Archipel indien ne saurait être abandonné à leur contact mutuel.

Ce n'est pas du côté indigène, ni même d'un groupe de population tel que les habitants de Bali, qui sont un des peuples les plus civilisés de l'Archipel indien, que pourra venir, pour la population indigène, l'influence civilisatrice lui permettant d'occuper une place à part dans la société. Il s'agit ici d'une œuvre grandiose autant que subtile, pour le parachèvement de laquelle il faut non seulement le porteur de la plus haute culture qui existe dans l'Archipel indien, mais qui doit être dirigée en outre par les personnes qui en vertu de leurs dispositions et de leur éducation se trouvent être les plus propres à cette fonction.

Toute fonction coloniale demande deux qualités; d'abord du courage et de l'initiative, mais à côté de cela, le tact qui doit caractériser toute œuvre civilisatrice.

Aussi, les nations plus petites, appelées par l'histoire aux œuvres coloniales demandant de l'énergie et de l'intelligence, offrent-elles plus de garanties pour l'application de cette direction prudente, que les nations plus grandes, facilement portées à écarter par la force brutale le processus d'adaptation, processus indispensable aux indigènes des colonies, pour arriver, par une lente évolution, à un degré plus élevé de civilisation. Plus les puissances européennes seront pénétrées de l'idée que la population indigène d'une colonie est ce que celle-ci présente de plus précieux — idée généralement reçue ailleurs depuis longtemps — plus on accordera de place à la politique de direction prudente, qui, à la longue, se trouvera être plus utile que la force brutale.

En ce qui concerne les Indes Néerlandaises, une grande partie de la population y a subi, plus ou moins, l'influence de deux grands courants de civilisation venant de l'Asie ainsi que quelques éléments de civilisation apportés aux Indes par les Chinois. Il paraît que dès le commencement de notre ère des négociants hindous de l'Inde anglaise sont venus à Java, où au cours du moyen âge ils ont imprimé le cachet de leur civilisation à la vie populaire. Depuis le XIIIe siècle, et surtout à partir du XVIe siècle, des influences mahométanes se sont produites, et c'est depuis le XVIe siècle, et surtout depuis la seconde moitié du XIXe siècle, que la civilisation européenne exerce son influence.

A mesure que l'influence de la civilisation hindoue se faisait davantage sentir, la culture de la population indigène gagna en raffinement et en douceur de mœurs. Sa littérature et ses arts arrivèrent à leur épanouissement, son horizon s'élargit. Les indigènes des régions du centre de Java de l'époque précédant l'influence hindoue connaissaient déjà les monnaies, les rythmes poétiques, le gamelan et les rizières irriguées [1], d'autre part les Hindous exercèrent une grande influence sur leur religion, leurs traditions, leurs idées et leurs institutions sociales. Cette influence offrait aussi des désavantages. Ainsi le gros de la population adopta des façons serviles, la société se transformant le plus souvent en petites principautés despotiques, qui également sous d'autres rapports prenaient les caractéristiques de la demi-culture. Nous voyons naître une société où les souverains d'essence divine avec leurs descendants et leurs acolytes étaient nettement séparés de la grande masse du peuple, qui travaillait néanmoins à l'édification de nombreux temples où l'art érotique accusait de plus en plus un caractère proprement javanais, devenant un objet d'admiration, même pour les temps modernes. La grande aptitude qu'avait l'Hindouisme à se fondre avec les religions primitives, devait, dans l'Archipel indien, où cette religion fit son entrée avec la colonisation des habitants de l'Inde antérieure par suite de l'extension de leur pouvoir, exercer une forte influence sur les adhérents de l'animisme, du spiritisme et du fétichisme habitant les montagnes et les forêts du sud de l'Inde antérieure. Ainsi que nous le constatons actuellement à Bali, la religion anciennement polynésienne d'un grand nombre d'habitants de l'ancienne Java a pris une teinte indienne plus ou moins prononcée; aucune autre religion n'at-

1. Selon la constation du D' Brandes, on doit citer ici également la teinture par la réserve à la cire (batik), ce qui pourtant n'est pas désigné comme étant anciennement javanais, dans l'ouvrage de luxe *De batikkunst in Nederlandsch-Indië*, p. 392 ss. Cependant déjà en 1888 Wilken (*Verspreide geschriften* 2: p. 492 note 113) releva que selon les communications de Freyss, une forme archaïque de ce procédé de teinture se rencontre à l'intérieur de Flores-Ouest. Des renseignements importants ont été fournis depuis à ce sujet, par Louber *Het bladwerk en zyne versiering in Nederlandsch-Indië* (1914) blz. 31 s. et *Textiele versieringen in Nederlandsch-Indië* (1914) p. 17 s.

teint de tels résultats, à moins de tenir compte, sciemment ou inconsciemment, des besoins existant au moment de son emprise, tout en négligeant au besoin les propres dogmes, pour autant qu'ils seraient opposés aux idées généralement reçues. C'est sans doute, grâce à cette faculté d'assimilation, que les conceptions des habitants d'une grande partie de l'Archipel montrent encore des traces d'Hindouisme. On trouve pour expliquer ce fait un autre facteur dans la longue existence des royaumes hindous à Java et dans leur autorité et leur influence politique, qui doit s'être fait sentir presque partout dans l'Archipel. Il est également vraisemblable que dès quelques siècles après la première colonisation des Hindous à Java, des colonies indépendantes se soient établies ailleurs, ainsi par exemple dans Koutei déjà au Ve siècle de notre ère. Et, selon le professeur Kern, dès le IXe siècle les institutions, la religion et les usages indiens s'étaient établis aussi complètement que jamais, de sorte qu'on peut admettre que le développement de l'Hindouisme indien a occasionné une assimilation largement répandue des idées et des institutions primitives. Des termes hindous employés pour exprimer des idées se rapportant à la religion ou à la morale, prouvent que les influences hindoues se sont largement répandues dans l'Archipel.

Aujourd'hui toutefois, les antiques vestiges de l'Hindouisme dans l'Archipel sont livrés à l'abandon. Une religion nouvelle appelle les croyants à la prière, du haut de ses minarets; chez la population les anciennes croyances sont tombées en oubli ou peu s'en faut (Bastian). Ce n'est plus que dans quelques îles seulement qu'on dit les saintes mantras en invoquant la Trimurti et qu'on épargne le bœuf de Çiva. Car l'Islam qui atteignit l'Archipel indien, venant également de l'Inde et qui y avait déjà subi le processus d'assimilation aux éléments indigènes, supplantait l'Hindouisme et s'intronisait dans les pays situés le

long de la côte d'abord, ensuite dans des îles et des régions
entières, contrairement à ce qu'on constate à Bali, où jusqu'à
présent l'Islam n'a pas pu avoir prise sur la grande majorité de
la population, parce que les chefs ont su éviter les influences
islamiques, et probablement aussi par le fait qu'ordinairement
les Balinois sont à ce point préoccupés de leurs propres affaires
« qui à leurs yeux sont toujours de si grande importance,
qu'il ne leur reste pas le temps de penser à celle des autres »
(Liefrinck).

On voit par les études du professeur Snouck Hurgronje,
combien fut importante, pour la propagation de l'Islam, son
aptitude (malgré le caractère officiellement très intolérant de ses
débuts) à faire, dans la pratique, beaucoup de concessions à des
éléments de culture étrangers. Il s'en suit que la conversion de
groupes très nombreux fut le fait d'un changement très peu profond; mais l'Islam s'est trouvé avoir, à ce point de vue, une grande
capacité d'assimilation, laissant place à la conception particulière de la vie des peuples païens et à leurs superstitions, ne
leur donnant à la vérité qu'une teinte religieuse, par quelques
détails islamiques. La grande force propagatrice ainsi que
l'adoption facile de l'Islam par le fait seul de réciter la confession
de foi mahométane, la place laissée à la sagesse païenne par la
mystique, facilitaient le passage à la nouvelle religion, qui exerce
depuis plusieurs siècles son influence sur la grande majorité de
la population, entraînant, pour sa culture, des conséquences
importantes. Sous ce rapport, il faut mentionner l'inaccessibilité
aux influences extérieures, qu'on constate plus ou moins partout,
et qui est propre aux adhérents de l'Islamisme, surtout lorsque
ces influences visent à la conversion; rappelons ensuite le sentiment de solidarité unissant les adhérents de l'Islamisme et la
conscience réconfortante du lien qui les attache individuellement
à Allah, ainsi que l'élargissement de l'horizon spirituel pouvant

résulter du pèlerinage que beaucoup d'entre eux entreprennent, bien qu'il s'y ajoute souvent des conséquences assez graves de nature économique et politique; citons encore l'interdiction de l'usage de l'alcool et enfin les modifications apportées, assez généralement, dans les idées concernant le droit personnel, le droit matrimonial, le droit familier et le droit de succession et les idées concernant la guerre sainte et les institutions pieuses. A plusieurs égards, « un tel état de choses convient cependant mieux à la civilisation de l'antiquité ou du moyen âge qu'à celle de notre époque. La polygamie, la fragilité du lien matrimonial, l'abandon de la femme à l'arbitraire de son époux, pour ne citer ici que quelques causes principales, empêchèrent le développement normal de la famille. De nos jours, aussi, on désirerait qu'un certain nombre de règlements de détail fussent abolis [1]. Le Mahométisme, il est vrai, s'opposa au développement du sentiment de l'art pendant l'époque hindoue, mais il contribua dans les régions païennes à l'adoucissement des mœurs (répression des chasses à la tête humaine, vengeance personnelle, etc.). Les anciennes conceptions indonésiennes se sont fondues un peu partout avec des éléments hindous et islamiques, par l'adaptation des idées de ces religions à celles de la population indigène et par l'assimilation des adhérents de ces nouvelles religions à la société indigène convertie. Tous ces courants se fondirent de manière à former l'état des choses actuel. Si nous visons à une fusion analogue, avec la civilisation européenne apportée par nous, la pratique de l'Hindouisme et de l'Islam nous offre d'abord cette leçon, que ce sont surtout les classes cultivées qui ont subi l'influence des idées étrangères et que c'est aux indigènes plus civilisés que nous aurons à nous adresser, nous aussi, quand nous voudrons guider une société

1. Professeur Snouck Hurgronje, *Nederland en de Islam*, Leyde 1911, p. 65 et le *Gids* 1908, p. 431, 431.

indigène sur la voie qui mènera à son perfectionnement intellectuel, moral et social. Ce sont eux surtout qui devront faire connaître nos intentions à la grande masse, eux également qui pourront adapter le nouveau à l'ancien, et leur aide nous est d'autant plus indispensable, à nous aussi bien qu'à leurs compatriotes, que, contrairement aux anciens civilisateurs hindous ou islamiques, la communauté européenne ne s'absorbe pas et ne s'identifie pas avec la société indigène, mais se borne essentiellement à nourrir le courant de civilisation qui coule sans interruption de la métropole vers les colonies. Un processus de cette nature offre, sans contredit, des avantages; car des énergies épuisées qui retournent à la Métropole sont remplacées sans cesse par des énergies nouvelles. De nouvelles forces intellectuelles, morales et sociales, viennent, sans relâche, fortifier et rafraîchir l'œuvre coloniale. Pour qu'elles réussissent à élever les indigènes au niveau que leurs capacités leur permettent d'atteindre, il faudra, outre la collaboration de l'élément cultivé parmi ces indigènes, autre chose encore. Pour permettre à l'indigène d'accepter, à sa manière, les trésors de la civilisation de l'Europe occidentale, le civilisateur étranger devra toujours tenir compte de la tournure d'esprit de l'élève. L'Européen colonisateur devra se mettre minutieusement au courant de la méthode d'éducation des indigènes et de la matière d'enseignement qu'ils seront à même de s'assimiler de par leurs dispositions naturelles, de par le niveau de civilisation qu'ils ont atteint et de par enfin leur entourage dans toute l'étendue du terme. Plus ils apporteront de confiance et d'estime dans la façon d'accepter l'œuvre éducatrice des Néerlandais, plus il sera facile d'appliquer le système d'éducation et plus le lien qui relie l'Européen à l'indigène se resserrera. D'autre part, cette direction doit se manifester comme une force consciente, susceptible de fortifier la confiance gagnée et d'augmenter, dans une mesure plus heureuse encore qu'à présent, le désir d'accepter cette direction. En outre, chaque porteur et propagateur de la civilisation plus avancée doit être intimement convaincu de la nécessité qu'il y a de connaître la vie intérieure de l'Indigène, d'une part afin de prévenir le froissement de sentiments vénérés et trouver les points de contact pour les bienfaits de la civilisation qu'on veut leur offrir, d'autre part afin de discerner les aptitudes de l'indigène et ce qu'elles promettent pour l'avenir. Cela est d'autant plus nécessaire que l'apparition, dans la société indigène, du facteur de la civilisation européenne, est accompagnée généralement du bouleversement d'une grande part de ce qui existait auparavant.

Au moment où la société indigène commence à ressentir l'influence de l'administration européenne, de vieilles idoles sont renversées assez brusquement, pour faire place à d'autres. La tendance à l'isolement paisible et au moindre effort se voit tout à coup soumise au jugement de ceux pour qui la recherche de l'argent, des biens et des honneurs est d'importance capitale et qu'aux yeux de qui l'homme accomplissant ses devoirs et travaillant sans relâche, ne saurait acquérir ces biens suprêmes qu'à force d'un travail assidu et d'efforts incessants. Est-il étonnant qu'aux yeux de ces Européens, l'indigène se contentant de peu et vivant au milieu d'une nature prodigue de bienfaits, peut paraître paresseux ? Et saurait-on être surpris de ce que cet indigène considère avec quelque réserve ceux qui voudront lui persuader que le travail incessant, tant physique que moral et intellectuel, mis au service des autres, est supérieur à une douce oisiveté et au soin qu'il apporte aux intérêts des personnes de son entourage immédiat ? C'est là un des changements les plus considérables introduits dans la vie de l'indigène, lorsqu'il commence à subir l'influence européenne. Désormais on exigera de lui, dans ses relations avec les Européens : de la ponctualité, de l'ordre, un effort incessant de la volonté. Ce changement profond se fait naturellement sentir, tout d'abord, dans la vie des notables du pays, de ceux que le Gouvernement choisit pour manifester sa volonté à la grande masse du peuple. Il leur est souvent difficile de supporter, outre la diminution de leur pouvoir, un contrôle continuel et une responsabilité ignorée jusque-là. Car, malgré la puissance étendue que possède un despotisme indigène complètement indépendant, il n'en est pas moins vrai que dans les pays livrés à un tel despotisme, on maintient moins rigoureusement, à l'ordinaire, les mesures prises de la part de l'autorité qu'on ne les fait observer sous notre Gouvernement. Si dans le voisinage immédiat d'un centre du pouvoir, ou bien, dans des cas déterminés se rapportant à des superstitions qu'on juge pouvoir influer sur le salut de la nation, on gouverne parfois avec une sévérité extrême, les chefs et les notables peuvent par ailleurs le plus souvent lâcher la bride à leurs propres passions et à leurs caprices, sans avoir à craindre un châtiment immédiat.

Tant que le despotisme des princes indigènes se maintenait conforme aux idées populaires, la foule supportait le joug, quand même on avait à accomplir des devoirs et à remplir des exigences rappelant les manifestations les plus barbares de l'esprit humain. Le célèbre explorateur tangerois Ibn Batoutak, qui visitait au milieu du XIVe siècle une cour hindoue, dans le centre de Sumatra, y fut témoin d'un spectacle bizarre. Dans sa relation de voyage, publiée de 1853 à 1858 dans une traduction française intitulée : *Voyage d'Ibn Batoutah*, texte arabe, accompagné d'une traduction par C. Deffrémery et B.-R. Sanguinetti, on lit (t. IV, p. 246 *sq.*) l'histoire suivante :

« Pendant mon entretien avec le Sultan je voyais un homme tenant à la main une sorte de serpe. Il se l'appliqua sur la gorge et parla longuement dans une langue que je ne comprenais pas. Ayant terminé son discours il prit le couteau à deux mains et se coupa le cou. Sa tête roula par terre, tant la lame était tranchante et grande la force avec laquelle il maniait le couteau. Je restai interdit à la vue de cette action, mais le Sultan me demanda : Fait-on ces choses dans votre pays? Je répondis n'avoir jamais vu rien de pareil. Il sourit et dit : « Ces gens sont nos esclaves, ils se tuent par amour de nous ». Il ordonna ensuite qu'on emportât le corps du suicidé et qu'on le brûlât. Les serviteurs du roi, les grands, les soldats et le peuple assistèrent à l'incinération. Le prince assura aux parents du défunt une vie large et désormais ils étaient fort considérés. Une personne qui avait assisté aux événements que je viens de décrire, m'informa que les paroles prononcées par la victime exprimaient son dévouement au prince. Il disait qu'il désirait se sacrifier par amour de son seigneur, comme son père l'avait fait pour le père du prince et son grand-père pour le grand-père du prince ».

Fraser, qui place cette scène à la cour d'un sultan de Java [1], bien que van der Lith et Rouffaer eussent déjà prouvé qu'il s'agit ici du centre de Sumatra [2], est d'avis que ce sacrifice humain se rapporte à la coutume existant aussi ailleurs, et qui obligeait les princes à se décapiter eux-mêmes, au bout d'un certain nombre d'années, mais que plus tard ils ont transmis le devoir douloureux mais glorieux de mourir pour leur patrie aux membres d'une certaine famille, à qui on procurait en récompense une vie large et qu'on enterrait avec honneurs.

L'explication de la scène atroce à laquelle Ibn Batoutah avait assisté, ne semble pas cependant être tout à fait sûre. Cela rappelle l'incinération encore en honneur à Bali, il y a quelques années, de veuves de rois qui suivaient leur seigneur dans la mort. Les usages hindous ne comportaient pas seulement que l'âme d'une ou de plusieurs femmes accompagnassent dans

1. J.-C. Fraser. *The Golden Bough* 3 (The dying God) 1911, p. 53.
2. *Encyclop. v. Ned. Indie* 4, p. 381, 2 me col. et Tiele. *De ontdekkingsreizen sedert de vyftiende eeuw*; Leiden 1874, p. 62.

l'au-delà l'âme d'une personne de haute condition, mais une mère se précipitait encore dans le brasier, une amante suivait au bûcher le corps de son amant, une fille se faisait percer du kriss et brûler avec le corps de son père, et comme le dit Bloemen Waanders [1], d'après l'affirmation des panditas de Bouleleng, on pouvait même appeler à ce rite des hommes désireux de suivre dans la mort un parent, un roi, un ami, satya ou béla (donc aussi bien que des veuves). Ce qui fait voir que le récit d'Ibn Batoutah n'aurait rien d'étrange aux yeux des Hindous balinois modernes et que le suicide d'un inférieur dans l'intention de plaire à un supérieur cadre avec l'ensemble des idées des indigènes occupant ce stade de civilisation. Cet état de choses a donc subsisté jusqu'au moment où l'intervention européenne mit fin subitement à ces atrocités et amena les indigènes à réfléchir sur ce que les autres y voient de coupable. De même le sacrifice d'esclaves ou de crânes humains à l'occasion de la mort de chefs indigènes dans l'intérieur de Bornéo [2], est remplacé par le sacrifice d'une touffe de cheveux ou de certains animaux domestiques [3].

Le respect religieux pour les dynasties indigènes avait pour conséquence, dans presque tout l'Archipel, que les princes et leur entourage occupaient une position ne s'accordant aucunement avec les exigences posées par nous à un bon exercice des fonctions administratives. On constata sur une grande échelle, des abus concernant l'administration des régions indigènes et ce qui se rapporte à cette administration; et dans le détail on releva, dans plus d'un trait, l'influence de princes ou d'autorités, révélant brusquement des situations intolérables à nos yeux. Tant que les abus ne froissaient pas l'âme indigène, les victimes se résignaient, mais lorsque la mesure débordait, on émigrait, à

1. *Tydschrift Bat. Gen.* 1859, 2, p. 145 s.

2. *Nieuwenhuis. Quer durch Borneo;* Leyden 1904, 1; p. 92; 2 p. 82.

3. Le 2, p. 127 et Hose et Mc Dougall; *The pagan tribes of Borneo,* London 1912, 2, p. 46, 104.

moins de recourir à la rébellion ou à la révolte toujours réprimées avec la plus grande cruauté et entraînant presque toujours la perte des désespérés. En effet, le traitement généreux des vaincus était exceptionnel selon le droit guerrier indigène. C'est là encore une circonstance qui peut être considérée comme favorable à l'établissement de notre autorité et à une conciliation rapide avec lui. La générosité européenne à l'égard des vaincus contrastait favorablement avec ce à quoi on s'attendait conformément aux idées indigènes. Point de femmes et d'enfants emmenés, pas d'hommes passés au fil de l'épée, point de droits fonciers usurpés.

Ce processus de conciliation continue, lorsque l'indigène se rend compte que le Gouvernement tend à assurer la justice à tous ses sujets, car dans les régions indépendantes les administrateurs impartiaux se plaçant au-dessus des intéressés sont rares.

A ce point de vue, l'influence administrative hollandaise est à considérer comme un avantage. Aussi, c'est en cela qu'on doit rechercher, probablement, une des principales causes du fait que la grande masse du peuple accepte très vite le Gouvernement occidental, nouvellement établi. La cause fondamentale est plus cachée. Elle tient au désir humain du profit. Dès qu'on voit et éprouve qu'un nouveau régime rapporte des profits, des profits personnels et directs, ce régime est facilement accepté. Si une population indigène arrive à comprendre que le développement intellectuel est profitable dans la lutte pour la vie, on peut être sûr que tôt ou tard elle demandera ce développement. Une institution fondée par le Gouvernement accorde-t-elle des crédits à des conditions plus avantageuses que celles fixées par le villageois se livrant à l'usure, il est hors de doute qu'à la longue on tournera le dos à ce dernier. Du moment que le travail salarié offre en effet des avantages marqués sur le travail plus ou moins énergique qu'exige la nécessité de pourvoir aux besoins personnels, il est hors de doute que ce travail salarié sera recherché dans la plupart des régions, pourvu que les avantages qui s'y rattachent soient de nature à déterminer l'indigène à s'y soumettre, même en tenant compte du contrôle qu'entraîne ce travail. A ce sujet un bon traitement [1] de la part d'employeurs connaissant la langue et l'esprit du peuple, doit être considéré comme un avantage réel, car, ordinairement, la méfiance primitive une fois dissipée, la collaboration avec des étrangers ne répugne pas à l'indigène. Sa vie et celle des générations qui l'ont précédée a été de longue main mêlée à celle d'hommes habitant d'autres contrées du monde. Il y a peu de peuples peut-être qui, dans les temps historiques, ont été plus désignés à la collaboration avec des hommes d'une autre race, que plusieurs peuples d'Insulinde. Par la voie assez facile qu'offrait la mer, les côtes de l'Asie australe ont amené continuellement des éléments entreprenants vers l'Archipel, et inversement elles ont attiré les habitants de cet Archipel. Ce qui s'oppose aux bons rapports avec ces indigènes, c'est ordinairement la conduite peu judicieuse et peu recommandable de nombre d'étrangers qui font hésiter les indigènes à prendre une attitude bienveillante. Si le contact avec l'étranger est offert loyalement et présente des avantages suffisants, l'hésitation à collaborer est ordinairement surmontée assez rapidement et le fait d'un seul indigène ayant subi un bon traitement de la part de l'Européen, pourra parfois éveiller chez ses compatriotes des dispositions très favorables à la collaboration désirée. Pour l'établissement ou la con-

1. *Cf. min. Franssen o. d. Putte Mem. v. Antw.* Cultuurwet l. c. 18 et la communication suivante tirée du dernier (3ᵉ) compte rendu de l'inspection du travail concernant la résidence Côte-Est de Sumatra (*Weltevreden* 1914, p. 8) : comme preuve que les ouvriers savent aussi apprécier un traitement humain et bienveillant, on peut alléguer le fait que dans une plantation des coolies ont déclaré à l'inspecteur-adjoint du travail, donner la préférence à cette plantation-ci où cependant ils ont à travailler moyennant un salaire plus bas, parce qu'ils y sont assurés d'être *traités avec douceur et bienveillance.*

solidation de l'influence hollandaise sur les sociétés indigènes, cette collaboration est indispensable, car, à défaut d'elle, beaucoup de trésors indigènes se perdent dans les conflits violents entre la civilisation occidentale et l'état naturel ou de demi-culture oriental, sans que cette perte soit compensée aussitôt par les avantages que le nouvel état de choses pourrait présenter, en s'adaptant à l'ancien. Car notre intervention produit toujours un changement important, ou, pour mieux dire, une rapide évolution sociale et intellectuelle. Beaucoup d'institutions vénérables, qui avaient servi de base à la société indigène, s'écroulent, du fait qu'elles sont devenues incompatibles avec l'influence occidentale. Pour que l'édification ultérieure des sociétés indigènes n'ait pas à se faire à l'aide de restes provenant des ruines, on doit veiller, dès le début, à avoir à sa disposition des matériaux solides, pour servir à la construction du nouvel édifice qui sera érigé sur les anciens fondements pour autant qu'ils pourront servir dans les milieux indigènes, en tenant compte des besoins de chacun. Même la superstition, qui devait disparaître à la longue sous l'influence du développement de l'esprit et du cœur, est un ciment réunissant beaucoup de choses, ciment qui peut même être un facteur de moralité et d'estime du prochain [1].

L'origine et la puissance surnaturelles attribuées aux chefs indigènes contribuaient à la formation et à la réunion d'unités politiques, ce qui pouvait favoriser le développement des groupes de peuples, vivant et agissant séparément. Le respect du bien d'autrui était fortifié par l'idée que les êtres surnaturels attachés aux signes prohibitifs, châtieraient quiconque attenterait aux biens d'autrui. Des rapports coupables entre les sexes étaient empêchés par la croyance populaire qu'ils attireraient au pays de mauvaises récoltes, des maladies et d'autres cala-

1. Comp. J.-G. Frazer, *Psyche's Task*, 2ᵉ éd., London 1913.

mités. En outre, la peur de l'âme du mort suffisait à empêcher l'homicide et l'assassinat.

Tant que ces idées subsisteront parmi la population, on aura à en tenir compte, de même que d'autres opinions populaires pouvant occasionner des froissements involontaires. Pour que ce froissement soit pénible, il n'est pas nécessaire qu'il touche directement la personne. Aux yeux des indigènes, il peut aussi blesser, lorsqu'il a trait à son image, son ombre, son nom, conformément aux conceptions qui n'établissent pas de différence essentielle entre l'homme et son reflet en image, en silhouette ou par le nom. Quelques exemples démontreront le rapport étroit existant entre ces choses.

Lorsque les Balinois ne peuvent plus retrouver un corps enseveli, l'image du défunt taillée dans le bois ou tracée sur une feuille du lontar le remplace à l'incinération. Chez les « Olo Ngadjou » de Bornéo on sacrifie à la fête des morts des planches sur lesquelles sont peintes des maisons et des objets précieux, et des images en bois représentant divers objets. On se figure alors que les « gana » (âme des objets) passent aux pays des morts et que là elles prendront de la réalité et pourront ainsi être utiles au défunt. De cette façon on offre au défunt des images en bois représentant non seulement des objets, mais aussi des hommes, car on croit que les âmes de ces hommes deviendront dans l'au-delà les esclaves et les otages du défunt (*Wilken* III, p. 110).

L'idée que l'image se substitue à la personne dissuade souvent l'indigène de se laisser photographier, parce que le préjudice fait ou destiné à l'image, causerait le malheur de la personne.

C'est sur une crainte similaire que se fonde l'idée que le mal qu'on fait à l'ombre ou au nom d'un individu, l'atteint personnellement; de fait : l'ombre est l'image de la personne. Quelqu'un ne projette-t-il qu'une ombre faible, c'est signe qu'il mourra à bref délai. Aussi n'est-il pas permis de marcher sur l'ombre d'une personne, ni de la transpercer ou de la couper, car il s'ensuivrait que le corps, lui aussi, s'en ressentirait et tomberait malade. Il en est de même des noms de personne, qui ne doivent jamais être prononcés inutilement. Prononce-t-on, chez les Toradja's, le nom de quelqu'un qui est à la chasse, il s'égarera. Chez les Javanais une personne meurt, lorsqu'on écrit son nom sur une feuille découpée représentant son image et enfouie ou déposée à un carrefour (Kruyt, *Animisme*, p. 69 s.s.) On se garde aussi généralement de prononcer les noms de défunts, afin d'éviter le danger d'évoquer leurs spectres. Aussi, en interrogeant sur les relations de famille, on peut constater qu'on n'aime pas à décliner les noms de ses ancêtres et qu'on prie l'un des assistants de les prononcer [1].

Un homme endormi doit être traité également avec précaution, car, aux yeux de beaucoup, le sommeil et la mort ne diffèrent qu'en tant que l'âme sortie du corps y revient ou n'y revient pas. C'est pour la même raison qu'un homme endormi ne doit pas être réveillé subitement et qu'on ne l'enjambe pas, car cela pourrait entraver ou effrayer la matière animique à son retour au corps après ses pérégrinations dans le rêve, qui sont réellement vécues. De là aussi, probablement, les nombreuses cérémonies par lesquelles celui qui monte ou qui se place plus haut, s'excuse envers les autres.

En consultant la littérature ethnographique, on recontre à tout moment ces usages basés sur des idées indigènes. Les sentiments sont confondus avec les événements concrets, la

1. On aime aussi, très souvent, à faire mystère de son nom propre, bien qu'à cet égard les indigènes ne portent pas aussi loin le souci du mystère que certains naturels d'Australie, qui cachent leur nom de peur qu'il n'arrive du mal à leur personnalité par suite des maléfices d'un sorcier. Cependant dans l'Archipel indien, on remarque presque partout la crainte de prononcer son nom; si le nom de quelqu'un est demandé à l'audience, on voit ordinairement la personne interpellée jeter autour d'elle des regards furtifs, pour suggérer à quelqu'un des assistants de prononcer son nom (celui de l'interpellé).

croyance à la création spontanée prévaut sur les idées d'évolution et de développement progressif, la partie revêt aussi les qualités du tout et inversement, ce sont là des idées très répandues
dans le monde indigène, avec lesquelles il faut être familiarisé.

Toutes ces idées se modifient tôt ou tard, après l'immixtion
des Hollandais dans les affaires indigènes. Ceci ne pouvait
manquer d'arriver, attendu que tout groupement humain,
quels que soient son importance et son degré d'isolement, doit
forcément subir le contact du courant de progrès et de civilisation, qui passe dans le monde entier. Et il en est ainsi surtout
dans notre Archipel, où dans les dernières années le Gouvernement européen prend contact avec la population, l'homme du
peuple lui-même, s'il le faut, en passant par-dessus la tête des
chefs, et où ce Gouvernement s'applique à développer les forces
latentes du peuple dans son intérêt propre et dans la direction
voulue.

Alors, pour assurer la bonne administration de la justice conformément aux exigences des Occidentaux, il est fait appel à la
collaboration des chefs indigènes, qui auront à examiner et à
découvrir le violateur du droit, non selon les indications du
jugement de Dieu, mais d'après des considérations humaines de
culpabilité ou d'innocence. On prélèvera alors des contributions
en argent ou en travail, qui ne serviront plus à payer les dépen-
ses, souvent inutiles, des chefs indigènes, mais qui seront em-
ployées à pourvoir aux besoins de la gestion des affaires publiques. Alors les fondements de l'ancienne société seront ébranlés
si violemment que les édifices indigènes qui s'y trouvent, chan-
celleront et qu'on cherchera des protecteurs en dehors des dieux
et des esprits anciens, qui ne trouveront plus place dans l'entourage nouveau. Alors l'indigène fera partie de la vaste organisation politique embrassant les îles de l'Archipel néerlandais, et
reconnaîtra une puissance gouvernementale supérieure et posant

de tout autres exigences que ne le faisait le chef indigène, qui, comme autrefois à Tajan (Ouest-Bornéo), imposait une taxe à tout couple marié, le jour où ses enfants à lui, le « panembahan » commençaient à marcher. Tout cet attirail primitif disparaîtra ; l'esclavage sera supprimé, les punitions cruelles et les mutilations abolies, les guerres intestines, les captures et la justice arbitraire appartiendront au passé, il sera mis terme aux extorsions de la part des chefs indigènes, qui sont combattues. A côté de cet avantage obtenu par la suppression d'abus, il y a les avantages tangibles : l'ordre, la règle, la propreté, la libre disposition de soi-même et de son bien, la prospérité renaissante, les secours en cas de maladie et de famine menaçante, l'association aux relations internationales et la création de sources de subsistance nouvelles et meilleures.

Ce sont les avantages de cette nature qui, auparavant, décidaient des indigènes d'autres contrées à venir vivre sous notre gouvernement, et ce sont des circonstances pareilles qui, par une adaptation rationnelle, les réconciliaient [1] avec tout ce que l'introduction de ce gouvernement apportait, même au prix de la perte de trésors vénérables de la tradition indigène, perte qui en est la suite logique, attendu que chez les natifs les idées sociales et religieuses sont si étroitement liées que le changement de nationalité du gouverneur suffit pour miner les opinions religieuses. Quand les ombres des aïeux ne pourront plus lutter contre l'influence étrangère, tout soutien et appui seront enlevés aux vieilles traditions, aux institutions vénérables des ancêtres. Une vie nouvelle commencera et l'on cherchera à obtenir une autre assistance, on s'inclinera devant la force supérieure, excuse suffisante même aux yeux des aïeux, pour l'acceptation de ce qui

1. Voir p. e. pour Bornéo : *Indisch Genootschap*, 20 janv. 1903, p. 24 ; pour Lombok : *De Gids* d'oct. 1905, p. 66 ; pour les Célèbes Sud : *Indisch Genootschap*, 18 janv. 1910, p. 189 ; pour Timor : *Tydschrift Binnenlandsch Bestuur* 1911, p. 284 etc. ; pour Soemba : *Indisch Genootschap*, 18 fév. 1913, p. 121, etc.

est nouveau. On voit par ce qui précède combien il est nécessaire que, tout en fixant notre prestige gouvernemental, d'autres
influences, hormis les influences sociales, soient actives et
deviennent un soutien moral et intellectuel. L'enseignement et
la mission sont indispensables et doivent être bien préparés et
outillés, pour empêcher les païens de se jeter entre les bras de
l'Islam montant de toutes parts à l'assaut, et pour remplacer
par quelque chose de meilleur la philosophie disparue qui rem-
plissait la vie des indigènes. Cet enseignement et cette mission
peuvent en outre remplir un rôle important dans le processus
d'adaptation du nouveau régime gouvernemental aux circonstances d'autrefois, parce qu'ils peuvent contribuer à faire pénétrer l'idée que la population indigène et les représentants de la
civilisation nouvelle doivent faire bloc. Ils peuvent leur donner
les biens intellectuels qui, dans la situation nouvelle, remplacent
l'héritage de leurs pères, ils peuvent aussi préparer pour la nouvelle lutte de l'existence qui dorénavant sera d'un tout autre
genre que celle d'antan. Et cela d'autant mieux, s'ils se confor-
ment aux exigences pratiques de la vie et s'occupent d'enseignement technique, de soins à donner aux malades, du maintien de
l'ordre et de la propreté, de l'amélioration des méthodes d'agriculture, de mesures propres à favoriser l'économie, à élever la
condition de la femme, etc.

Il paraît clair maintenant, mais on l'oublie parfois, que l'on
ne peut exiger ni de l'enseignement, ni de la mission, de faire,
du Malais animiste, un homme dont les manifestations seraient
conformes à celles du Hollandais qui a été formé par l'enseignement scolaire et religieux de la métropole. Les influences de la
nature, des dispositions et de l'entourage ne sauraient être annihilées par l'instruction. Mais l'on peut poser la condition que la
mission et l'enseignement tiennent compte de cette nature,
de cette disposition et de cet entourage et qu'ils connaissent

les individus confiés à leur œuvre d'éducation. D'autant plus qu'en recherchant sincèrement la réponse à cette question, il deviendra de plus en plus clair qu'il est préférable de faire éclore ou de favoriser la croissance de plusieurs éléments du bien culturel indigène, plutôt que d'importer plus d'une bouture de la civilisation européenne, qui, abstraction faite de sa déformation dans l'entourage tropique, ne saurait toutefois mériter à tous égards cette transplantation (matérialisme, grossièreté, égoïsme etc.). L'argumentation revient toujours au sujet principal de toute politique coloniale : la nature du natif de la colonie. Chercher à connaître cette nature nous est aussi nécessaire qu'il est indispensable, pour le natif, de se rendre compte de la puissance civilisatrice qui émane du Hollandais. Mais ceci sera seulement le cas, lorsqu'ils reconnaîtront en lui le porteur de la culture par excellence et celui dont la vie et les mœurs, le désintéressement et le sérieux peuvent être un motif de confiance [1], même pour les « hommes » dont on a parlé plus haut et dont l'horizon ne s'étend pas plus loin que jusqu'à la frontière de leur contrée et la demeure de leurs aïeux.

Car c'est chez ces « hommes » aussi que viennent les étrangers d'Occident, de l'Europe; ils ne leur échappent pas; les régions les plus reculées de la terre sont fouillées dans la chasse à la gloire et au profit, partout on reconnaît la volonté de se vouer au salut

1. Qu'on n'en soit pas encore là, c'est ce que personne ne contredira. Que souvent des sentiments contraires dominent chez l'indigène, c'est ce qui n'étonnera personne. Un recueil de jugements indigènes exclusivement défavorables se trouve dans le *Indische Gids* 1908, II, p. 920 ss: « Nous sommes étrangers à l'indigène et par conséquent ridicules; nous lui sommes inconnus, donc peu sympathiques, enfin et surtout nous sommes kafirs et à cause de cela aux yeux de beaucoup de croyants (non pas tous) des êtres dégoûtants, impurs, damnés, mais très propres à être volés et dupés partout où l'occasion s'en présentera (Damsté). A côté de tels témoignages on doit placer celui de R.-M. Noto Soeroto : en examinant la disposition de l'Indigène faisant ou ayant fait ses études en ce pays (La Hollande), envers le Hollandais, on s'aperçoit que l'appréciation et l'affection en forment le fond (*Indische Vereeniging: Voordrachten en Mededeelingen*, 3, 1913, p. 4 etc.).

des âmes et de recueillir des données pour le progrès de la science. Pour les sociétés découvertes et dont l'éducation a été commencée, les étrangers signifient les porteurs de stimulants nouveaux sous la forme de besoins tels que : le fer, les ornements, les articles accroissant le bien-être, les armes, plus tard encore la connaissance et l'intelligence, bases de la quiétude vers lesquels va leur aspiration aussi bien que celle des individus placés à un degré supérieur de civilisation, qui viennent les étudier pour découvrir sous quels rapports ils sont maniables : « Was gibt es mit den Schwachen für Gewalt als ihre Schwäche? » demandait Nathan le Sage.

Parmi les curieux se trouve aussi l'explorateur qui recherche sa satisfaction en mettant de l'ordre dans la multitude des phénomènes et qui demande la preuve de ce qu'il croit avoir trouvé comme vérité provisoire. Ses aspirations à l'ordre et la tranquillité et son intuition des lois immuables régissant la destinée des sociétés humaines, ne se bornent pas à connaître la vie d'un peuple primitif et ce qu'il en observe. Il se demande aussi comment s'est développé tout ce qu'il voit et comment adapter les résultats de son examen à la variété des données qui lui sont connues d'autre part. Dans ce travail il ne lui suffit pas d'étudier l'histoire de l'humanité en commençant par la culture babylonienne, ni de reconstituer les vestiges de l'homme préhistorique et de sa civilisation. Il y a aussi la vie des peuples naturels dans toute la richesse exubérante de leur état primitif dont nous rencontrons les traces dans le folklore de la vie sociale civilisée mais qui se révèlent, tantôt plus, tantôt moins nettement chez les primitifs dont l'Archipel Indien nous présente tous les degrés de développement. La science trouve là, dans le cas le plus avantageux, un petit monde de sociétés et d'individus pleins de vie où chacun se présente dans son entourage particulier, petit monde qui peut renseigner l'explorateur sur les causes et effets de nombreux phénomènes chez les hommes et les tribus des peuples primitifs. Apprendre ainsi à les connaître doit mener immédiatement à l'observation et à la recherche par celui qui constate chez soi la vocation et trouve l'occasion de collectionner des données; faire la connaissance de ces peuples doit forcément pousser à faire des recherches sérieuses; et ceux qui ont passé par la préparation nécessaire, s'établissent paisiblement parmi la population pour observer ce que la science veut savoir.

Pour ce qui concerne nos îles de l'Asie du Sud, nous sommes arrivés à présent à une phase de connaissance qui rend de plus en plus nécessaire l'observation scientifique. Maintenant que notre domaine a été parcouru, dans toutes les directions, la nécessité d'une recherche systématiquement poursuivie, consciencieuse et compétente, se fait sentir plus que jamais. Nous pouvons alléguer avec satisfaction beaucoup de choses qui ont déjà été mises au jour par d'excellents experts; il y a lieu d'être reconnaissants pour tout ce qui a été rassemblé en matériaux par beaucoup de personnes remplissant souvent des emplois fatigants. Il est temps maintenant de faire une recherche sérieuse et scientifique. C'est de cette façon seulement qu'on aura la garantie d'une méthode objective et exacte, par des naturalistes explorateurs versés dans les sciences ethnologiques et qui, pour autant qu'il est nécessaire, poursuivront leurs investigations sur les individus et les sociétés. Cette recherche est surtout nécessaire chez les groupes de peuples occupant un degré inférieur de civilisation, qui disparaissent graduellement et bientôt n'existeront plus pour fournir des données propres à expliquer les problèmes généralement scientifiques. Le temps presse, car après l'établissement de notre pouvoir jusqu'aux recoins les plus éloignés de l'Archipel, on attaque violemment beaucoup d'idées indigènes qui bientôt seront introuvables et difficiles à estimer à leur juste valeur. A ce point de vue-là on doit être de plus en plus complètement renseigné, non par ceux qui regardent l'indigène avec les yeux d'un gouverneur, d'un missionnaire, ou d'un militaire, mais par ceux qui étudient leurs idées, leurs mœurs et leurs habitudes autant que possible objectivement et sans autre but que de rassembler systématiquement et d'élaborer des matériaux scientifiques. Ceci surtout pour arriver à une explication exacte, car aussi bien à l'étranger que chez nous on se plaint de ce que des personnes incompétentes ne se font pas scrupule d'ajouter des rapports absolument inexacts à ce qu'ils ont observé. C'est là, à mon avis, une faute du dilettantisme — comme dit Vollenhoven dans son *Miskenningen van het adatrecht*, page 20 — propre à trop de rapports de fonctionnaires du gouvernement; ils ne peuvent jamais noter une situation, à un moment donné, sans en même temps (et cela sans aucune preuve) vouloir esquisser et expliquer toute la formation de cet état par supposition fantaisie, hypothèse. Le sociologue Lévy-Bruhl (*Les fonctions mentales dans les sociétés inférieures*, 2e éd., p. 23) exprime les mêmes doléances, lorsqu'il montre combien il est difficile d'arriver à une idée juste sur la signification de ce qui est considéré, par des primitifs, comme leur bien le plus sacré.

Les plaintes sur le manque de recherches scientifiques se font plus pressantes en ce qui concerne nos colonies, à mesure que notre influence s'étend ou se raffermit; elle perd de son bien fondé au fur et à mesure que les explorateurs de bonne volonté sont mieux préparés, se sont mis au courant de la langue du pays et des problèmes ethnographiques et qu'ils sont devenus plus habiles à s'entendre avec la population. Car aussi bien l'un que l'autre est nécessaire pour vaincre la première méfiance d'un peuple arrêté à un degré de civilisation inférieur, et pour arriver à des résultats.

Neuhaus raconte, après ses recherches concernant les Papous de la Nouvelle-Guinée, qu'ils se montrent très courtois, à cet égard. Le Papou raconte au blanc tout ce qu'il veut savoir, pour autant que la connaissance de la langue de ce dernier le lui permet. On ne connaît donc rien de ses idées personnelles, car il a beaucoup trop peur de la vengeance des esprits qui l'entourent, pour rien trahir de ses secrets, et il a en outre la tendance à donner une teinte papouaise à tout ce qui est moderne et de le présenter comme des idées indigènes. Il va de soi que dans de pareilles circonstances un explorateur compétent et isolé peut découvrir le véritable état de choses et que les connaissances spéciales sont d'autant plus nécessaires que les idées primitives disparaissent plus vite. Il paraît ainsi qu'en Nouvelle-Guinée allemande il arrive que les successeurs du premier missionnaire, même avec la meilleure volonté, ne peuvent presque plus rien connaître de l'esprit originel de la population. C'est beaucoup dire, nous fera-t-on observer, mais il y a pourtant un fond de vérité, et il en est de même pour la situation dans notre Archipel. Aussi ne doit-on pas tergiverser pour ajouter aux multiples données, déjà connues, sur la population, ce qui peut être encore recueilli en matériaux dans les contrées où notre influence s'étend et s'approfondit. Une telle enquête ne doit pas être faite d'une manière scientifique seulement pour ce qui concerne les sujets de l'exploration [1], mais encore la façon, la nature du contact nécessaire avec les indigènes, devront être également établies scientifiquement, afin de donner des garanties de l'exactitude des renseignements se rattachant à la nature et aux dispositions mentales des sujets. Le manuel du droit coutumier est, dans ce domaine, d'un secours précieux. Il contient des renseignements pratiques sur des recherches sur le droit coutumier aux Indes Néerlandaises [2] et renferme plusieurs indications utiles généralement pour des recherches faites chez les indigènes. Entre autres

1. Voir e. a. *Ethnographische Fragessammlung; Steinmetz und Thurnwald*, Berl., 1906.

2. *Adatrechtbundel*. La Haye, 1910, p. 16.

ceci : l'étude du droit coutumier est un art qui s'apprend par l'exercice; la patience et le calme y sont d'importance essentielle. La façon de formuler les questions est du plus grand intérêt. Outre la connaissance de la langue et des mœurs du pays, il faut aussi posséder le don de causer avec bonhomie avec l'indigène et gagner ainsi sa confiance. « Pensez — répète le manuel du droit coutumier — pensez aux missionnaires. » L'indigène prend confiance et devient communicatif au cours des voyages entrepris avec lui, par des privations endurées en commun, par l'intérêt qu'on lui porte en cas de maladie ou de désastre, lorsqu'on prend part à ses pronostics de la réussite de la moisson, ou lorsqu'on montre de l'intérêt dans tout ce qui concerne ses enfants. En notant les résultats de la recherche, il importe d'établir une différence tranchée entre, d'une part, ce que l'on a réellement observé, de l'autre part les considérations personnelles, qu'elles viennent de l'explorateur ou de ceux qui ont été consultés sur les faits observés.

Moins une recherche est apparente plus elle doit retenir l'attention; ceci est important surtout pour des contrées où des recherches ont déjà eu lieu chez les populations. On ne doit jamais questionner de façon que l'interrogé puisse comprendre quelle réponse l'on attend ou désire de lui, sinon l'on reçoit parfois, par politesse ou docilité, la réponse espérée. Même les chefs ne sont souvent pas impartiaux; ils ont facilement intérêt à donner une certaine réponse, soit que celle-ci pourrait leur être utile à eux ou à leur famille, soit que des actions ou des décisions prises par eux en seraient mieux justifiées. Donc, les informations des chefs demandent aussi à être contrôlées. Que l'on soit sur ses gardes si les réponses sont trop belles, trop agréables.

On trouve dans ces renseignements du manuel beaucoup de conseils pratiques sur la fréquentation des indigènes, conseils qui donnent une idée des difficultés qu'amène une bonne exploration; des difficultés qui, dans un certain sens, se présenteront en une certaine mesure pour toutes recherches analogues chez des peuples moins civilisés, mais dans lesquelles, d'autre part, on peut reconnaître des éléments spécifiquement indigènes. Dans de pareilles recherches on constate une fois de plus la nécessité de gagner la confiance et d'écarter la méfiance. « L'homme de bien observe en silence les traits du visage de chacun et, dans sa conduite, il est toujours sur ses gardes contre des dangers », comme dit le texte javanais du Paniti Sastro, le « livre de la conduite »[1], poésie sanscrite.

Comme le sujet traité ici est à double face, le désir de savoir se trouve aussi des deux côtés. Lorsque le petit paquebot blanc, portant à la poupe le drapeau néerlandais, remonte pour la première fois les rivières de la Nouvelle-Guinée du Sud, les indigènes essaient parfois de conjurer le monstre étranger et quand le bateau continue malgré cela sa route, ils détournent la tête, le corps raide, attendant le désastre qu'apporte ce bateau. On appelle les gens du bateau « Katonni-omim », « hommes soleil. »

Des étrangers qui, en 1897, visitaient les Blou-ou-Kajans à Bornéo étaient salués par des femmes tenant à la main des morceaux d'écorce de plehiding brûlants, qui par sa fumée puante, chasse les mauvais esprits[2].

Il en était autrement lors d'une visite aux îles du Sud-Ouest en 1639, dont on raconte ce qui suit, sur la réception chez les indigènes : « Les nôtres furent reçus aimablement, et on fit une alliance éternelle (confirmée sous serment à leur manière). Les indigènes paraissaient être sincèrement contents de trouver encore d'autres gens mangeant du porc. » Il en était autrement encore lorsque, en pénétrant dans les pays intérieurs de Florès, les premiers Hollandais furent interrogés et que les indigènes

1. *Tydschrift Neerlandsch Indië.* 1843, II, p. 236 etc.
2. *Nieuwenhuis; Quer durch Bornéo,* II, p. 102.

leur demandèrent si c'étaient eux, les Japonais. On peut conclure des remarques de ce genre que l'indigène, lui aussi, cherche à reconnaître au premier contact avec l'Européen son lieu d'origine, sa nature et ce qu'il y a d'analogue dans ses mœurs afin de se donner la tranquillité à la place de l'incertitude angoissante devant les gens qu'il rencontre. Mais avant que cette certitude soit obtenue des deux côtés, on doit encore vaincre une grande méfiance, une méfiance qui croit même voir des pièges à côté des bienfaits et à laquelle est donc tout opposée l'affirmation que l'on rencontre, chez certains auteurs, d'après lesquels « tout Européen serait aux yeux des indigènes un prodige de capacité, d'érudition et de puissance » surtout à cause de sa peau blanche, qui serait appréciée à un point de vue esthétique [1]. L'élément esthétique doit être tout de suite écarté, car il paraît évident que l'indigène trouve beau un teint clair, sans que ce soit, pour lui, le blanc de l'Européen, mais plutôt un jaune mat, propre à certains aristocrates parmi les Javanais. En ce qui concerne la capacité et l'érudition, il paraît que là non plus on ne doit pas se faire trop d'illusions; là où elles sont apparentes pour le simple indigène, il n'y trouve en général rien d'extraordinaire et elles lui semblent être propres à l'Européen. On a souvent fait l'observation que, ce qui a nos yeux sont des prodiges de la technique, laisse l'indigène assez indifférent. Reste la « puissance ». Là où il y en a un motif, l'indigène verra en certains Européens des personnes qui donnent la note, et il tiendra compte de la place qu'ils occupent. Ce qui est encore tout autre chose que de voir en l'Européen « un prodige de puissance », comme tel. Cette idée-là repose sur une grave erreur et prouve une méconnaissance de la réalité qui exige qu'un Européen doive gagner la confiance et l'admiration par sa conduite, ses

1. Berichten van den Sint Claverbond 1896, II, p. 27 et Pastor Simon. *De positie van den Zendeling in de inlandsche maatschappy Baarn z. j.*, p. 7.

paroles et ses actes, obligation qui se heurte à bien plus de difficultés que beaucoup ne le pensent.

Quand la tâche incombe à l'Européen de chercher un rapprochement avec les indigènes, ce n'est vraiment pas facile, s'il a affaire individuellement avec eux et s'il ne tombe sur lui aucun reflet du gouvernement européen ou indigène ni d'autres personnes, institutions ou associations, déjà familières à la société indigène. Car au commencement ce n'est point l'admiration qui lui tombe en partage, mais bien plutôt le mépris et la méfiance dédaigneuse. Sur ce point, l'expérience de trois hommes, MM. Adriani, Kruyt et Wielinga, profonds connaisseurs des langues et des mœurs indigènes, travaillant pour la mission, est la même. Le Dr Adriani raconte [1] combien les missionnaires étaient, au commencement (1893-1895), les inférieurs des Toradjas dans le centre de Célèbes, parce qu'ils ignoraient la langue et les mœurs; c'est pourquoi les indigènes faisaient usage de toutes les libertés de leur droit coutumier vis-à-vis d'eux, sans application de la restriction que celui-ci impose aux indigènes entre eux. C'est que celui qui est en dehors de la famille compte peu; l'étranger n'est pas estimé; un enfant parle mieux leur langue que lui, qui se renseigne sur des choses très simples. Les Toradjas se servaient au commencement d'une espèce de langage enfantin pour causer aux étrangers. Il ne fut pas question d'admiration et de respect, mais plutôt d'un dédain décourageant envers les étrangers stupides qui ne connaissaient même pas le chemin. En Nouvelle-Guinée les Papous se promenaient tranquillement sur un paquebot au milieu des machines et des blancs, mais à peine voyaient-ils une vache, un animal inconnu, que, très impressionnés, ils sautaient par-dessus bord; la technique des étrangers les laissait indifférents; mais un animal qu'ils

---

1. *Onze Eeuw*, 8e année, 3e partie, p. 366.

ne connaissaient pas, leur produisait une profonde impression. L'étranger, jeté sur la côte de Bali par la tempête, était hors la loi ; tant que l'amitié, scellée par le sang, n'est pas conclue, tant que l'étranger n'appartient pas à la famille ou à la tribu, on le reçoit partout avec méfiance et animosité. On trouve ici l'explication du fait qu'un étranger reçoit rarement un secours non-payé et que l'importance d'une faute commise par lui est exagérée bien plus qu'une infraction commise par un de leurs congénères[1]. L'homme peu civilisé regarde avec pitié l'Européen qui ne sait même pas manier un couperet, que l'on doit porter pour lui faire traverser une petite rivière, qui n'est pas capable de faire une bonne marche. Quand les Toradjas, dans un moment de bienveillance, veulent dire du bien des missionnaires, c'est toujours : « Ils peuvent marcher étonnamment vite. » Au commencement ils refusent naturellement d'accepter que l'on s'approchât du Soumbavanais, sinon par intérêt égoïste, et ne veulent pas reconnaître que l'amour du peuple même est le motif des nouveaux règlements. On cherche un piège derrière toutes les actions et toutes les paroles (Wielinga. *Indisch Gen.*, 18 fév. 1913).

Pourquoi ces exemples? Pour faire ressortir que l'on doit mériter la confiance et l'estime chez des peuples encore peu civilisés, que l'on ne doit pas agir et gouverner d'une manière autoritaire vis-à-vis des indigènes, mais avec le désir de les comprendre. Pour répéter : que l'on ne gagne le respect et l'estime qu'en les témoignant soi-même. Pour dire enfin qu'il n'y a pas de meilleur moyen pour gagner la confiance que de parler la langue du pays et de connaître les mœurs et les habitudes et les idées chères aux indigènes.

1. Alb. C. Kruyt. *De inlanders en de zending,* Amsterdam, 1907, p. 49.

COLLABORATION D'EUROPÉENS ET D'INDIGÈNES
DANS LE LABORATOIRE PATHOLOGIQUE A MÉDAN

col. v. Loghem.

PORTE BALINAISE

coll. Kol. Instit. phot. Kurkdjian

LES PRINCIPES DE GOUVERNEMENT

Lorsqu'on fait allusion dans des débats politiques, sur nos colonies, à la solidarité des races, à leur appréciation mutuelle, à leur politique, on ne vise ordinairement pas les races humaines que l'on discerne dans la population indigène des Indes néerlandaises ou de nos colonies en général, mais plutôt des différences de race en tant qu'elles sont le produit de la situation juridique de différents groupes de la population. On pense tout d'abord aux trois groupes principaux à présent répartis, en égard à la situation juridique [1], en : 1º Européens et leurs égaux (environ 207 mille); 2º Indigènes (environ 39 millions); 3º Orientaux d'origine étrangère (environ 900 mille).

Ici il s'agit d'éviter une confusion. Car il est clair que chacun de ces groupes consiste en plusieurs races dans le sens biologique du mot et que s'il était vraiment question d'une division de race —pour ne pas parler de Japonais, Chrétiens africains etc. qui en matière de législation sont les égaux des Européens — les Européens comme tels pourraient se disjoindre, de même que les Indigènes, et les Orientaux étrangers, Chinois et Arabes, se trouveraient rapprochés d'une manière plus que bizarre.

Si on voulait réellement traiter le problème des races dans ce sens, c'est-à-dire en étudiant les mesures gouvernementales désirables pour mener à une plus grande prospérité et à un développement intellectuel supérieur les différentes races vivant

1. Comp. Kleintjes: *Het Staatsrecht van Ned. Indië* 1927, I, p. 94.

aux Indes Néerlandaises, on se verrait placé en face d'une tout autre division de groupes qui — pour ne parler que de la population indigène — comprendrait : Malais, Papouas et leurs métis, appelés généralement du nom injustifié, d'ailleurs, d'Alfours.

Si nous pouvions réellement arriver, abstraction faite de la détermination des marques de races somatiques de ces groupes, à une détermination de leur différent type de race psychiquement héréditaire, l'administration coloniale en ferait certainement un précieux usage dans son effort à donner à ces différents groupes un développement plus élevé.

A l'heure qu'il est, les recherches concrètes concernant le problème des caractères de races héréditaires sont encore dans la période des premières ébauches et ceux qui désirent qu'en prenant des mesures gouvernementales, on tienne compte des particularités des différents groupes de peuples aux Indes, sont déjà contents si les Indigènes ne sont pas traités de la même façon que les Européens ou Chinois et Arabes, mais appréciés en leur qualité d'indigènes ou, (ce qui serait généralement à désirer), si les différents groupes ethniques, dont se compose la population originaire du pays, étaient traités séparément en rapport avec leur culture et leur propre entourage. Car alors personne ne songerait aux indices psychiques héréditaires qui, selon d'aucuns, l'emportent sur les différences historiques ethniques et linguistiques, mais on attacherait une importance plus grande aux éléments allant de pair, comme peut-être le niveau commun de civilisation et la communauté de langue, de religion, des institutions sociales, du droit coutumier, etc.

Ceci constituerait déjà un progrès véritable, car en confondant le concept de race et celui de groupe ethnique, on se trompe dans l'expression, sans que pour cela l'intention soit moins bonne, du moment qu'on reconnaît la valeur des particularités qui distinguent les différents groupes de peuples. Il est non moins vrai que pour le moment il serait extrêmement difficile de se former un jugement sur leurs capacités et traits de caractère.

Supposé que la division de population suivant la situation juridique favoriserait de beaucoup l'étude du problème et que, pour obtenir une orientation, il fallût établir une distinction entre Européens et leurs égaux, Indigènes et Orientaux étrangers, que veut-on dire, lorsque, dans les débats politiques visés ci-dessus, on parle de « la possibilité de fusionner les différentes races », de « tuer le sentiment de race », etc.? Pense-t-on alors à un métissage de race comme par exemple entre un Hollandais homo sapiens indo-europaeus dolichomorphus nordicus avec un homo sapiens australis veddaicus toala de Célèbes ou homo sapiens asiaticus mongolicus (suivant le système de Ruggeri)? Et croit-on alors prendre parti dans la discussion du problème de la possibilité de la mort physiologique des races?

Ni l'un, ni l'autre.

Tant que d'aucuns ne songeront pas à satisfaire aux desiderata de tous les habitants des Indes Néerlandaises par les mêmes règlements législatifs, on veut, en parlant de traitement égal applicable aux Hollandais indiens et Indiens néerlandais, en matière de gouvernement et de jurisprudence, désigner généralement une association qui n'a que de lointains rapports avec le véritable métissage de race.

N'a-t-on pas l'intention de réveiller un sentiment de solidarité entre tous les habitants des Indes Néerlandaises en travaillant à la même tâche civilisatrice de façon que l'Insulinde et les Pays-Bas se sentent étroitement apparentés? Et n'entend-on pas par cela la déclaration gouvernementale exprimant le désir de cultiver la notion d'une union entre la mère-patrie et les colonies et tous les habitants de ces contrées en favorisant l'éducation du peuple et en stimulant la tolérance dans le domaine de la religion et de l'appréciation mutuelle des races? En effet, lorsqu'on verra des millions d'Indigènes disposés à collaborer à cette tâche commune et lorsque nous autres Hollandais nous prendrons réellement au sérieux une association de cette nature, la base ne peut être autre que tolérance et appréciation mutuelle. Appréciation du côté indigène, comme elle existe déjà chez quelques-uns des éléments éclairés, pour tout ce qu'ils doivent, au point de vue matériel et intellectuel, aux Hollandais ou pour tout ce qu'ils attendent encore d'eux; appréciation du côté hollandais pour tout ce que l'on rencontre de bon et de propre au développement dans la société indigène et ce qui est à espérer de l'éducation intellectuelle et morale. L'aspiration à l'association ne peut donc viser que le rapprochement réciproque et cela ne peut mener à un bon résultat que si on éveille chez l'Indigène le désir d'entrer en apprentissage chez le Hollandais et si ce dernier éprouve le besoin de prendre connaissance de ce qu'il y a à apprendre pour lui dans la société indigène.

La collaboration mutuelle reste et devient de plus en plus nécessaire; l'avenir des Indes Néerlandaises paraît de plus en plus en dépendre, car c'est seulement lorsque l'on aura obtenu de la population indigène le concours sur une vaste échelle à l'œuvre coloniale dans son sens le plus étendu, qu'on pourra arriver réellement à l'élévation de la civilisation des dizaines de millions d'Indigènes confiés à nos soins.

La collaboration du Hollandais et de l'Indigène est nécessaire presque dans chaque domaine, si l'on veut arriver à de bons résultats, non seulement au point de vue du temps et de l'étendue, mais aussi quant au but fixé de commun accord. On peut considérer comme un principe très appréciable, à cet égard,

celui qui fut arrêté récemment par le gouvernement (p. 4 mem.
v. Antw. 2ᵈᵉ Kamer Ind. Begr. 1914) et où il s'agit de décerner,
pour des raisons d'équité, une même rétribution aux Européens, aux Indigènes et aux Orientaux étrangers occupant les
mêmes emplois et répondant aux mêmes conditions.

Dans le cas où l'on demanderait quelle attitude prend le
Gouvernement à l'égard du développement intellectuel et économique de la population indigène, on pourrait, relativement
aux situations et institutions indigènes mises à l'écart ou dispa-
rues, ramener cette attitude essentiellement à trois points de
vue différents : *respect*, *protection* et *développement* de la société
indigène et de ses idées.

Le *respect* des conceptions de l'Indigène est d'abord garanti
par la loi concernant la religion, ensuite, en principe du moins,
par le maintien de la jurisprudence propre et encore autant
que possible par la conservation de leurs institutions gouvernementales.

La *protection* de la population indigène, qui est un des devoirs
les plus importants du Gouvernement, ne s'étend pas seulement
à la lutte contre les emprises despotiques venant de n'importe
quel côté à son égard, mais la sauvegarde des intérêts économiques se manifeste encore par la protection des métiers utiles
et par certaines restrictions dans l'action des Orientaux étrangers.
Cette protection est surtout remarquable dans le domaine
agraire qui, abstraction faite du maintien des droits de la population sur les terres, donne une idée de l'Indigène considéré
comme moins fort économiquement et physiquement, comparé
à d'autres groupes de la population. Si les règlements gouvernementaux tendent à le protéger contre la destruction de ses systèmes d'irrigation en engageant sa capacité de travail, c'est surtout dans le règlement de la propriété du sol que se révèle
cette tendance protectrice. Le transfert du droit de propriété

du terrain par un Indigène sur un non-Indigène est nul, selon la loi établie. Une pareille mesure témoigne du désir de protéger l'Indigène contre sa propre soif de profit immédiat et pécuniaire, dont des non-Indigènes âpres au gain pourraient profiter pour accaparer les terrains cultivables. Dans la phase actuelle de développement économique des Indigènes et de leur société, cette mesure paraît encore recommandable sous plusieurs points de vue à l'égard de la politique des races, parce que, par suite du transfert des terrains cultivables des Indigènes à des Européens ou à des Orientaux étrangers, (transfert considérable, selon toutes les prévisions), un prolétariat indigène de plus en plus nombreux ne manquerait pas de se former, tandis que maintenant encore beaucoup d'Indigènes sont et restent établis sur leurs propriétés, se distinguant nettement des personnes d'autre nationalité. En face de l'emprise étrangère aux points de vue économique et autres, le même fait a provoqué des mesures protectrices concernant l'affermage de la propriété agraire des Indigènes.

L'aspiration au *développement* matériel et intellectuel de la société indigène se manifeste dans le système gouvernemental au sens le plus large, tandis que l'intérêt d'une élévation morale, intellectuelle et sociale de l'Indigène par des particuliers et des associations est reconnu par le gouvernement, qui à cet égard fait preuve de sa sympathie par un secours financier, entre autres. L'enseignement public de la population indigène, basé sur le respect des conceptions religieuses de chacun, est un sujet de souci constant pour le Gouvernement. Ce souci se manifeste par des secours provenant des communes indigènes et encore par les écoles indigènes publiques pour l'enseignement primaire de plus en plus nombreuses, aussi bien pour les enfants d'Indigènes notables et aisés que pour ceux de la population en général. Les cours d'enseignement primaire supérieur ainsi que les institutions de l'enseignement secondaire européen sont ouverts aux Indigènes. L'enseignement professionnel est donné entre autres dans des écoles normales pour instituteurs indigènes, dans les établissements d'enseignement pour les fonctionnaires indigènes, pour le service médical et vétérinaire, pour des experts judiciaires indigènes, dans les écoles professionnelles d'agriculture destinées aussi à de futurs fonctionnaires, dans l'école d'agriculture etc. Ces écoles ouvrent de nouvelles sources d'existence qui satisfont aux besoins nouveaux qu'amène l'adaptation aux relations internationales et aux moyens de communication améliorés. L'institution du crédit populaire procure aux Indigènes un secours matériel et des instruments professionnels et veut favoriser des métiers et emplois indigènes, le commerce et l'industrie, pour éveiller et encourager le désir d'économie.

L'administration, la jurisprudence, les institutions de justice et de police, l'inspection du travail, la surveillance sanitaire qui contrôle l'état sanitaire de la population et indique des moyens d'amélioration, les mesures par lesquelles sont assurés à l'agriculture indigène des résultats plus satisfaisants et durables, l'irrigation, le service vétérinaire populaire, la surveillance de la culture forestière, du commerce et de l'industrie; le réseau routier étendu et les moyens de communications : ce sont là autant de preuves de l'intervention énergique du Gouvernement.

Qui voudrait prétendre que cette intervention ne donne pas de prise à la critique? Qui voudrait céler que des désirs, plus ou moins motivés, peuvent encore être exprimés pour obtenir des résultats meilleurs encore et plus rapides? De ces brèves données il ressort que, dans l'Archipel indien, une administration très complète travaille à l'éducation des peuples indigènes, et cela d'une façon louable à plusieurs points de vue. Cet état de choses est vivement apprécié par des enquêteurs étrangers et compétents; il peut en tous cas, soutenir la comparaison avec ce qui se fait par d'autres nations, dans le même domaine.

Cependant, les résultats coloniaux obtenus doivent être attribués pour une grande partie à la nature et au degré de développement des peuples indigènes que nous avions à guider. Cela vaut la peine d'être relevé; car si l'examen des données, dans cet ordre d'idées, permet d'obtenir, sous plusieurs rapports, une image ressemblant à celle d'autres peuples qui sont ou étaient à un niveau analogue de civilisation, une conclusion s'impose, à savoir, que nous nous trouvons, aux Indes, devant un cas nullement exceptionnel et que nous avons à éduquer des gens dont le degré de développement se rapproche sensiblement de celui de plusieurs autres peuples disséminés sur la surface du globe. L'ethnographie ne montre pas alors un peuple arriéré, sans avenir sous ce rapport, mais de ces parallèles qui, abstraction faite des qualités psychiques et héréditaires et de la disposition intellectuelle, permettent tous les espoirs dans un avenir meilleur.

Or la phase de développement dans laquelle se trouvent à présent certains peuples indiens fait penser, sous plusieurs rapports, au moyen-âge. Le Dr Brandes a appelé la littérature des Javanais, une littérature médiévale complémentaire et le Dr Hoesein Djajadiningrat [1] a démontré l'esprit à tous les points de vue similaire qui caractérise aussi bien l'historiographie javanaise que celle du moyen âge; dans toutes les deux, les conceptions d'histoire et d'historiographie sont à peu près les mêmes. Nous voulons parler ici des Javanais qui, avec les Balinais et quelques autres peuples, se trouvent sur le degré le plus haut de civilisation, parmi les groupes de peuples vivant dans l'Archipel; on trouve dans la grande masse, aussi bien chez eux qu'en général chez des peuples restés sur un degré moins

1. Critische beschouwing van de Sadjarah Banten; *Leidsch proefschrift* 1913, p. 308, etc.

élevé de civilisation, des qualités qui correspondent à celles que les descriptions de la plupart des peuples primitifs nous font connaître. L'absence presque complète de notions de la valeur absolue des choses, par exemple du temps et de la vie de l'homme; la tendance au despotisme régnant chez les mandataires non réfrénés, comme nous les connaissons encore dans les contrées autrefois indépendantes, les punitions cruelles, l'insuffisance des notions économiques, ce sont là des particularités que l'on peut observer dans la plupart des sociétés indigènes et qui appartiennent aussi à d'autres sociétés, moins développées et dont un gouvernement colonial doit tenir compte, lorsqu'il projette des mesures d'amélioration. Jusqu'à quel point il y réussira, cela dépend non seulement de l'état de civilisation actuel, mais surtout de la disposition physique et intellectuelle des Indigènes et de leurs particularités de caractère.

Il nous paraît intéressant d'examiner quelle est à ce sujet l'opinion du Gouvernement, fondée sur une longue expérience, basée sur les rapports de ses fonctionnaires avec la population.

Lorsqu'on se demande si les principes du gouvernement relatifs aux justes rapports avec les Indigènes peuvent avoir quelque valeur, on peut répondre affirmativement. Ces principes apparaissant dans nombre de prescriptions données au cours des années aux fonctionnaires de l'état, peuvent même, jusqu'à un certain point, servir de base au jugement des particularités du caractère de l'Indigène de nos colonies. Le Gouvernement n'est-il pas, en effet, bien plus que l'individu, le juge compétent par excellence vu la longue durée sur laquelle s'étendent ses observations ainsi que par la position prise à l'égard de la société indigène, où il fallait réaliser beaucoup par de modestes moyens. L'appréciation du Gouvernement offre en outre quelques garanties, parce que « en temps de crise » (par exemple lorsqu'il s'agissait de résoudre des difficultés politiques, ou obtenir la soumission des contrées nouvellement conquises), il devait choisir la meilleure ligne de conduite à l'égard des Indigènes; il recueillait alors les avis de ceux qui, à ses yeux, étaient les meilleurs conseillers et connaisseurs de l'Indigène. On doit donc chercher dans les manifestations gouvernementales relatives aux rapports avec les Indigènes, des données pour répondre aux questions suivantes : comment les Indigènes se révélaient-ils, quels écueils l'Européen rencontre-t-il sur sa route, quelle direction doit-il prendre pour arriver à un bon résultat?

Cette suite de prescriptions montre en général un fait digne d'être relevé : c'est que, déjà dans des temps où les Indigènes n'évoluaient pas encore dans le domaine intellectuel et moral, le Gouvernement avait déjà provoqué un changement dans la façon de voir les Indigènes et leurs particularités.

La disposition de l'Européen à l'égard des Indigènes s'est tellement modifiée, au cours du XIXe siècle, que l'on peut à juste titre parler d'une transformation. Car il s'agissait ni plus ni moins que d'un changement dans la façon de se contrôler lui-même, de veiller sur son profit personnel, sur les avantages qu'il pouvait trouver à observer avec intérêt le monde indigène. Ce changement d'attitude a eu pour conséquence de faire triompher une idée revendiquée par les meilleurs, à savoir qu'un Gouvernement colonial ne peut réussir que lorsqu'il a en vue, comme but principal, la prospérité de la population du pays. L'importance de cette éthique, qui à présent est soutenue par tout le monde, se faisait valoir de plus en plus à mesure que l'ethnologie gagnait en importance. Les données collectionnées de toutes parts relativement aux peuples primitifs et mi-civilisés et la valeur attribuée à ces données par rapport aux phases anté-rieures de développement de notre société, amenaient implicitement, par un regain de curiosité, une augmentation de l'intérêt et jusqu'à des considérations d'humanité qui effaçaient l'intérêt personnel pour faire accueillir dans le champ d'études tous les peuples connus. En tout premier lieu, on prenait intérêt à ces peuples inférieurs pour le bien-être desquels on se sentait responsable, avec lesquels on commençait à se sentir uni par l'histoire et appelé, après un procès de développement matériel, intellectuel et moral, à collaborer pour un but commun, sans oublier combien il est difficile, au commencement, de faire une juste distribution des rôles et de garder la juste distance.

Tout d'abord on s'occupa des rapports mutuels.

En imitant les chefs indigènes, l'Européen était enclin à traiter, comme celui-ci, les inférieurs d'une manière qui leur était intolérable souvent et surtout de la part d'un Européen. En tâchant de se mettre au niveau du simple primitif, l'Européen risquait d'être foulé aux pieds et se trouvait souvent, lui, porteur de civilisation, à une place qui n'était pas la sienne. Là où des Indigènes se croyaient les égaux des Européens, eurent lieu des manifestations regrettables. C'étaient là des fautes inévitables dans une distribution de travail aussi difficile, mais qui pouvaient servir de leçon pour l'avenir; ce qui revient à dire qu'on pouvait en tirer des leçons pour organiser une fréquentation où, en s'appréciant mutuellement et en complétant des deux côtés le manque d'expérience, l'on travaillât à la tâche commune d'élever les individus et les sociétés indigènes, pour leur faire atteindre à force de patience et de prudence un niveau supérieur de civilisation.

L'histoire donne des renseignements précieux sur les frottements surgis ainsi entre les personnes venant d'Europe pour travailler à cette tâche et leurs collaborateurs dans les tropiques; on en peut trouver aussi, en un sens plus étroit, dans les prescriptions gouvernementales pour autant que celles-ci se rapportent aux rapports des fonctionnaires avec les Indigènes confiés à leurs soins.

On peut, à l'égard de ces prescriptions, distinguer trois périodes différentes; celle de la Compagnie des Indes Orientales, celle des idées de domination et celle de l'idée éthique de notre tâche coloniale et de l'aspiration à éduquer la société indigène en vue d'une collaboration au relèvement de leur société.

De chacune de ces trois périodes il reste quelques prescriptions caractéristiques qui peuvent renseigner sur la façon qu'avait le Gouvernement de considérer l'Indigène; par déduction, on peut en même temps se faire à peu près une image du caractère de ce dernier.

A l'époque de la Compagnie des Indes Orientales, le besoin d'une ligne de conduite proprement dite, concernant la manière dont la population indigène devait être traitée, ne se faisait sentir presque nulle part, bien que l'instruction du 17 mars 1632 prescrivît déjà au gouverneur-général Hendrik Brouwer et aux conseils d'administration des Indes Néerlandaises d'avoir l'œil ouvert et de recommander à tout le monde de traiter avec aménité toutes les tribus indiennes, et de ne pas user de mauvais procédés envers eux. Déjà l'instruction de 1650 demandait que les Amboinais fussent bien traités et protégés contre toute violence; en particulier on les garantissait contre des pertes dans leur commerce des clous de girofle. Ce sujet de politique s'appliquait bien, plus ou moins, à ceux qui habitaient dans l'entourage le plus immédiat des comptoirs, ainsi qu'aux indigènes se trouvant à l'intérieur des établissements de la Compagnie, mais le corps commercial n'entretenait aucune relation directe avec le gros de la population des Indes. A l'égard des autorités indigènes, il suivait une politique mercantile variable, selon que la Compagnie avait à considérer ces autorités comme des chefs indépendants ou bien comme ses lieutenants, ses régents. Ces derniers pouvaient également continuer à gouverner leurs subordonnés suivant la coutume du pays, surtout si ce mode réel ou supposé de traitement et de gouvernement pouvait avoir pour résultat le fait que des navires lourdement frétés d'une cargaison fussent légèrement payés. Aussi, le respect des institutions du pays et des principes de droit de la population n'était-il que la conséquence du désir de n'influer en rien sur les relations entre les chefs et les indigènes, afin de permettre à ces chefs de répondre aux exigences commerciales qu'on leur imposait; ménagements dont on usait dans l'intérêt des affaires, d'abord, ensuite demandes de travaux statistiques pour mieux contrôler la production des champs et des bois, et en vue de recenser la population et les bestiaux, toutes mesures tendant à faire prospérer les affaires de la « Noble Compagnie ».

Là où elle ne possédait pas de pouvoir et où par conséquent elle devait se concilier à tout prix l'amitié des autorités indigènes et veiller à ce que leurs sympathies ne passassent pas aux Anglais ou aux Portugais, elle s'efforçait de l'obtenir par des présents, que d'ailleurs on aimait à voir équilibrés par une contre-partie en présents, ainsi qu'il résulte du passage suivant d'une lettre émanant du gouverneur-général van Diemen (1636) et adressée à « Messieurs les armateurs » :

« Afin d'entretenir le zèle du roi d'Atchin pour qu'il agisse contre celui de Malacca et ne néglige pas de fournir le poivre, nous lui avons fait un envoi, le 14 septembre dernier, par le navire *La Revanche* qui, partant d'ici, a traversé le détroit de Malacca. Par l'intermédiaire de ce navire, nous avons correspondu avec le dit roi et répondu à sa missive. Notre cadeau consistait en deux chevaux perses, six chiens de chasse et un picul de bois de santal. Il a payé les chevaux 2 kati d'or atchinois et les chiens 10 tayls. Un kati équivaut à 440 réaux, ce qui fait 1100 réaux, soit fl. 2805, de sorte que notre Compagnie a été bien remboursée »...

Aussi, la recommandation de « traiter les indigènes avec toutes les précautions possibles et d'user des moyens les plus doux pour ne pas en venir aux mains avec eux », visait-elle principalement les chefs indigènes et les marchés avantageux à acquérir ou à conserver, quand ce n'était pas le sentiment de la propre impuissance qui en était le motif principal.

Car ailleurs, dans les Moluques par exemple, où la domination était relativement facile à cause de la petite étendue du hinterland, on estimait presque tous les moyens permis envers les indigènes, malgré les préceptes spécieux; en effet, la clémence à l'égard de ceux qui confessaient une religion différente, à plus forte raison l'amitié entre les Mahométans et les Chrétiens, c'est ce qui paraissait alors chose impossible.

La ruse, les tromperies, la mauvaise foi [1], les manquements à la parole étaient permis envers les ennemis du « vrai Dieu ». On n'avait à reculer devant aucun moyen à leur égard pour obtenir des avantages matériels pour la Compagnie.

Cependant, s'il est vrai que le mercantilisme faisait naître des opinions pareilles, il n'en est pas moins vrai que des voix plus humaines se faisaient entendre aussi en ces temps-là.

De Barros [2] raconte qu'en 1529, un cochon du commandant portugais de Tidore, Don José de Castro, ayant été tué secrètement par la population, Don José fit arrêter l'oncle

---

1. On trouve un raisonnement pareil dans un récit javanais relatant l'origine et les commencements de la rébellion de Dipanégara en 1825 (*Bijdragen* 1859, p. 163). Il y est dit que l'amitié que Diponegoro professait pour les Hollandais, n'était qu'apparente. Car il se souvenait des dogmes de la religion. « Il savait qu'en matière de foi, l'homme doit se garder de toute erreur. Si sa foi s'affaiblit, Dieu le rejette et le repousse, et il n'est plus compté parmi le peuple du saint Prophète. C'est pourquoi il ne doit pas être trop scrupuleux dans ce monde-ci, pourvu qu'il hérite de l'autre monde. »

2. Joan de Barros, *Staat-ruatige scheepstogten en krygsbedryven ter handhaving van der Protagenen Opperbestunr in Oost-Indiën*. Leyde 1707, p. 188.

du roi et lui fit frotter le visage d'un morceau de lard, « ce qui est la plus honteuse ignominie qu'on puisse faire subir à un Maure, de sorte que le peuple se révolta. Il poursuit : « c'est ce qui arrive ordinairement lorsque le Prince ou ses serviteurs traitent les vaincus avec tant d'insolence et s'emparent de leurs corps au lieu de leurs affections. Car il n'y a ni garnisons ni prisons qui contiennent mieux les sujets en les maintenant dans une servitude facile à supporter, qu'un gouvernement sachant forcer la sympathie. En revanche, rien n'amène plus sûrement la perte d'un pays, rien ne le fait tomber plus vite en décadence, que la sévérité et la dureté des seigneurs à l'égard de leurs sujets, surtout lorsque ces seigneurs sont des étrangers établis depuis peu dans le pays. »

De même, dans la relation de voyage de Dampier [1] où il est fait mention de la conduite peu judicieuse du gouverneur anglais de Bengkoelen en 1690, on trouve cette apostille : « Parfois même les établissements sont mis en danger par suite des vexations insolentes faites aux peuplades voisines, qui ainsi que tous les autres hommes, seraient mieux dirigées par la justice et la droiture. »

Ces mêmes opinions humanitaires, nous les rencontrons chez le gouverneur d'Ambon, Steven van der Haghen (1617) qui s'occupe de la question de savoir si la Compagnie avait bien le droit d'interdire le commerce indigène entre les îles de l'Archipel. A son avis, le seul moyen dont il lui fût permis de se servir dans sa lutte contre le commerce indigène, c'était une concurrence loyale. De tous ces témoignages, il résulte assez clairement que d'aucuns se rendirent parfaitement compte de ce que même les mahométans et les païens avaient quelque-

1. William Dampier's Reystogt rondom den Aardkloot, uyt het Engelsch in 'tNeder duyts overgebragt door W. Sewel, Amsterdam 1717.

fois des raisons pleinement justifiées d'en vouloir aux nôtres.
Outre la tolérance on trouve chez van der Haghen les principes d'une bonne politique envers les indigènes; il plaide en
faveur d'un traitement convenable des chefs, qui ne devraient
pas être « injuriés et blâmés », et « qu'on ne devrait pas chercher
à réduire à merci ». Il est d'avis « qu'on ne doit pas recourir
à des mesures importantes sans les avoir consultés », parce que
« avec leurs conseils et leur aide », les différends seraient vidés
promptement. Il comprend que « il faut du temps pour convertir
les païens et que pour travailler avec fruit parmi eux et parmi les
Maures, on aura besoin d'hommes modestes, droits, pieux,
donnant l'exemple d'une vie pacifique et vertueuse, et non de
gens capricieux ou de vie légère et débauchée, et qui fourrent le
nez partout. Voilà ce qui serait propre à en imposer à ces gens-là,
bien plus qu'un grand savoir. » Il demande encore de bons gouverneurs, des pasteurs zélés et de bonnes écoles.

Toutefois, ces voix étaient encore des exceptions à cette
époque. En général on ne visait que les bénéfices commerciaux
et on ne tenait aucun compte des désirs et des besoins de la
population, à moins qu'on ne pût se faire payer largement la
satisfaction de ces désirs.

Le marin, doublé d'un commerçant et d'un soldat, désirait
des informations sur les mouillages, sur l'itinéraire à suivre par
les voiliers, sur les produits du pays, la demande de marchandises, les époques où se négociaient les produits indigènes, le
commerce dans les contrées voisines, l'équipement et la façon
de guerroyer des tribus indigènes, ainsi que sur la manière de
les rendre favorables au commerce.

Lorsque, en 1621, le « Opperkoopman » Christiaen Francxz
se rendit à Mindanao à bord du navire « de Hont », il fut chargé
de faire une enquête sur les sujets suivants :

« Si l'on pourrait se procurer de la cire et de l'huile de coco en forte quantité, et combien de temps ça prendrait. Si on pouvait y acheter à bon marché quelques esclaves, et s'il était permis d'en apporter quelques-uns, notamment des Bisayàs, qui sont robustes. Enfin, ne manquez pas de vous informer de la nature du pays, de son altitude, ainsi que de la situation de ses caps, ses baies et ses îles, de ses dimensions, du caractère de la population, sa religion, ses cérémonies, et de tout ce qui s'y rapporte. »

En ce temps là, il s'agissait exclusivement des produits du pays, de ce que la population voulait acheter, et, quant aux mœurs, des cérémonies exigées par le caractère populaire afin d'obtenir la faveur des chefs et des commerçants indigènes. A côté de l'évincement des Portugais et des Anglais, c'étaient là les principaux sujets qui leur étaient recommandés dans les instructions successives des gouverneurs généraux.

En essence, les serviteurs de la Compagnie continuaient à penser selon la ligne économique-géographique maritime militaire et en général ils n'arrivaient pas à des conclusions plus avancées que celles du « très puissant, très honorable et très illustre » Sieur Nicolaus Engelhard, membre provisoire du Premier Conseil, et Directeur Général des Indes Néerlandaises, Gouverneur et Directeur de la côte nord-est de Java. Il avait à veiller aux intérêts des Indigènes au commencement du XIX\ :superscript:`e` siècle et était d'avis que « le Javanais, comme les bêtes, pour ainsi dire, doit encore être mené par la force et les coups » et que les intérêts de la patrie demandent « de maintenir le Javanais dans cet abrutissement, si avantageux pour nous, et qui l'empêche d'apprendre à connaître ses propres forces ou de sentir qu'il pourrait être plus heureux sans nous ».

Après une époque d'aridité pareille, la purification de l'atmosphère morale s'imposait. Daendels déjà projetait des mesures ayant pour but d'améliorer le sort du Javanais des classes inférieures et réclamait l'enseignement indigène. Ce qu'il faut surtout relever ici, pour rendre justice à son mérite : il enquêta et fit enquêter, sentant que les mesures à prendre devaient avoir pour base des connaissances exactes et que le gouvernement devait se fonder sur la science. A ce point de vue il fut le précurseur de Raffles et de son conseiller Muntinghe, qui, mis au courant par Dirk van Hogendorp dans son rapport du 14 juillet 1817 n° 65 (dans S. van Deventer Lendelyk Stelsel t. I, p. 281) recommanda aux commissaires généraux de protéger pareillement les sujets de toutes les classes et de tous les rangs. Il démontra que, sous le masque du défenseur de l'adat antique maintenu par les chefs indigènes, et du bienfaiteur imposant le joug clément et porté complaisamment, à ce qu'on prétendait, se cachait le commerçant doublé d'un despote, privant l'indigène de tous « les motifs d'activité humaine ». Mais cet indigène, aussi profondément qu'on se plaise à l'humilier, reste toujours homme, digne de tous les attributs d'humanité. Il a besoin de subsistance et de nourriture. Il se sent un désir inné d'améliorer son état. Il a ses convoitises, ses appétits, ses divertissements; il a ses passions, son orgueil, ses vanités; il a aussi ses défauts, ses violences, ses vices ».

Ainsi on entrait enfin dans la bonne voie, grâce au passage à l'Etat néerlandais, grâce aussi au gouvernement intérimaire des Anglais, qui en même temps qu'ils cherchèrent à étendre l'influence européenne (ayant perdu son caractère mercantile), commencèrent une enquête énergique en vue de recueillir des données sur le pays et sur la population.

A quels résultats aboutit cette enquête et avec quel zèle elle fut poursuivie par les gouverneurs hollandais, c'est ce qui résulte de deux opinions remarquables, émises par les organes du Gouvernement et concernant la ligne de conduite à suivre à l'égard de la population indigène. La première avait trait aux Amboinois gouvernés directement, la seconde à la population des régions de Madioun, Kediri, Bagelen et Banjoumas, ramenées au gouvernement direct par suite de la guerre de Java en 1830.

Dans le règlement sur le Gouvernement Intérieur et sur celui des Finances dans l'île d'Amboine et ses dépendances, publié dans l'*Officiel* des Indes de l'année 1824 n° 19 A. conformément à un décret pareil se trouvant dans le règlement du même nom, pour Java et publié dans l'*Officiel* des Indes de 1819 n° 16, il fut recommandé au résident de mettre tous ses soins à ce que personne, sans exception, ne commette des exactions, concussions, outrages et injustices envers les indigènes, et à ce qu'on ne leur imposât pas de corvées. Justice parfaite devait être rendue à tout le monde; à tous les habitants le résident devait procurer l'occasion de l'entretenir de vive voix ou par écrit de leurs intérêts.

Mais en outre, on relève le passage suivant, dans la publication mémorable du gouverneur général Van der Capellen (15 avril 1824) adressée aux populations d'Amboine : « Dans celui auquel nous avons confié l'autorité suprême sur vous, et qui connaît notre volonté et nos intentions, nous avons une garantie de la douceur et de la clémence avec lesquelles seront écoutés ceux qui auront à se plaindre d'exactions, ainsi que de la justice avec laquelle sera traitée toute personne qui viendra vers lui; en revanche, nous sommes persuadé qu'on trouvera en lui l'homme qui saura dompter et punir énergiquement les sujets désobéissants, rebelles, ou calomniateurs. Nous voulons qu'il soit un père vigilant et compatissant pour tous les bons, surtout pour les opprimés et pour ceux qui sont dans la souffrance, mais que d'autre part il se montre un maître inexorable pour les méchants ».

Bien plus remarquable et témoignant aussi d'une connaissance consommée des Javanais et de la situation javanaise que

du désir sérieux d'arriver à une bonne conduite administrative, fut toutefois l'instruction du 7 mai 1830, donnée par les
commissaires chargés d'organiser le royaume de Djocjokarto,
P. Merkes, J. J. van Sevenhoven et le colonel Nahuys, et adressée aux fonctionnaires chargés de prendre possession des
Principautés, du district de Montjonogoro et autres, qui avaient
passé au gouvernement après la guerre de Java.

Dans cette instruction qui, même au temps présent, n'a
encore rien perdu de son intérêt, on rencontre, après quelques
observations excellentes concernant les justes rapports avec les
Indigènes habitant le nouveau territoire gouvernemental, et
après une exposition des suites funestes qu'entraîne la négligence
du devoir qu'on a de traiter ces indigènes convenablement,
quelques données sur l'esprit populaire javanais qui dénoncent
une grande connaissance de l'indigène (Van Sevenhoven). Nous
faisons suivre ci-dessous le contenu de la dite instruction : « On
entend de différentes façons la manière dont les Javanais doivent
être traités. Il y en a qui jugent qu'un ton hautain, un air raide
et cassant sont propres à maintenir et à faire valoir notre dignité.
D'autres, par une grande familiarité, et en apportant de la gaîté
et de la désinvolture dans le traitement des affaires même les
plus importantes, pensent captiver les cœurs des Javanais. Les
premiers ne se rendent pas compte, toutefois, que leur froide
réserve doit nécessairement rebuter et causer une impression
pénible, tandis qu'il échappe à l'attention des autres que leur ton
libre et dégagé excite la défiance, la crainte de n'inspirer qu'un
intérêt médiocre, et fait négliger souvent ces égards que les chefs
indigènes apprécient si fort. Ces deux extrêmes dépassent le
but ; point n'est besoin, enfin, de faire mention de ceux qui, dans
leur orgueil peu intelligent on leur indifférence blâmable, dans
le but de satisfaire leurs caprices moroses, froissent le simple
Javanais, et vont même jusqu'à empoisonner son existence.

Désormais une telle conduite ne sera plus tolérée, et ceux qui s'en rendront coupables, seront inexorablement destitués, comme impropres aux emplois qu'on leur a confiés.

Dans notre gouvernement des Javanais, il faudra partir de cette vérité indiscutable que notre supériorité morale, acquise par le développement de nos facultés intellectuelles, a produit une impression profonde, qui ne doit pas être diminuée. Il faut régner sur eux avec une dignité imposante et exercer sur eux une autorité absolue et modérée à la fois, tout en ayant soin de ménager soigneusement toutes les croyances religieuses et les bonnes institutions sociales, en maintenant les droits indigènes. Il ne faut pas nous moquer de ses préjugés innocents, mais nous devons y céder, et guider avec douceur et intelligence ceux-là même qui pourraient avoir un caractère nuisible. Nous devons nous efforcer continuellement d'améliorer son état et de fortifier en lui la conviction que notre gouvernement exerce une influence salutaire sur son sort. Les fonctionnaires doivent se pénétrer de ces principes et les avoir toujours présents à l'esprit. Un commerce affable, des manières polies, un ton bienveillant et affectueux auront toujours pour résultat d'inspirer les mêmes sentiments et de les faire éprouver réciproquement.

Généralement le Javanais est orgueilleux. Il désire, il lui est souverainement agréable d'être traité selon son rang, et les peuples des Principautés en font un tel cas, qu'ils préfèrent perdre une partie de leurs revenus plutôt que de subir une diminution ou une négligence de leur rang; c'est pourquoi les fonctionnaires sont obligés de se mettre au courant des rangs et des titres des chefs indigènes auxquels ils auront affaire, et de ne leur manquer d'égards, ni dans les rencontres officielles ni dans celles qui revêtent un caractère familier.

Le Javanais est accoutumé d'apporter en toutes choses une certaine gravité; cette coutume doit être observée scrupuleusement. Toute réunion en vue de discuter les affaires doit toujours être tenue avec gravité et un certain cérémonial. A l'occasion de fêtes et de rencontres familières et amicales, une gaieté convenable et une affectueuse cordialité seront permises, mais elles doivent toujours s'allier à la gravité et à la dignité.

Tant dans leurs relations avec les Javanais qu'en dehors de ces relations le fonctionnaire doit toujours observer cette bienséance qui caractérise l'homme civilisé et bien élevé. Toutes ses paroles doivent confirmer l'idée qu'il est un homme d'ordre et de caractère bon et agréable.

Les fonctionnaires doivent continuellement surveiller leur disposition d'esprit; qu'ils n'entrent jamais en colère, quand bien même ils y seraient excités par le mensonge ou la tromperie. Qu'ils n'oublient jamais qu'ils ont à charge les affaires et les intérêts du Gouvernement, et que la colère ne saurait qu'y nuire. Ils doivent surtout écouter toute personne qui viendra leur parler de ses propres intérêts, et supporter patiemment les récits les plus ennuyeux, quelque petite qu'en soit l'importance. L'interruption de ces récits fait naître des malentendus; en outre, pour celui qui parle c'est une chose pénible de constater qu'on ne fait guère attention à ses paroles. Par là on excite le mécontentement, ce qui doit être évité avant tout. Rien ne doit être regardé comme plus nuisible, et dans certains cas comme devant avoir des conséquences plus fâcheuses, que d'humilier, par des explosions de colère ou qui pis est, de propos délibéré, un Javanais par des injures en présence d'autres personnes ; les fonctionnaires auront à s'en garder à tout prix.

Quand un chef indigène, ou un Javanais de rang inférieur leur donne des raisons de mécontentement sans avoir commis toutefois de crime proprement dit, il serait prudent de lui donner à entendre qu'il se trompe, qu'il ne voit pas clair dans l'affaire, qu'il ne l'a pas comprise; de cette façon l'aveu de mensonge ou de tromperie lui sera épargné; il sentira qu'on l'a deviné, mais la douceur avec laquelle on le traite, laissera une impression favorable.

Créer un contentement général, voilà un but important que les fonctionnaires doivent avoir constamment devant les yeux. Afin de faire naître ce contentement chez tous, sans distinction, ces fonctionnaires devront traiter les affaires petites et futiles avec le même zèle et la même attention que celles de plus d'importance. Les grands Javanais, aussi bien que les petits, ne sont pas difficiles à contenter. Aussi, quand, dans certains cas, on ne pourra satisfaire leur désir, il y aura toujours quelques moyens aptes à atténuer la déception, comme par exemple une familiarité convenable, la manifestation de regrets, l'atténuation du refus et la manière dont il est fait; et enfin on pourrait accorder d'autres faveurs dont l'occasion pourrait se présenter tant pour eux que pour ceux qui leur sont chers. Ils comprendront par là que s'il n'est pas possible d'accéder à leurs désirs, ce n'est point faute de sympathie. Avec cela, on se gardera toutefois de faire des promesses et de prendre des engagements dont la réalisation serait impossible, car c'est une double faute que de faire naître des espoirs sans les réaliser.....

Il y a, dans ces instructions considérées dans le cadre de leur époque, tant de données excellentes, fondées sur une science solide, qu'il ne semblait pas superflu de les reproduire ici. Plus tard aussi on a donné de fréquentes recommandations aux fonctionnaires à ce sujet; ainsi dans l'instruction datant déjà de plus de cinquante ans, et adressée aux Résidents, on en rencontre quelques-unes. D'abord en ce qui concerne les chefs indigènes :

« L'administration européenne » observera d'une manière attentive la conduite officielle, morale et sociale des chefs indigènes. Elle les exhortera, eux et leurs parents, à se conduire dignement, à augmenter leurs capacités professionnelles, leur savoir-vivre, leurs connaissances, et à s'abstenir de l'usage de l'opium. Elle maintiendra le prestige des familles indigènes influentes et essaiera de les attacher de plus en plus au Gouvernement néerlandais ».

Ensuite, plus particulièrement en ce qui concerne le commerce avec les chefs indigènes et la population : les fonctionnaires et employés européens doivent les traiter avec dignité et douceur. Ceux qui les traitent avec arrogance ou avec inconvenance, doivent être écartés de l'administration intérieure. Que l'administration s'abstienne absolument de tout traitement dur ou arbitraire à l'égard des habitants.

Il est remarquable toutefois combien, à côté d'une gestion intensifiée de notre politique aux Indes, le bon traitement de la population indigène devenait également l'objet de fréquentes délibérations : on dirait qu'une intervention administrative plus intense doit conduire du même coup à s'occuper plus spécialement de ce point important de notre politique coloniale; on dirait qu'une pareille intervention administrative cherche sa force dans des rapports corrects avec les indigènes. En effet, la nature forcément restreinte de nos moyens de gouvernement nous porte nécessairement, dans nos efforts pour obtenir de bons résultats avec notre administration, à insister plus particulièrement sur l'urgence qu'il y a à mettre au premier plan l'élément indigène parmi les fonctionnaires de l'administration, en les instruisant et en les guidant, à compter avec les conceptions et les idées de droit indigènes, à améliorer les conditions matérielles et morales de la population, à renforcer le sentiment de la dignité, à traiter partout avec la même complaisance tous les groupes de la population, à resserrer les liens entre l'administration européenne et les indigènes, que d'une part, il est facile d'atteindre par une conduite simple et digne, et qui, d'autre part, sous l'influence d'un commerce affable et familier, renoncent d'eux-mêmes à leurs cérémonies de politesse parfois très serviles, bannissant ainsi toute vaine ostentation. Quelques missives issues du gouvernement depuis 1904, donnent une impression d'ensemble des conceptions du Gouvernement des Indes, à l'égard des rapports avec les indigènes. Il en résulte ce qui suit : « le Gouvernement désire que tous les fonctionnaires publics qui, en vertu de leurs devoirs professionnels, sont en rapports avec des indigènes et des orientaux étrangers, se conduisent envers eux convenablement, en évitant l'arrogance et la dureté inutile. A part quelques plaintes portées assez rarement dans des cas très prononcés où les actes commis confinent au délit, ou bien en revêtent entièrement le caractère, il arrive souvent, qu'en appliquant des mesures légales ou administratives, les fonctionnaires ne se conduisent pas avec le calme ou la bienveillance nécessaires [1].

Le Gouvernement le blâme hautement, et exige qu'on s'oppose énergiquement, s'il le faut, à tout traitement malveillant des indigènes et des orientaux étrangers. Car de même que les Européens, ces derniers font partie du public qui, sans distinction de race, a droit aux services officiels de tout fonctionnaire public dans la sphère de ses fonctions, et tout acte de brutalité ou d'arbitraire est dès lors absolument déplacé. En 1904, le Gouvernement s'opposa également aux témoignages de respect exagérés exigés par nombre de fonctionnaires à Java. Le

1. On cite comme exemples : l'attente prolongée sans nécessité, pour la délivrance ou pour le contrôle des passe-ports et pour la visite des bagages à la douane; des observations ou des renseignements donnés sur un ton cassant, quelquefois même accompagnés d'injures ou de voies de fait. On mentionne comme des motifs : le mépris pour les non-Européens, le désir de passer pour particulièrement énergique ou incorruptible ou quelque chose de semblable. Aussi, de telles actions se produisent-elles le plus souvent, chez l'élément moins civilisé et moins cultivé parmi les fonctionnaires publics.

Gouvernement des Indes exprima le désir que, principalement par le bon exemple de ses supérieurs, chaque fonctionnaire public européen se pénètre de l'idée que les cérémonies de politesse spécifiquement indigènes sont destinées à être remplacées par les usages internationaux plus simples ; que ce processus doit s'achever le plus tôt là où la population se développe le plus favorablement, et qu'ainsi cet « adat » pourra bien prétendre à la tolérance, mais non pas à la protection ou la faveur du Gouvernement européen.

Le Gouvernement se trouva être d'avis que l'observation fidèle de l'adat, plus sévère en fait de témoignages de respect, occasionne des pertes de temps considérables, est humiliant pour ceux en qui s'est éveillé le sentiment de la dignité personnelle, et empêche la naissance de l'intimité, si désirable surtout dans les relations professionnelles.

En effet c'est une erreur que de penser que l'autorité ne court aucun risque en simplifiant les usages de politesse, et que le bien de l'Etat serait intéressé au maintien d'usages tels que l'obligation de paraître nu-pieds devant ses supérieurs, de s'accroupir au bord du chemin, lorsque passe un chef, de s'asseoir à terre, d'accompagner les discours de « sembah's ». Ce qui se perd de ces usages, l'administrateur européen doit se garder bien de l'inculquer de nouveau. Le Gouverneur-Général est d'avis qu'on doit même aller un peu plus loin et qu'à chaque occasion convenable il faut appeler l'attention des fonctionnaires indigènes, spécialement des Régents, sur tout ce qu'il y a de nuisible dans les cérémonies de respect, et qu'on doit les exhorter à collaborer sérieusement à leur simplification ; exhortation qui aura d'autant plus d'effet que l'administrateur européen donnera l'exemple de ne pas poser, de son côté, des exigences spécifiques concernant les témoignages de respect et surtout de traiter les fonctionnaires indigènes ayant reçu une éducation plus ou moins européenne, d'une façon conforme à celle-ci [1].

Il n'est presque pas besoin de dire, qu'au premier abord, de telles opinions ne furent pas accueillies favorablement. Quelques fonctionnaires étant d'avis que les témoignages de respect extraordinaire constituaient une des conditions pour la bonne marche des affaires administratives, se modéraient bien un peu; mais un nombre très restreint seulement se conformait entièrement aux prescriptions, tandis que plusieurs d'entre eux n'apportaient aucune modification à leur ligne de conduite, de sorte que les usages et les abus condamnés subsistaient. De là une seconde missive gouvernementale, insistant sur l'observation scrupuleuse des prescriptions données.

Dès 1890 l'attention du Gouvernement des Indes se portait sur un autre abus préjudiciable au profit que les fonctionnaires indigènes peuvent retirer de l'enseignement qu'ils ont reçu de la langue hollandaise. Car du côté des fonctionnaires européens de l'administration intérieure, non seulement on n'appréciait pas la connaissance du hollandais chez les indigènes, mais on l'estimait même nuisible; non seulement les fonctionnaires ne firent rien pour encourager les chefs indigènes à se familiariser avec le hollandais, mais même il y en avait qui, en vertu de leurs opinions sur l'étiquette indigène, refusaient de s'entretenir avec les indigènes en hollandais. Le Gouvernement désapprouva cette conduite. De la sorte, l'instruction

1. On cite comme abus : que tous les fonctionnaires (excepté le régent et le patih) s'asseyent à terre en présence de contrôleurs, voire d'aspirants-contrôleurs ou fonctionnaires en disponibilité (*Bijblad* n° 6496). En 1904 l'usage du « pajoeng » officiel fut supprimé pour les administrateurs européens. C'est ce qui fit naître l'opinion, chez quelques Régents, que le Gouvernement aimerait à voir disparaître cet ornement également pour eux. D'autres pensaient qu'en apportant leurs « pajoengs » ils froisseraient leurs chefs européens. Mais ces opinions étaient bien contraires aux intentions du Gouvernement, qui ne laissait pas d'insister pour que les fonctionnaires se servent de l'ornement indigène convenant à leur rang et à leurs dignités!

qu'avec beaucoup de peines et de frais, le Gouvernement s'efforçait d'apporter aux chefs indigènes, était rendue stérile, par ses représentants européens.

En 1906, cet abus ne se trouva pas encore amélioré sensiblement; à Java, il y avait alors beaucoup de fonctionnaires encore, surtout parmi les anciens, qui manifestaient une forte répugnance à se servir du hollandais dans leurs relations avec les fonctionnaires indigènes. D'aucuns, il est vrai, parlaient hollandais avec les fonctionnaires familiarisés avec cette langue, mais en même temps, ils donnaient à entendre clairement que des réponses en langue indigène leur seraient plus agréables que celles données dans leur propre langue [1]; d'autres posaient aux indigènes auxquels ils permettaient de parler hollandais, des exigences excessives par rapport à la facilité d'élocution, exigences auxquelles des gens qui apprennent une langue étrangère, ne satisfont que rarement. Le Gouvernement rappela donc ses avis et ses ordres donnés à ce sujet, et y revint encore en 1909 dans les termes suivants :

« Non seulement, il faut laisser aux fonctionnaires indigènes parlant la langue hollandaise, la liberté entière de s'en servir dans leurs relations avec les fonctionnaires européens, mais il faut même les y encourager. En effet, il y aura des fonctionnaires indigènes qui, par tradition et instruits qu'ils sont par l'expérience, penseront eux-mêmes manquer à « l'hormat » s'ils se

1. On signalait les abus suivants : en mai 1907 un Djaksa adressa la parole, en soendanois accompagné de « sembah », à un Assistant-Résident, tandis que quelques heures plus tard, ce même Djaksa avait un entretien avec un Fonctionnaire supérieur européen, au cours duquel on se servait du hollandais de part et d'autre. « Un Javanais, placé dans la Résidence comme « mantri-café » vers la fin de 1907 ou le commencement de 1908 (après avoir obtenu le certificat d'études de l'école d'agriculture à Buitenzorg), n'était pas reçu à s'entretenir en hollandais avec le Secrétaire, quoique le Résident se servit de cette langue, avec lui. Un fils de Régent, Javanais cultivé, ayant obtenu le certificat d'études de l'école d'agriculture à Buitenzorg, n'était pas libre d'adresser la parole à un Contrôleur mais il devait répondre en javanais et avec les « sembah » de convenance, aux questions posées en hollandais, quoique l'Assistant-Résident lui-même s'entretint avec lui en hollandais.

servent du hollandais avec un européen de certain rang ; il y en aura aussi qui craindront de parler hollandais, croyant, à tort ou à raison, ne pas s'exprimer assez couramment dans cette langue.

Dans une nouvelle instruction de 1913 il est établi que les anciennes instructions ont eu de très bons résultats et qu'il y a bien eu quelques améliorations dans le traitement du public indigène par les fonctionnaires européens et indigènes et concernant les formes de politesse observées entre eux. Cependant des plaintes s'étaient de nouveau élevées contre le fait que des fonctionnaires européens ne traitaient pas les fonctionnaires indigènes cultivés avec la bienséance et la complaisance auxquelles ces derniers ont droit en vertu de leur position et de leur éducation, et aussi que le traitement qu'en général le public indigène n'appartenant pas à la condition de fonctionnaire éprouve de la part des fonctionnaires, laisse parfois à désirer. De temps à autre le Gouvernement était en outre informé de certains faits « qui démontrent des manifestations de conceptions surannées intolérables, diamétralement opposées aux intentions nettement prononcées du Gouvernement ! »

De cette série de missives gouvernementales, résulte clairement combien il est difficile de pénétrer tous les fonctionnaires européens, de l'importance des prescriptions relatives à une fréquentation juste avec les indigènes. Elles démontrent aussi quelle distance sépare encore l'intention gouvernementale et les conceptions généralement reçues, distance qu'on ne saurait diminuer, à moins de persuader la population coloniale européenne de la nécessité de considérer l'indigène comme son semblable, comme un être différent de l'Européen, il est vrai, mais cependant comme son prochain dans toute l'étendue du terme; le prochain qui a droit à un traitement humain, équitable, poli.

ETHNOLOGIE COLONIALE

Le pays d'Atchin fournit ainsi le type d'un territoire où la collaboration des indigènes s'étant trouvée indispensable pour arriver à établir de l'ordre, il a fallu donner des prescriptions concernant le traitement juste de la population indigène et les relations polies à entretenir avec elle.

Le Gouverneur-Général Van Heutsz, s'étant aperçu qu'à Atchin, on s'était écarté de la voie conduisant à la pacification et qu'un des principaux écarts consistait en un traitement peu juste des chefs et de la population indigènes, donna en 1909 de nouvelles instructions, dont plusieurs avaient trait à ce point important de politique gouvernementale, instructions témoignant du désir sérieux de rapprocher l'élément européen et l'élément indigène, c'est-à-dire d'établir une base de relations et de situations convenables. Ces instructions, pour autant qu'on en peut juger par ce qui en a été publié dans les journaux, tendent à faire observer que par une conduite sage, pleine de tact et strictement équitable, et par des instructions convenables, il faut tâcher d'amener et de rendre capables les chefs indigènes — qui dans l'exercice de leur administration n'ont besoin que de direction et d'enseignement — à prendre toutes les mesures que le Gouvernement européen juge nécessaires pour assurer la sécurité, l'ordre et la paix, et pour favoriser le développement économique de la population. Aussi en traitant les affaires administratives de même que celles de justice, le fonctionnaire européen ne doit-il pas se contenter de la collaboration apparente purement formelle des chefs indigènes; mais il doit discuter toute chose avec eux, leur expliquer le sens de ce qui leur paraît nouveau, et éveiller leur intérêt, le sentiment de leur reponsabilité et de leur devoir. C'est pourquoi il est nécessaire que les Chefs de divisions et de subdivisions tiennent non seulement avec les Chefs des districts, mais aussi avec les Chefs inférieurs — qui bien plus que les premiers entretiennent des relations de tous les jours avec le menu peuple — des réunions ou des assemblées périodiques, où seront discutées les affaires administratives pendantes. Par là, les Chefs inférieurs mis au courant, d'une manière plus utile, des mesures administratives, comprennent mieux nos intentions et se trouvent ainsi moins exposés à toutes sortes d'interprétations erronées concernant ces intentions. Les décisions touchant des intérêts importants, une fois qu'elles ont été prises, doivent être publiées généralement par les *administrations autonomes* indigènes intéressées, et affichées, là où c'est possible, aux marchés, ou dans d'autres endroits fréquentés. L'administrateur européen doit éviter tout ce qui pourrait occasionner une immixtion trop persistante dans les affaires indigènes. Car par cette immixtion non seulement les fonctionnaires indigènes se sentiraient mis au second rang, mais leur importance en serait diminuée réellement et ils finiraient par n'être tout au plus que de vils instruments entre les mains des chefs des subdivisions. Bref, il faut maintenir le prestige des chefs indigènes particulièrement aux yeux de la population, et tous les ordres et avis doivent être donnés toujours par leur intermédiaire. A ce sujet, il importe que les Chefs voient et sentent qu'on a confiance en eux tant qu'ils ne donnent pas de motifs manifestes, pour qu'on la leur retire. Que les rapports des administrateurs européens avec les chefs indigènes soient toujours affables et dignes, qu'on n'exige pas de ces derniers des témoignages de respect exagérés, mais seulement des manières polies, sans donner à ce sujet des prescriptions déterminées, qui créent une certaine contrainte et bannissent la familiarité. Par contre il ne doit pas être permis aux chefs de se montrer indécents en ce qui concerne leur habillement et leurs manières, et il faut toujours leur en faire la remarque avec tact. En général les réprimandes adressées aux chefs indigènes doivent toujours avoir une forme bienveillante et il ne doit pas y avoir même l'ombre d'une humiliation. L'usage de présenter des hommages à l'occasion de visites d'autorités, doit être supprimé entièrement. L'administration doit être liée, peu à peu, par des règles fixes, et veiller surtout à ce que la population connaisse ses devoirs et ses droits.

Ces instructions concernant Atchin, témoignent d'une connaissance si profonde du caractère des populations indonésiennes, d'un désir si sérieux d'arriver à créer des situations saines pour l'administration et pour la population, qu'elles pourront aussi être appliquées utilement dans d'autres régions. C'est pourquoi nous sommes entrés ici dans leur détail.

Résumons. Il appert que dans les circonstances actuelles le Gouvernement désire, en ce qui concerne les rapports de ses serviteurs avec les chefs et la population indigènes, que les administrateurs européens soient des hommes courtois et cultivés, que les chefs et les fonctionnaires indigènes les traitent avec courtoisie et obéissance [1], que ces derniers, tout en se conduisant avec dignité, fassent preuve du désir d'augmenter leur instruction et leurs connaissances, et qu'ils se conduisent en outre avec douceur et bienveillance envers les compatriotes qui leur sont subordonnés. La tâche des fonctionnaires européens n'est pas légère : elle comporte l'éducation morale et intellectuelle des indigènes (une éducation conçue dans le sens le plus large), le réveil, par l'enseignement et par la direction du sentiment de leur responsabilité et de leur devoir, de l'intérêt pour les affaires publiques ; ils devront leur inculquer une confiance plus grande et resserrer les liens qui les unissent au Gouvernement hollandais. On indique, comme moyens pour atteindre ce but,

1. Dans les contrées placées sous le gouvernement direct, les fonctionnaires ont à s'acquitter de toutes les fonctions dont ils seront chargés par le Résident, ou en son nom. Dans les régions autonomes, la plupart des chefs déclarèrent vouloir suivre tous les ordres qui leur sont ou seront donnés par le représentant du Gouvernement.

un commerce digne, posé, plein de tact, judicieux, affable, complaisant, secourable et strictement équitable avec les indigènes, qui ne doivent pas être traités avec arrogance, avec une sévérité déplacée, arbitrairement, avec hauteur, grossièrement ou d'une façon humiliante. On ne devra pas leur imposer l'observation d'un cérémonial compliqué, avec des témoignages de respect exagérés, et on doit se servir autant que possible dans les rapports avec eux du hollandais, comme langue de tous les jours.

Voilà le système politique d'éducation qu'on trouve indiqué par ces instructions officielles, système visant en somme à *l'élévation de l'indigène faible et peu cultivé, par l'Européen plus fort, plus développé au point de vue scientifique, par des rapports mutuels courtois et inspirant la confiance.*

Reste encore la question de savoir quelle image ces prescriptions gouvernementales donnent de l'Indigène qui doit être mené à un degré supérieur de développement et de prospérité. Et l'on pourrait dire alors que, dans la lumière de ces prescriptions, *l'Indigène nous est représenté comme un homme intellectuellement moins développé, facile à satisfaire, attaché aux pompes officielles et au cérémonial, dont les idées religieuses demandent à être respectées et dont les excellentes institutions et idées de jurisprudence méritent l'estime et la sollicitude.* Mais ce qui attire particulièrement l'attention, c'est que l'on fait toujours ressortir à nouveau les règles suivantes : *Nos Indigènes indonésiens doivent être traités avec douceur, bienveillance et affection;* en outre : *les rapports des Néerlandais avec les Indigènes doivent être empreints de dignité et de douceur.* En effet : *la fréquentation avec les Indigènes des Indes néerlandaises a montré qu'ils doivent être traités avec bienveillance et fermeté.*

S'il est vrai que les Indiens se distinguent par leur gravité et leur réserve, que les Mongols et les Nègres ont du goût pour les

choses utiles et pratiques, que les Polynésiens excellent par
leur fantaisie mythologique, on serait enclin à attribuer aux
Malais leur docilité comme trait de caractère typique. Il résultait
en effet des principes du Gouvernement, concernant le caractère
indigène, surtout le caractère javanais, qu'à plusieurs reprises
on a souligné cette qualité du peuple. On trouvera difficilement
un peuple sur la terre qui surpasse les Javanais en docilité
envers leurs chefs et tout aussi difficilement des chefs indigènes,
d'un peuple dominé par des étrangers, plus dociles que l'aristocratie javanaise à suivre les directives tracées par les fonctionnaires d'états étrangers [1].

Nous avons donc à noter chez les Javanais un cas de chefs
dociles d'un peuple docile, un cas qui doit être considéré de
grande importance pour une puissance colonisatrice. En se posant la question si cette docilité est propre à tous les peuples
de la race malaise, on peut, en cherchant une réponse, observer
différentes particularités. Tout d'abord faut-il dire que l'on a
remarqué une différence dans le degré de docilité chez les
groupes ethniques vivant sur la même île : les Soundanais, les
Javanais, les Madourais, et qu'à côté des Soundanais et Javanais
dociles on a trouvé les Madourais avec leur caractère plus indépendant et assuré qui, même vis-à-vis des chefs, leur fait prendre une attitude peu docile. On nous communique encore, sur
les groupes de peuples vivants dans l'intérieur des différentes
autres îles, comme les Karo-Batas et les Malais de Minankabau,
qu'ils ne cachent pas leur opinion et ont un caractère très ouvert,
si bien qu'à défaut de formes cérémonieuses ou lorsque ces
dernières sont supprimées, ils font l'impression d'être impolis,
d'une impolitesse qui cependant ne se manifeste pas dans leur
fréquentation mutuelle, parce qu'ils ont alors des usages céré-

1. Prof. C. Snouck Hurgronje. *Nederland en de Islam*. Leiden 1911, p. 79.

monieux de conversation qu'ils n'observent pas tout de suite, lorsqu'ils se trouvent en contact avec des étrangers encore entièrement inconnus.

Il est vrai que les hommes de la race malaise semblent en général débonnaires et de bonne volonté; leur docilité se révèle cependant surtout là où l'influence princière hindoue et mahométane, renforcée ou non par les exigences de la Compagnie et la contrainte culturelle, a mené la population à une oppression économique, morale et intellectuelle. Là où des institutions républicaines ont pu se maintenir, l'Européen venu d'ailleurs trouve une franchise dans l'expression des idées que l'on est tenté de prendre d'abord pour de l'insolence, mais qui plus tard, après un échange mutuel d'idées bien comprises, peut être un motif de joie pour celui qui tient à connaître réellement les idées des Indigènes.

L'oppression séculaire par le despotisme et l'extorsion exercée par leurs propres chefs, l'incertitude à l'égard de la justice, la grande distance séparant l'aristocratie, investie de prérogatives inouïes, et le peuple ignorant vivant dans un état de subordination et livré au bon plaisir des autres avec corps et âme et tous ses biens, ne pouvait qu'engendrer une docilité servile dans le caractère du peuple. Car les chefs hindous, passés à l'Islam, entretenaient les situations favorables à leur pouvoir, et là où des indigènes vainqueurs faisaient valoir leurs droits, le joug ne fut pas allégé, mais rendu plus écrasant encore. Plus tard les dominateurs européens maintinrent l'autorité directe des chefs et ainsi l'instrument dont le maniement exigeait peu de force, garantissait la docilité, même lorsqu'on exigeait trop d'impôts et de travaux.

Cette docilité des Javanais, universellement reconnue, offre une donnée importante à celui qui croit en un des problèmes quelconques de la biologie ou qui cherche la vérité sur ce point :

le problème de l'hérédité du caractère du peuple se rattachant
à un milieu modifié. Si nous avons à faire ici à un trait de caractère devenu plus fort et héréditaire par une oppression séculaire exercée par des castes supérieures, classes de société et
gouverneurs, le moment est arrivé où le sillon tracé par l'histoire
dans le caractère du peuple doit être mis à l'épreuve. Pour ce
qui concerne le problème de l'hérédité de propriétés acquises
à la longue, comme base du véritable développement d'une
humanité dont chaque génération travaille non seulement pour
elle-même aux perfectionnements techniques mais aussi à l'en-
noblissement des générations futures, il sera intéressant de voir
ce que deviendra cette docilité, aujourd'hui que les temps sont
changés ou à la veille de l'être.

Le travail libre, l'enseignement populaire, l'association des
hommes, le régime éthique gouvernemental, le refoulement
plus important, dans les circonstances actuelles, du principe
légal d'hérédité devant le fait de satisfaire aux exigences de
capacité; zèle, honnêteté et fidélité dans l'exercice des fonctions
de régent reçues par succession [1], ce sont là des circonstances
qui modifient en grande partie l'ancien état des choses.

La question fort importante pour nous est celle-ci. Que
subsistera-t-il de la docilité constatée pendant des siècles?

Relativement à ce sujet on connaît un jugement remarquable
porté par l'ancien directeur d'agriculture Melchior Treub.
M. Treub donc déclarait qu'il n'y avait absolument aucune
raison de craindre que les tendances actuelles de développement
se manifestant partout dans l'Extrême-Orient puissent miner le
respect et l'influence des chefs chez l'indigène et par cela même
amoindrir notablement les effets heureux de l'enseignement
d'agriculture donné à ces chefs.

1. Nieuwe Rotterdamsche Courant; 12 janv. 1914, avondblad A.

LES PRINCIPES DE GOUVERNEMENT

Non pas que je veuille dire — écrit-il [1] — que cette aspiration au développement se manifestera chez nos Orientaux aux Indes néerlandaises seulement dans un mouvement lent; au contraire, selon ma conviction, elle se manifestera avec une rapidité qui surprendra beaucoup de gens et qui sera la cause de nombreuses difficultés. Mais elle sera longue à agir sur les simples d'esprit, s'occupant de l'agriculture, au point d'affaiblir le respect traditionnel pour leurs propres chefs et de porter atteinte à l'influence des fonctionnaires indigènes, en dehors de la sphère purement administrative.

L'histoire nous apprendra jusqu'à quel point le savant auteur a raison; mais quiconque a eu affaire à ces gens à l'esprit simple ou qui a dû les guider dans les voies désirables pour eux, doit pourtant se rendre sérieusement compte des conséquences que la nouvelle période ne manquera pas d'apporter, maintenant que les liens étroits des formes de politesse et du culte des usages se relâchent chaque jour. Les relations avec l'étranger, l'intensification du commerce et de l'industrie, le développement de l'esprit cherchant une base de respect autre que le rang, les titres et la naissance, bref, l'occupation par la population d'une place différente dans l'humanité annoncent à l'Européen colonisateur une société toute différente de celle qu'il avait coutume de situer, en imagination, dans la partie de l'Asie orientale placée sous notre Gouvernement. Tout cela signifie que les principes d'évolution comptent même à l'égard de l'apathie et de l'esprit conservateur indigène et peut-être aussi qu'une direction plus ferme sera nécessaire, tant que la société indigène ne sera pas revenue à un état d'équilibre, peut-être d'une importance capitale pour l'organisation d'une vie sociale plus développée.

On pourrait poser deux questions à ceux qui s'étonnent de

1. M. Treub, *Landbouw*; Amsterdam 1910, p. 77.

ETHNOLOGIE COLONIALE

l'esprit conservateur de beaucoup d'individus et de sociétés indigènes.

1° Les idées nouvelles entrent-elles aussi facilement qu'on le croit dans notre société hyper-civilisée et ne deviennent-elles pas propriété commune qu'après beaucoup de luttes contre des ennemis attaquant de front et contre ceux, stratégie plus fréquente, qui attaquent par derrière?

2° Doit-on s'étonner que des sociétés primitives s'opposent presque instinctivement à des innovations ou prennent à leur égard une attitude totalement indifférente, lorsqu'on considère qu'une innovation sur le terrain de civilisation renverse ou bouleverse une société primitive, se trouvant dans un état d'équilibre instable?

Ce ne sont pas seulement les mandataires et ceux qui donnent le ton dans une société indigène qui s'opposent à tout ce qui est nouveau, mais aussi la grande masse qui cependant, en faisant l'expérience des avantages attachés à ce qui est nouveau, se réconcilie très vite avec cet état des choses. Mais alors, à condition que ce changement comporte des avantages réels et palpables, compensant les pertes qu'entraîne toujours plus ou moins la pénétration d'éléments de civilisation étrangère.

Ce phénomène est fort apparent au moment où une société indigène passe sous le gouvernement d'une puissance occidentale. Alors, ce ne sont pas seulement les bases des idées indigènes qui en courent les risques, mais aussi les individus, fréquemment libérés du lien séculaire de la communauté. Ils devront vivre dorénavant avec plus de liberté, mais aussi avec un effort personnel plus angoissant dans un monde nouveau où des considérations intellectuelles attaquent constamment la vie intérieure passée jusque-là dans la tranquillité et dans le calme.

L'esprit conservateur indigène se manifeste jusque dans les plus petits détails, au point de conserver les anciens motifs d'ornementation usuels, la pratique de l'agriculture, la construction des maisons, des routes et des ponts; car s'écarter de l'ancienne règle, pourrait entraîner un déchaînement de puissances surnaturelles dangereuses dont la fureur et l'envie ne seraient pas faciles à apaiser. Abattre un arbre, faire sauter un roc, combler un marais, tout cela peut avoir comme conséquence la maladie et la mort, non seulement pour les auteurs de ces innovations, mais aussi pour les habitants de la contrée où elles furent réalisées. Ce n'est qu'à grand renfort de moyens de persuasion que des améliorations sont réalisées dans l'agriculture encore très imparfaite et trop peu intensive; partout on se heurte, chez le simple agriculteur indigène, à cet esprit conservateur, lorsqu'on essaie de développer ses connaissances souvent encore très imparfaites de l'agriculture. On peut cependant vaincre ces tendances conservatrices, dès qu'un avantage palpable peut être obtenu sans beaucoup changer à l'ancienne mode, par exemple en remplaçant des variétés de riz, depuis longtemps en culture, par d'autres qui produisent davantage [1]. Mais d'autre part on se méfie d'innovations qui porteraient infraction aux coutumes des ancêtres, menaçant de sécheresse et de mauvaises récoltes, et dont les esprits périraient par le dénuement et par le manque d'offrandes de la génération moderne éclairée par l'enseignement [2].

Si les rapports avec l'Indigène, généralement docile, exigent de la bienveillance, le sérieux de la tâche coloniale demande de la dignité, l'esprit conservateur, propre à la masse non encore civilisée, exige l'exposé des motifs et l'échange d'idées indispensables pour arriver à la juste compréhension d'efforts désintéressés, à côté d'une direction ferme d'après les directives déter-

1. Treub. *Landbouw* 1910, p. 46.
2. Adriani *Onze Eeuw*. 8e année, 3e partie, p. 366, etc.

minées d'avance et après de mûres réflexions. Que ressort-il de tout ceci comme première condition? D'une part la compréhension complète de la part de l'Indigène de nos intentions sur les mesures à prendre à son égard, et d'autre part la connaissance, chez tous les Européens qui ont leurs occupations dans les provinces-frontière orientales et occidentales, du point de départ de leurs efforts : les idées indigènes, la nature et le degré supérieur de développement de l'homme qu'on doit amener à plus de prospérité et de bonheur. Car on s'assurera de la collaboration et du concours de la population là seulement où ne subsistera aucun malentendu, là où l'appréciation de l'indigène à notre égard correspondra, chez nous, à la volonté de n'offenser en rien ses sentiments, là enfin où l'on pourra se regarder franchement et librement en face, sans une ombre de méfiance. Il est donc clair que deux choses sont absolument indispensables au fonctionnaire d'état européen, et à tout colonial qui veut remplir comme il convient sa mission laïque ou spirituelle dans les pays d'outre-mer, à savoir : la connaissance de la langue indigène, connaissance « qui soutient le prestige moral du fonctionnaire et, mieux qu'autre chose, le met à même de juger exactement et équitablement toute cause concernant la gestion des affaires indigènes » et la connaissance de l'horizon spirituel de l'Indigène, de sa vie intérieure, de son sens pour la religion et l'art, de son aptitude au développement, de sa soif de justice, de tout ce qui concerne la connaissance de l'indigène.

ETHNOLOGIE

Nous avons vu que la connaissance du pays et du peuple est nécessaire pour arriver à la juste appréciation, qui doit être la base de l'effort tendant vers les rapports équitables avec les Indigènes, pour les traiter convenablement et les conduire dans des voies désirées. Nous avons vu que l'ethnologie peut nous renseigner sur la manière d'acquérir cette connaissance et qu'elle ouvre l'esprit à ce que l'on désire étudier, lorsqu'on vit au milieu d'une société indigène. Nous nous sommes rendu compte aussi que la méconnaissance de la mentalité de ces peuples doit faire place à une compréhension plus approfondie de l'âme du peuple, qui fait considérer comme son semblable des gens de moindre civilisation ou, pour mieux dire, d'une civilisation différente.

Il est clair qu'il existe un rapport étroit entre l'étude de l'ethnologie et la bonne marche des affaires coloniales, si bien que cette étude peut être indirectement utile à la Métropole même, puisque seule la nation est digne de possessions coloniales qui donne aux colonies un bon gouvernement et une juste direction à l'œuvre d'élévation intellectuelle, morale et économique de la population du pays. En apportant ainsi la civilisation, en veillant sur le bien-être des Indigènes, il est nécessaire d'étudier leur âme, afin de se procurer des indications quant à la façon dont l'œuvre de civilisation peut être entreprise utilement. Si l'on tient sérieusement compte des résultats pratiques de cette étude, on arrive finalement, non plus à « un semblant de civilisation qui pare la race indigène de quelques oripeaux plus ou moins usés, défroque spirituelle de la métropole, mais à une civilisation s'adaptant aux dispositions intérieures, issue d'elles et s'adaptant aussi aux conceptions et aux idées de la race indigène »[1].

Voici donc une série de conclusions qui, toutes, indiquent la nécessité et l'intérêt de la connaissance de l'âme du peuple, des dispositions de la race; et nous voilà arrivés à la science de l'homme dans son sens le plus large.

Cette science veut faire connaître l'homme d'aujourd'hui dans son être et dans son évolution et s'adresse par conséquent aux peuples différents par leur cours de développement vers un niveau de civilisation plus élevé. A côté de la somatologie qui considère les qualités physiques de l'homme, cette science de l'homme comprend l'histoire de la civilisation qui traite des problèmes psychologiques et sociologiques et soumet à l'étude les biens de culture matérielle et spirituelle (langue, religion, droit, art) aussi bien que tout ce qui touche à la vie sociale.

Les trouvailles concernant l'homme pré-historique aussi bien que l'histoire de la civilisation des peuples historiques avec les vestiges de leur civilisation, traités par le folklore, se présentent dans la clarté vivifiante des résultats de l'ethnologie qui, choisissant les peuples primitifs comme domaine d'étude, peut donner de ce fait des renseignements sur la psyché humaine de toute la terre. Ces renseignements, elle les donne en premier lieu, en recueillant, en décrivant et en classant tout ce qui concerne ces peuples primitifs (de culture élémentaire), et en apportant ainsi les données concrètes (ethnographie); ensuite en mettant en œuvre cette documentation dans un sens abstrait, par une classification plus ample, en comparant et en

<hr>

1. *Hasselman dans Ind. Genootschap,* 23 fév. 1909, p. 123.

cherchant des règles fixes qui président au commencement et au développement des manifestations humaines de civilisation (ethnologie).

C'est un des devoirs les plus importants d'une puissance coloniale, qui prend soin du bien-être de ces peuples de culture élémentaire, d'encourager l'étude de tout ce qui les concerne, non seulement en vue de la ligne de conduite à suivre dans les colonies, mais aussi pour l'amour de la science.

Aussi bien d'un point de vue pratique que pour des motifs d'ordre purement scientifique, tout doit être mis en œuvre pour faciliter l'étude de l'ethnographie coloniale. Car cette science peut mener à la formation d'une image psychologique des peuples indigènes et de leurs facultés héréditaires spirituelles et contribuer ainsi à la solution d'un problème qu'on vient à peine d'entamer non seulement pour ce qui concerne les peuples peu civilisés, mais encore chez les peuples civilisés dont pourtant des milieux beaucoup plus étendus sont à la disposition des recherches. En ce qui concerne les peuples indigènes dans les colonies, le problème se pose pratiquement en ce sens qu'on doit le distinguer sous trois formes différentes : 1° A quel degré de développement les peuples indiens ont-ils atteint aujourd'hui; 2° Quelle est la disposition spirituelle et mentale de ces peuples; 3° Quelles garanties offre le degré de développement et les dispositions de race pour leur élévation, par suite des mesures néerlandaises prises en vue de ce développement économique, politique, intellectuel et moral? Autrement dit, peut-on, de la collaboration des Hollandais avec les Indigènes, espérer que la population occupera une place supérieure dans l'humanité [1]? Ici vient s'ajouter un quatrième problème, qui demande toute l'attention du fait que tout le procès dépend des me-

1. Comparez S.-R. Steinmetz, *De Rassenkwestie, De Gids* 1907, I, p. 104 etc.

sures prises par le Gouvernement néerlandais et de la collaboration des Indigènes avec les Hollandais. Une collaboration de cette nature ne saurait naître d'un désir venant d'un côté seulement, et on ne peut espérer un bon résultat du côté néerlandais que lorsque le sens d'association se manifestera en une recherche diligente et une bonne appréciation de ce qu'il y a de bien dans la société indigène. Les Hollandais auront toujours à se poser la question, si cette tendance vers un développement progressif ne donnerait pas de meilleures garanties de réussite dans l'entourage asiatique tropical, que la transplantation pure et simple d'éléments de la civilisation européenne occidentale.

Lorsqu'on objecte que la population de l'Archipel indien présente l'image d'une confusion bariolée de races et qu'ici il ne peut donc être question de dispositions de race, symbole d'unité, on peut répondre à ce sophisme en disant qu'il s'agit des qualités spirituelles de la population, comme nous les rencontrons à présent et comme nous devons les examiner, soit en étudiant les qualités psychiques des races dont est composée la population, ou bien, dans le cas où notre connaissance à cet égard serait insuffisante, en faisant des recherches directes sur les individus et les sociétés existant en ce moment, objets d'étude de la science de l'ethnologie.

La science, encore jeune, de la psychologie concrète prête en outre son attention aux divergences qui existent dans les facultés psychiques et dans les caractères, sur lesquels les qualités innées (dispositions) aussi bien que l'éducation (le milieu) exercent leur influence. Jusqu'à quel degré et en quelle relation mutuelle cette influence se fait sentir, c'est là un point à débattre, mais celui qui veut se former une idée de l'état spirituel d'une population indigène ne devra pas perdre de vue qu'il a affaire à deux problèmes, le problème des dispositions qui se rattache à l'héré-

dité psychique, et celui du degré de civilisation atteint. Ce sont
là deux problèmes analogues, car si l'on est d'avis qu'il existe
une différence de dispositions, de qualités spirituelles innées
entre plusieurs peuples et races, on n'échappera pas à la
conséquence qu'un système d'éducation ayant la même base
mènera à des résultats différents chez des races diverses et que,
si l'on a devant les yeux comme but final un résultat égal d'éducation nettement déterminé, le système devra être différent
pour chaque race. Si donc ce que l'Indigène peut faire et réaliser
effectivement est en rapport intime avec la race à laquelle il
appartient, et si l'influence des qualités héréditaires est peut-être
plus grande que l'influence de n'importe quelle éducation [1], la
nécessité d'une étude solide des qualités spirituelles, caractéri-
sant les peuples indigènes d'une colonie, se fait d'autant plus
sentir.

Lorsqu'on se forme une image générale, par les descriptions
de caractère, des peuples malais dans l'Archipel indien, cette
image, décrite en grandes lignes, revêt, à peu près, l'apparence
suivante. Le Malais se distingue par une réserve extrême, par sa
méfiance, sa servilité envers ses supérieurs, son arrogance envers
des inférieurs, son enjouement, son honnêteté, son insouciance,
sa répugnance au travail, son esprit belliqueux, son caractère
passionné, sa soif de vengeance, sa cruauté, son amour des
enfants, ses manières cérémonieuses et dignes, son hospitalité,
son calme, sa faible tendance au crime. Les descriptions montrent cependant souvent des traits différents de cette image
générale. Ainsi on prétend des Javanais qu'ils sont rarement
irascibles ; des Atchinois qu'ils ont le mépris de l'étranger ;
des Madourais qu'ils sont rudes, indépendants de nature, et
laborieux et qu'ils gesticulent en parlant; des Malais de Minang-

---

1. Voir par ex : W. C. D. et C. D. Whethan, *The family and the nation*, Londres 1909, p. 17, 59, 207.

kabau qu'ils sont entêtés, des Makassaires de Bouginais qu'ils supportent avec endurance fatigues et privations; des Balinais qu'ils sont vifs d'esprit, francs à en être grossiers, peu sincères, mais très travailleurs; des Amboinais qu'ils sont intelligents, attachés à leur liberté et courageux, etc. Les qualités de race des Papous, qui se font valoir dans la partie orientale de l'Archipel, se manifesteraient par une façon d'agir hardie, impétueuse, irritable et bruyante. De pareilles énumérations, que nous disent-elles d'autre sinon que nous avons affaire ici à des impressions entièrement indépendantes d'une analyse psychique convenable?

Pour ce qui concerne les dispositions intellectuelles des peuples indiens, les instituteurs inférieurs et supérieurs qui se prononcent sur ce sujet font l'éloge en général aussi bien du zèle et de la docilité que des capacités intellectuelles de leurs élèves, quoiqu'il ne manque pas de voix pour prétendre le contraire. Il nous paraît sage de prendre surtout connaissance de ce dernier point de vue, étant donné que l'Européen est en général incliné, à présent, à faire ressortir les grandes qualités des Indigènes, comme s'il eût découvert quelque chose qu'il n'avait pas espéré rencontrer, comme s'il voulait témoigner d'une grande incrédulité à l'égard du mal qu'on avait autrefois dit des Indigènes. Il est nécessaire, à l'égard de ce problème, dans l'intérêt même de l'Indigène, que l'on juge de tête reposée et d'un œil critique. On relève par exemple un jugement moins favorable porté par l'instituteur Thierbach [1], qui dit que le simple Indigène (Javanais) observe lentement. Doué qu'il est d'une nature moins vive, ce qu'il a observé lui fait en outre peu d'impression. De ce fait il reste apathique et lent à tirer ses conclusions. Il hésite, n'ose pas, se laisse entraîner et répète ce que l'on dit.

1. R. A. H. Thierbach, *Handleiding en toelichting by den taalcursus voor het Nederlandsch ten dienst van de inlandsche scholen eerste klasse*, Amsterdam, 1911, p. 5.

On doit, pour ainsi dire, le forcer à exprimer ses pensées (en hollandais bien entendu).

Au travail technique le Javanais se révèle un ouvrier capable, quoique le Chinois soit en général plus habile et plus laborieux, tandis que l'on reproche encore au Javanais un certain manque d'initiative et de persévérance. Il ne paraît cependant pas impossible que des circonstances extérieures modifiées puissent apporter une amélioration à ces défauts, car généralement on parle avec éloge des bonnes dispositions des Javanais [1].

Si les dispositions intellectuelles des Indigènes peuvent être jugées bonnes en général, on pourrait peut-être s'attendre à ce qu'un développement supérieur leur permette à la longue un travail mental plus absorbant. Et de même l'accroissement des besoins et les efforts que l'on fait pour y pourvoir pourraient amener cette conséquence que sauf une persévérance plus grande, d'autres modifications des qualités populaires se déclarent dans un sens favorable ou non, selon le point de vue où l'on se place.

En ce qui concerne cette dernière opinion, on devrait, dans le développement des relations sociales, songer par exemple à la décadence de qualités observées, telles que : la fidélité à la parole donnée, l'hospitalité et l'esprit familial [2]. Une pareille attitude nous rappelle que nos instruments de civilisation sont dirigés en grande partie vers des améliorations matérielles selon l'idée occidentale, dont le désir n'est souvent pas ressenti sciemment dans l'entourage indigène. Les communications plus faciles, intimement liées à notre influence, doivent être aussi considérées sous ce point de vue comme étant de nature à modifier profondément l'état de choses existant, parce qu'elles

1. Comparez Neytzell de Wilde, *Welvaartstoestanden* 2; 1913, p. 40, 45, etc.
2. Comparez J.-H. Boeke, *Tropisch-koloniale staathuishoudkunde*. Thèse de Leiden 1910, p. 48, etc.

s'allient partout à un détachement des individus de leurs idées, superstitions, etc., qui gouvernent les rapports intimes entre les groupes, les tribus, etc. Cela n'a rien d'étonnant, lorsqu'on considère la grande influence de la croyance aux aïeux et la puissance des idées communes. Nous voyons donc ainsi l'individualisme se développer chez des indigènes établis loin de leur sol natal (citadins) ou voyageant beaucoup, ou en état de migration (par exemple les Malais de Minangkabau). Il ne paraît cependant pas impossible que la tendance de s'établir ailleurs ou d'aller d'un endroit à l'autre n'indique déjà par elle-même la présence de germes d'un individualisme plus développé.

Comme on a vu dans ce qui précède, nous devons, pour nous former une idée sur le caractère des Indigènes, nous contenter surtout de jugements subjectifs, qui sont loin d'être le dernier mot sur un sujet aussi important.

Ces jugements ne peuvent pas, à la longue, être la seule base de mesures de développement social et culturel, prises dans l'intérêt des peuples indigènes. Il nous faut, en outre, des recherches scientifiques, ainsi que la pratique de la psychologie concrète dans l'étude des peuples indigènes, telle qu'elle est déjà en voie de développement chez les peuples européens. Elle mènera peut-être à la détermination d'un type psychique général des Malais de l'Archipel, en contraste avec les particularités psychiques qui peuvent être établies chez les Papous, avec, comme contrôle, l'examen du peuple mixte que l'on appelle improprement Alfours. Ce qui ferait ici le sujet principal de l'étude, ce serait non le degré de développement, mais bien plutôt les manifestations intellectuelles, morales et spirituelles des peuples divers en rapport avec la race, telles qu'elles se révèlent dans leur science, leur art, leur religion, leur vie sociale, leurs produits économiques et autres, en dehors des facteurs d'ordre géographique et historique. Dans ce sens,

CHEF DES KAJANS DE BORNÉO

coll. Delprat.   *phot. Harrison Smith.*

coll. Delorat.

MARIN DE LA CÔTE DE LOMBOK

phot. Harrison Smith.

une étude fut publiée par le professeur Nieuwenhuis [1] qui,
à l'égard d'une partie des dispositions intellectuelles de peuples
malais dans l'Archipel indien, à savoir : leur faculté imaginative,
pour autant qu'elle se manifeste dans leurs produits industriels,
arrive à la conclusion que ces peuples peuvent rivaliser sous ce
point de vue avec les Européens. Il existe des jugements différents sur les traits de caractère des Indigènes, mais ce qui man-
quait presqu'entièrement jusqu'à présent, c'était une recherche
pyschologique. Un pas a été fait dans cette direction par M. Betz,
médecin de la maison d'aliénés de Buitenzorg, qui, dans
un article du *Nederl. Tydschrift voor Geneeskunde* (1909, I,
page 1941 et 2032 s.), se basant sur les chiffres qui donnent
une image des psychoses (les caricatures, les « Zerrbilder » des
caractères) arrive à la conclusion qu'il n'y a pas de passionnés
parmi les Indigènes (l'animal pensant par excellence), mais
qu'au contraire on rencontre surtout des médiocres, des amorphes, des nerveux, des sanguins, des apathiques et quelques
cholériques, ces derniers d'ailleurs en nombre toujours décrois-
sant. Le Docteur Betz décrit le caractère de la majorité de
médiocres ainsi : manque de volonté et d'esprit de décision,
absence de principes, insouciance, absence de besoins; ce sont
généralement des êtres dociles, vrais « moutons de Panurge »,
qui préfèrent suivre l'opinion d'un autre plutôt que de s'en
former une et qui, stimulés vers une activité mentale supérieure, se révèlent des esprits brouillons, par suite d'associations
d'idées toujours contradictoires. Leur véracité est médiocre;
leur envie de travailler, leur loyauté, leur exactitude, religion,
pitié, reconnaissance, bref tout est médiocre. Et c'est justement
par cela, selon Betz, qu'ils deviennent *incompréhensibles* pour

1. Die Veranlagung der Malaischen Völker des Ost-Indischen Archipels, erläutert an ihren indus-
triellen Erzeugnissen. *Archives internationales pour l'Ethnographie*, supplément du livre XXI, 1913.

nous autres Européens; hommes de caractère, nous désirons en effet inconsciemment que l'on agisse conformément à son caractère, qu'il soit bon ou mauvais. C'est donc aussi en général le grief principal des Européens vivant aux Indes — dit-il, — qu'ils ne peuvent saisir les motifs d'action de nos concitoyens de couleur qui, en apparence, aiment systématiquement à mentir, même là où la vérité leur rapporterait bien plus d'avantages, de même qu'ils préfèrent changer là où conserver leur serait plus profitable et vice-versa. Tout colon pourrait en fournir de nombreux exemples pris dans la vie journalière. Betz reconnaît du reste (page 1960) que l'image tracée par lui est légèrement déformée par le fait que les amorphes, les nerveux et autres nous frappent plus que la majorité, ce qui serait aussi la raison pour laquelle tant de personnes pensent si mal de l'Indigène.

D'après Betz on ne doit plus appeler les Indigènes flegmatiques, mais indolents; ainsi les signes distinctifs de supériorité parmi les Indigènes (nobles) se rattacheraient à la race supérieure (sang hindou) à laquelle ils appartiennent, par rapport à la majorité des Malais.

Avant que de pareilles conclusions puissent être acceptées, bien des recherches seront encore nécessaires, recherches qui se trouvent du reste encore dans une phase de commencement. Sous ce rapport on doit mentionner avec éloge un traité sur les Bataks, [1] dans lequel, sur la base de données comme celles indiquées ci-dessus, on vérifie quelle image l'on peut se former du caractère populaire et des dispositions de la population des Bataks. Ces dissertations font connaître les Bataks comme un peuple aux dispositions intellectuelles généralement bonnes, avide d'apprendre, habile à certains métiers et offrant, lorsqu'il

1. *De Bataks, wie zy waren en wat wy van hen mogen verwachten;* une description par M. Joustra, Leyde 1912 (édition de l'Institut Batak, n° 7).

est bien dirigé, la possibilité d'un lent progrès économique.

Des études de ce genre sont encore rares. On ne se rendait même pas toujours suffisamment compte de l'attitude prise par quelques individus indigènes se trouvant au premier plan, soit dans leurs agissements envers leurs pairs, soit dans leur ligne de conduite politique envers le Gouvernement. Si l'on s'en était rendu compte, un aperçu et une comparaison mutuelle d'un grand nombre de ces descriptions de caractère [1] auraient pu contribuer à la formation d'une idée sur des caractères indigènes ou peut-être sur le caractère d'un peuple spécial. Un autre moyen d'y arriver, à savoir l'examen scientifique de la famille, n'apporte pas non plus beaucoup de données. Il existe, il est vrai, un grand nombre de généalogies plus ou moins sûres de familles de chefs indigènes, mais le matériel biographique accessoire ne dit pas grand'chose en général. Sous ce point de vue, les adaptations critiques de chroniques indigènes comme celle du Dr Brandes, du P^{rof} Kern et du Dr Hoesein Djajadiningrat sont également de grande importance. De pareils travaux scientifiques peuvent être de grande utilité, car ils nous renseignent sur ce trait particulier du caractère indigène permettant à des individus, sortis de la foule, de jouer un rôle prédominant, ainsi que sur la

1. On trouve la description de caractère la plus détaillée dans l'étude très approfondie de Van der Kemp : *Dipo negara. Een geschiedkundig Hamlettype.* Dans *Bijdragen* 1896, p. 281. Il y a de courtes études sur le sculpteur javanais Iko dans *Het Ned. Indische Huis Oud en Nieuw* 1913, p. 152 (de R.-M. Noto Soeroto) et dans le *Weekblad voor Indie* 1905, p. 661 (de Th. J.-A. Hilgers). Sur le célèbre peintre javanais Raden Saleh (1814-1880) de la main de S. Kalff dans *Eigen Haard* 1909, p. 807 et dernièrement Noto Soeroto dans *Het Ned. Indische Huis Oud en Nieuw*, janvier 1914 p. 219, etc. (avec bibliographie). Il y a de courtes informations sur le peintre-dessinateur javanais Mas Pringadi dans *Op de Hoogte* 1909, p. 659 (de J.-E. Casper) et *Koloniaal Weekblad* du 6 janvier 1910, citons encore une courte nécrologie de R.-M. Esmangoen Danoe Wineto, l'inspecteur de l'enseignement indigène dans le *Tydschrift van het Binnenlandsch Bestuur XI*, p. 5 et la littérature se développant, concernant la fille du régent javanais Raden Adjeng Kartini : Un grand nombre d'informations sur des chefs et employés indigènes, contient aussi des matériaux, mais une analyse psychique reste rare, quoique désirable.

présence de ces particularités chez les descendants [1] de pareils individus, surtout s'il existe aussi des informations sur les femmes que les hommes de la génération régnante épousaient.

Pour le monde indigène de nos colonies, le terrain indiqué est encore presqu'entièrement inexploré. Cependant, une notation aussi exacte que possible des relations journalières avec les Indigènes et de la ligne de conduite suivie par eux pourrait contribuer à la formation d'une idée sur le tempérament, les vertus et les vices, le talent, les tendances du goût et de l'intérêt des Indigènes; ces données auraient une valeur inestimable pour tous ceux qui doivent les fréquenter ou qui auront à les diriger. Pourvu que de pareilles données soient collectionnées sans parti-pris, elles pourraient éclaircir plus d'une question à laquelle on ne peut donner à présent qu'une réponse subjective, partant souvent de peu de valeur. On trouve fréquemment de pareils jugements subjectifs, concernant les qualités morales des Indigènes, dans la littérature ethnographique; ils demandent toujours un examen critique à l'égard des circonstances qui peuvent aussi bien dépendre de la personne du critique (sa connaissance des langues et civilisations indigènes, son état d'âme, etc.) qu'elles peuvent lui être étrangères (le motif de ses rapports avec les Indigènes, le jour sous lequel les Indigènes le voyaient).

L'insuffisance de nos connaissances sur la valeur morale des Indigènes ressort surtout de la comparaison faite entre les différentes informations. Lorsque, pour nommer quelques exemples, le Dr Kohlbrugge, à l'égard de certains traits de caractère javanais (Leyde 1907), le P[rof] (d'université) Snouck Hurgronje « se demande » si le livre ouvert où M. Kohlbrugge prétend avoir lu, a bien été celui de la psychologie javanaise? (*De Gids*, 1908,

---

1 Que l'on consulte à ce sujet Robert Sommer; *Familienforschung und Vererbungslehre*; Leipzig 1907.

p. 428). Lorsqu'on prétend par exemple que les Indigènes n'ont pas de notions économiques, on peut se demander s'ils ont jamais eu dans leur isolement la possibilité de s'élever [1]? Lorsqu'on dit [2] que la prospérité, soi-disant moins grande, du Javanais est un résultat de peu de valeur du « summum intellectuel » et de son « inaptitude à une civilisation supérieure », on peut envisager la question : l'impuissance de quelques individus doués à élever le peuple ne résulte-t-elle pas de l'inertie des masses trop peu développées par rapport à l'emprise encore faible, exercée sur elle par des individus arrivés à un degré relativement élevé de développement. Lorsqu'on propage l'opinion que l'Indigène est intelligent [3] mais que la classe supérieure ne fournit aucun bon travail, parce que l'esprit reste passif, tout en étant doué d'une bonne mémoire, la question semble justifiée si un seul peuple, dont une seule génération seulement reçoit l'enseignement primaire, devrait déjà pouvoir produire des penseurs et des travailleurs par centaines?

Lorsqu'on nous oppose gravement qu'on ne réussira jamais à faire pénétrer chez l'habitant des tropiques nos idées de probité, d'activité, notre sentiment du devoir et de la solidarité, notre philanthropie [4] etc., on pourra répondre que dans plus d'un précepte et plus d'une interdiction du droit d'adat ainsi que dans plusieurs produits de la littérature on peut trouver un germe si important de moralité, d'honnêteté, de sentiment du devoir et de la solidarité, que le développement de l'Indigène primitif ou à demi-civilisé [5], à notre phase de civilisation, fera

1. P. J. C. van der Stok; *Gouvernements exploitatie in Ned. Indie*, Thèse Leyde 1913, p. 324.

2. R. E. Kaltofen dans *Tydschrift Geschiedenis-Land* en Volkenkunde 1912, p. 280 etc.

3. J. H. Boeke, p. 5.

4. Kohlbrugge dans *Indisch Genootschap*, 12 fév. 1907, p. 200.

5. Qui vénère par exemple: la vaillance et la générosité (voir Dr. Alb. C. Kruyt. *Het animisme*, 1906, p. 364).

peut-être parvenir à maturité des fruits spirituels pouvant supporter à plus d'un point de vue la comparaison avec ceux de la civilisation européenne-occidentale, comme le montrent déjà les traits de caractère de nombreux Indigènes intellectuels et moralement développés. Tous ceux qui ont collaboré pendant un certain temps avec des Indigènes peuvent indiquer quelques-uns d'entre eux qui, en ce qui concerne le sentiment du devoir et la clarté de jugement, ne valent pas moins, dans leur estime, que l'Européen moyen établi aux Indes. Lorsqu'on énumère les qualités soi-disant inférieures du Javanais [1], on n'a donc pas le droit de s'étonner orgueilleusement de tant de corruption, parce que ces qualités ne sont souvent pas du tout spécifiquement javanaises, mais qu'on les rencontre, en principe, aussi dans la très grande partie de l'humanité vivant encore dans un état primitif ou mi-civilisé, et parmi ces individus ou groupes d'individus, les peuples civilisés, qui montrent encore à plusieurs points de vue les traces d'un ancien état de civilisation. C'est là ce que l'ethnologie peut nous apprendre.

Quelles seraient donc ces qualités inférieures?

L'indigène est insouciant et dépourvu du sens de l'économie [2], dit le gouvernement à la Première Chambre (Mem. van Antw. Ind. Begr. 1913 p. 3); l'indolence et l'insouciance sont des particularités appartenant, à un très haut degré, à la population des Indes Néerlandaises, comme le dit le ministre Colyn dans Nord und Süd (sept. 1913, p. 273), communication confirmée en partie déjà dans l'instruction du 9 mars 1633 au commandeur Jochem Roelofsz van Deutecom, chargé de pousser le roi de Bali à entreprendre une campagne contre « le Mataram »

---

1. Voyez par exemple Noto Soeroto dans *Nieuwe Rotterdamsche Courant*, 22 avril 1910.

2. On a cependant remarqué chez de différents peuples dans l'Archipel plus d'un cas d'économie et d'avarice; tant que ceux-ci n'avaient pas rapport à enterrer des valeurs en argent, ils concernaient fréquemment la possession de bétail, l'embellissement de leur demeure et d'autres choses extérieures.

ennemi de la Compagnie et ami des Portugais. Il y est dit :
« L'expérience nous apprend combien tous les rois et peuples
indiens sont lents dans leurs affaires; pour prévenir cette lenteur,
si vous la trouvez chez le roi de Bali, vous devrez tâcher d'exciter
ce roi à force de perspicacité, de courtoisie et modestie et
d'adresse, par des raisons comme celles indiquées ci-dessus.
Nous vous ordonnons cependant expressément par la présente
de vous conduire d'une façon distinguée, modeste et humble,
avec tout le respect dû au roi et à ses grands, afin de vous concilier leur faveur et leur affection, comme cela est nécessaire
dans de pareilles occasions... »

Cette indolence et cette insouciance ont été remarquées si
fréquemment, entre 1633 et 1913, par les observateurs de la
société indigène, que l'on ne peut presque pas douter de ces
propriétés, jugées avec un esprit européen, lorsqu'on les décrit
comme « une certaine apathie à mettre en œuvre toutes ses
énergies » et « une absence de la notion du devoir qui porte
à la résignation, au sacrifice de ses propres aises, à l'ordre et la
règle nécessaires dans l'intérêt général (et aussi dans l'intérêt
personnel bien compris) » (Joustra). Ajoutons qu'un certain
nombre d'Indigènes en ont parlé[1]; il résulte de leurs renseignements que le manque de connaissances, de développement intellectuel, moral et technique est la cause principale du mal, de
sorte que l'on pourrait déclarer, avec eux, que l'intention et les
efforts des autorités, et à plusieurs points de vue aussi ceux des
sociétés et associations particulières soutenues par elles, vont
parallèlement, en principe, avec les désirs et besoins s'éveillant
dans le peuple et qui se manifestent dans les discours ou dans
les écrits de ses porte-paroles les plus développés.

Une pareille dissertation ne tient pas compte des marques

1. *Inlandsche stemmen over laksheid van den inlander*, recherches sur la prospérité moins grande,
Pièce IXe, Batavia 1912, surtout p. 14.

distinctives de race, et lorsqu'on est de l'opinion de Topinard, à savoir que « les races sont des types héréditaires », on n'attendra donc pas tout d'un meilleur développement apporté du dehors, mais on se demandera jusqu'à quel point ce développement pourra être utilisé, en relation avec les facultés spirituelles et morales considérées comme des marques distinctives de race des Indigènes.

Par suite du manque de données justes à ce sujet, on accuse parfois les Indigènes de toutes sortes de défauts, en se basant souvent sur des fondements excessivement faibles. Manque de véracité, de reconnaissance, de pitié, de sacrifice, d'amour, de désintéressement, tous ces défauts sont reprochés à l'Indigène, souvent par ceux qui se reconnaissent le droit de prononcer un jugement sur le caractère populaire, sans réfléchir combien c'est là chose difficile, tandis que ceux qui sont vraiment compétents, à la suite de l'étude qu'ils ont faite de la langue et du peuple, sont très prudents pour énoncer leur jugement. D'abord, parce qu'ils aspirent à l'objectivité en établissant une comparaison avec d'autres individus et d'autres sociétés; ensuite parce que l'étude sérieuse mène à des compréhensions et des explications apportant une juste appréciation, surtout aussi parce qu'ils ne visent pas quelques individus de leur entourage, mais s'efforcent de voir aussi grand que possible. Ce faisant ils découvraient combien les classes supérieures (c'est-à-dire mieux développées, plus cultivées) se distinguaient favorablement, à plusieurs points de vue, de la société indigène. Sous ce rapport, l'examen des avis sur le caractère de différents peuples dans l'archipel Indien n'est pas entièrement infructueux; il résulte qu'une connaissance plus approfondie est souvent l'origine d'un jugement plus indulgent et plus prudent [1]. On pourrait à pré-

1. Pour les Javanais, voyez *Veth, Java IV*, p. 39 etc.; pour les gens d'Atjeh, comparez J.-A. Kruyt dans *Atjeh en de Atjehers* de 1877 et Van Langen (dans *Tydschrift K. N. Aardr. Genootschap*, série 2.

sent dresser la liste, tirée de la littérature sur l'Archipel Indien de trois peuples (les Talauerais, les Balinais, les Malais de Minangkabau) qui sont peints, chacun par un autre voyageur, comme « le plus énergique », ce qui veut naturellement dire, tout simplement, que chacun de ces voyageurs a remarqué dans chacun de ces peuples des individus qui ont surpassé ses attentes à l'égard de l'énergie de l'Indigène moyen. La subjectivité saute ici aux yeux à tel point qu'elle commande la prudence [1], surtout à la comparaison avec les descriptions du caractère de plusieurs peuples indiens. Il résulte de celle-ci, ce que nous avons remarqué aussi à l'égard de la comparaison des jugements portés à des époques différentes, à savoir : que plus on connaît l'Indigène, plus notre opinion sur son caractère se fait favorable. En outre on observe, dans ce cas, que si le jugement fut porté par un profane, sur des traits de caractère d'un peuple insuffisamment observé, ce jugement est généralement défavorable. Il serait cependant injuste de dire que les jugements connus poussent de préférence au noir.

Bien au contraire, on remarque que c'est surtout le côté favorable qui est mis en lumière, et lorsqu'on parcourt une série de jugements portés sur des peuples indiens, on est frappé par l'opinion généralement favorable de l'Européen à l'égard de l'Indigène. Calme, douceur, générosité, hospitalité, bonhomie,

partie IV, p. 446) avec les données prudentes du professeur Snouck Hurgronje dans : *De Atjehers*. On raconte dans un document officiel (1909) sur les Alfours de l'intérieur de Céram, si mal famés autrefois, qu'ils étaient, en général, dociles, doux et travailleurs.

1. On peut trouver un exemple dans lequel la subjectivité de jugements pareils est apparente dans *Tijdschrift K. N. A. G.* 1912, p. 20. Van Hasselt (*Vokabeschryving* 1882, p. 34) donne une description défavorable des traits de caractère des Malais de Minangkabau. Willinck (de *Indiërs en de nieuwe grondwet* 1910 p. 23) a une opinion bien plus favorable. Il est cependant remarquable que Van Hasselt estime l'homme de Minangkabau « diplomate de nature », tandis que Willinck est d'opinion que le Malais de Minangkabau « n'est jamais diplomate-né ». Willinck dit bien qu'il est « vif de nature et très éloquent; il montre tout de suite ce que l'on peut attendre de lui », ce qui est contraire à ce que dit Maass (*Durch Zentral-Sumatra*, 1910) à savoir qu'il est « réservé ».

courtoisie, bonnes dispositions intellectuelles, sentiment d'équité, sentiment d'honneur, sobriété, ce sont là des qualités généralement relevées. A côté de cela : désir de vengeance, réveillé surtout par l'humiliation en présence d'autrui; tendance à la flatterie, goût prononcé pour les cérémonies, entêtement et superstition.

Mais il est et il restera toujours très difficile de décrire en traits généraux le caractère, la vie intérieure et ses manifestations dans la vie journalière, si l'on veut rester exact et véridique et ne pas tomber dans l'exagération, dans n'importe quel sens [1]. Ce qui n'empêche pas qu'il convient d'écouter avec le plus grand intérêt, lorsque les connaisseurs du caractère indigène prennent la parole, plus particulièrement lorsqu'ils viennent fournir des preuves à l'appui pour les résultats obtenus par une autre voie. Ainsi par exemple, lorsque le caractère populaire tel que le conçoit le gouvernement, se retrouve dans l'image qu'en trace un connaisseur des Indigènes tel que le Radjah Brooke, image que l'on peut résumer comme suit [2]. On ne saurait assez répéter que la prévenance est la seule ligne de conduite à suivre à l'égard des Malais. Ils n'ont jamais entendu une dure vérité, un ordre sévère, et les entendant pour la première fois, il leur est pour ainsi dire impossible de conserver une attitude amicale; car tous ceux qui possèdent ne fût-ce qu'une connaissance élémentaire du caractère indigène, connaissent sa susceptibilité sur le point de fausse honte. La première condition pour de bons rapports avec les Malais est l'amabilité et la douceur, car leur politesse à eux est telle, qu'ils se sentent blessés par la brusquerie de l'Européen. Combien serait-il alors déraisonnable, voulant

1. Encyclopaedie v. N. I. s. v. Soudanais.

2. De Waal, *Onze Indische Financiën*, IX et X, la Haye, 1907, p. 331. Comparez Radja Brooke avec Sir Spencer St. John, Londres 1899, p. 15. « The peculiarity of the Rajah's system was to treat the natives as far as possible as equals; not only equals before the law, but in society. »

améliorer et élever un peuple, de céder à la première impulsion de l'esprit humain, en le traitant comme une race inférieure. Il y a cependant pour la familiarité dans les rapports avec des Indigènes une limite qu'on ne devra pas dépasser, si l'on ne veut pas s'exposer à trouver un manque d'estime, sinon de dédain.

Il résulte de ce que nous venons de dire que notre jugement sur les qualités spirituelles et surtout morales de l'Indigène est encore très imparfait et qu'il contient encore beaucoup d'éléments purement individuels et bien souvent beaucoup d'ignorance. Une analyse psychique concrète s'impose donc, surtout pour tirer au clair la question, à savoir, quels sont les traits du caractère populaire des indigènes qui doivent être considérés comme étant la conséquence de l'influence de l'histoire coloniale dans son sens le plus large, et quels sont ceux dans lesquels il faut voir des marques distinctives de la race. Tant que n'est pas établi le rapport entre les marques distinctives de race au point de vue somatique et les qualités spirituelles se rattachant peut-être à celles-ci, l'étude de l'ethnologie, dans le sens le plus étendu du terme, reste la voie indiquée si l'on veut se former une opinion sur les dispositions spirituelles d'un peuple à l'égard de son entourage, son développement social et son acquis de civilisation spirituelle et matérielle dans le sens le plus large : état de l'habitation, vêtements et ornements pour le corps, nourriture, subsistance, mobilier et animaux domestiques, ornementation et coutumes, institutions sociales, conceptions religieuses et enfin la langue. Il faut tâcher de se former une idée sur les capacités et la nature psychique des peuples indigènes par toutes les données qui sont à notre disposition; faute d'une compréhension juste à cet égard, on erre à l'aveugle et l'on travaille au hasard à les tirer de leur état naturel ou à demi-civilisé. Le besoin d'études ethno-psychologiques se fait sentir aussi bien pour des raisons scientifiques que pratiques et il faut donc applaudir au fait qu'elles commencent à attirer l'attention dans un milieu moins restreint. Il a paru récemment un opuscule[1] renfermant des suggestions qui ont trait à l'examen psychologique des peuples primitifs; suggestions qui, depuis, ont trouvé un commencement d'exécution[2]. Les recherches concernent des expériences relatives aux phénomènes optiques, au sens des couleurs, à la mémoire, la suggestion, la conception du temps, le calcul, l'expression des émotions, la mimique, les expressions enfantines, le dessin et l'art, les convictions et les opinions, la sociologie, la philosophie, etc.

Les recherches de cette nature ouvrent un champ plus large d'investigation sur les particularités spirituelles des peuples indigènes, c'est-à-dire sur ce qui les distingue de nous et d'autres peuples dans le domaine spirituel. Elles sont susceptibles de contribuer à l'approfondissement de ce que l'ethnologie nous apprend dès aujourd'hui sur les peuples différents habitant nos colonies et soulignent le fait que seule l'ethnologie, prise dans le sens le plus large du terme, peut nous renseigner sur ce qui est nécessaire à la compréhension, l'éducation et l'élévation des individus et des sociétés indigènes. Car malgré les lacunes dans la connaissance actuelle des traits de caractère et des dispositions spirituelles indigènes, l'ethnologie comme telle peut établir la foi en la présence, chez les indigènes, de qualités mentales et morales susceptibles, à condition d'être développées judicieusement, d'en faire des hommes capables d'atteindre à un degré supérieur de civilisation, d'intégrité et de persévérance. Celle dont nous parlons est nécessairement un postulat sans plus, elle peut être basée sur ce que les indigènes montrent dans les manifestations de leur esprit et sur les résultats obtenus, lorsque quelques-uns d'entre eux ont l'occasion de se développer sous une bonne direction.

1. *Vorschläge zur psychologischen Untersuchung primitiver Menschen*, Leipzig 1912.

2. Dr. R. Thurnwald. *Forschungen auf den Salomo-Inseln und dem Bismarck-Archipel*, partie I et III 1912.

Les cas ne se comptent plus, aujourd'hui. Des intellectuels indigènes sont arrivés à la célébrité en fournissant, comme certains d'entre eux, du bon travail, qui devait attirer l'attention à un moment où le problème du développement des Indigènes occupe les esprits; surtout aussi parce que les éléments civilisés sont les initiateurs et conducteurs tout désignés de cette grande masse, dont l'éveil ne peut se faire que lentement.

L'étude de la langue et celle de l'ethnologie restent indispensables pour comprendre, en son ensemble, le développement indigène.

L'ethnologie qui fait naître l'estime à l'égard du prochain et qui peut donner confiance en la valeur de l'homme et l'avenir des peuples, peut projeter sa clarté, soit sur ce qui est commun à toute l'humanité, soit sur les différences existant entre les manifestations de l'esprit humain, différences qui, sans nul doute, furent les premiers motifs qui donnèrent à réfléchir sur l'humanité. Car même si l'ethnologie a mené à la conviction de la similitude à plusieurs points de vue, physique, spirituelle et essentielle chez tout ce qui est humain, elle n'en a pas moins démontré la diversité dans le développement de sa société, ses mœurs, son droit, son art, sa religion, dans toutes les manifestations de la pensée et du sentiment humains, qui cependant indique toujours de vrais états d'âme humains, une vraie vie intérieure humaine, de vrais besoins humains d'élévation morale et sociale et une aspiration générale à plus de prospérité et de bonheur. Car nous trouvons même chez le moins civilisé des besoins éthiques et des préoccupations de causalité, même si ceux-ci aboutissent à des dieux et des démons, dont l'amitié doit être achetée, la colère apaisée et dont on se représente volontiers l'organisation en ce sens que les esprits amis maîtrisent les esprits ennemis. Ce système rudimentaire ne peut perdre son emprise sur l'âme humaine que par un développement progressif

de l'intellect et du sentiment, car alors les causes naturelles des
phénomènes ressortent au détriment des dieux et démons redou-
tés, de sorte qu'à la longue, il reste une compréhension plus nette
du Créateur et de la créature, qui compense largement ce que
la vie perd en renonçant aux rapports avec le monde d'esprits,
partout présent.

S'il y a pour nous quelque chose de rassurant à retrouver,
chez la population de nos colonies, la communauté apparente
des manifestations des pensées de toute l'humanité, ce sont aussi
d'autre part les différences prononcées dans la manière de penser qui exercent un grand charme et qui constituent l'intérêt
de l'ethnologie indigène. Car on y retrouve toujours l'indépendance, la particularité des différents groupes d'hommes, portant le cachet d'un propre caractère, d'un état spécial de civilisation, d'un propre entourage, d'une personnalité particulière. Ce
cachet particulier nous captive d'autant plus qu'il s'y manifeste
aussi des joies et des besoins généraux, soit dans les sons, formes
et couleurs d'un goût personnel, soit dans les prières et incanta-
tions, cérémonies et offrandes. La richesse de la diversité ressort
avec d'autant plus d'éclat qu'elle a, comme fond, l'unité originelle présumée de l'humanité. Les variations infinies des manifestations de l'esprit humain tendant à l'aspiration universelle
de l'humanité à un lien la rattachant à une puissance supérieure
qui la dirige, revêtent un charme profond, puisque, finalement,
elles viennent se joindre au chœur célébrant la fraternité du
genre humain. Si les rapports avec l'indigène, la politique gouvernementale étrangère et la mission aspirent à l'aplanissement
des difficultés et à la soudure par l'adaptation (à la rigueur par la
destruction), la science de l'homme a comme but la compréhension de l'abondance diverse de vie et de pensée, elle veut créer
un ordre dans la multiplicité de ces phénomènes, les comprendre
et les expliquer. Si l'on pratique l'ethnologie pour elle-même dans

cette recherche de la vérité, elle ne doit pas moins passionner aussi celui qui veut apporter à des peuples étrangers une part de son propre bien-être, se manifestant dans la religion, la civilisation, l'ordre, la prospérité, la justice, la santé et non moins celui qui entre en contact avec l'indigène dans ses efforts pour faire prospérer le commerce, l'industrie, l'agriculture et l'artisanat. Chez tous les Occidentaux vivant dans les colonies lointaines, l'ethnologie s'impose pour ainsi dire d'elle-même comme moyen indispensable à l'adaptation de ce qui leur est propre, à ce qu'il y a de particulier, puis, ultérieurement comme pierre de touche, afin de juger les idées et conceptions nouvelles et préférables propres à se substituer à des conditions anciennes, à des idées qu'il convient de rejeter. Dès avant le moment où l'ethnologie fut pratiquée comme science, elle se trouva être d'un secours précieux pour celui chez qui la propension au travail colonial se trouva paralysée par un manque réel ou supposé de forces.

Plus celui qui veut réaliser une œuvre dans une société indigène aura conscience de sa faiblesse, plus il usera au début de ménagement afin d'éviter les occasions de blesser les membres de cette communauté et afin de respecter leurs penchants. D'autre part aussi, plus on mettait de force brutale à imposer sa volonté, moins on tâchait au début de discerner les susceptibilités qu'il importait de ne pas blesser, les diversions faciles à faire pousser les germes qu'on pouvait développer. Ce n'est que plus tard qu'on usa de circonspection et que l'équilibre s'établit, qu'on acquit l'aptitude d'exécuter après mûre réflexion ce qui est désirable et nécessaire, activité tempérée par le désir de ménager, d'adapter, de guider. La conviction que l'on ne peut atteindre de résultat dans l'orientation nouvelle que lorsque celle-ci est basée sur une connaissance parfaite de celui dont on a en vue le bien-être n'est pas encore acquise généralement et l'on ne se rend pas encore assez compte du fait que pour obtenir la pleine efflorescence, la semence doit être répandue rationnellement dans un terrain qu'on a appris à connaître. L'équilibre ne sera réalisé pour l'Occidental aussi bien que pour l'Oriental que lorsque cette conviction sera établie. Jusqu'où peuvent tendre mes mesures? Où s'arrête le concours de la population? Dans quelles circonstances la bonne intention amène-t-elle un mauvais résultat? Et d'autre part : respecte-t-on mes sentiments d'être humain? Me donne-t-on des pierres au lieu de pain? A-t-on en vue mon éducation ou ma perte?

Nous autres Occidentaux, pourvus de qualités sommeillant encore chez l'homme occupant un degré inférieur de civilisation, ou bien développées chez lui à un degré supérieur (mémoire, sens de l'orientation), nous n'avons pas, à un certain point de vue, à remonter plusieurs siècles dans notre propre histoire pour retrouver des idées, des sentiments et des désirs analogues à ceux qu'on rencontre aujourd'hui chez la population indigène de nos colonies. Pourquoi ne tiendrions-nous pas compte de ce fait? Quelle serait l'intelligence qui refuserait intentionnellement de les apercevoir? Quelle politique ne désirerait pas cueillir les fruits de la pratique que l'ethnologie cherche à comprendre par la critique et le classement, l'opinion, la compréhension et l'explication à l'égard des individus et des sociétés? De la multiplicité des phénomènes elle a dégagé la substance même qui fait le charme de la diversité et dans ses recherches de la vérité elle indique, résultat immédiatement utilisable, la ligne de conduite à l'égard des populations, ou que cette ligne de conduite doit avoir comme point de départ des situations existantes, et viser à diriger les efforts et les connaissances des populations même pour pourvoir à leurs nécessités et à leurs besoins.

L'ethnologie cultive donc le champ universel de l'humanité dans son unité et sa variété de couleurs, afin de récolter pour la science et la pratique de la vie, selon que ses cultivateurs s'inté-

PIROGUE MAJANGAN DE DEMAK

coll. Kon. Instit. T. L. en Vk.

phot. Regent van Demak.

ressent à la science pour elle-même, au pouvoir que donne la connaissance, ou à la science appliquée.

En établissant la distinction entre les peuples plus civilisés et ceux qui le sont moins, elle ne doit jamais oublier l'analogie constatée plus haut et ne pas s'absorber dans les différences, sans avoir pleinement conscience qu'elle traite des membres de l'humanité, tout en tenant compte, en dehors du niveau différent de civilisation, des traits spéciaux à chaque race, à chaque groupe de peuples et encore chez chaque peuple lui-même [1].

Là où l'on rencontre les mêmes manifestations de civilisation chez des peuples vivant dans des contrées différentes, il faut attribuer ce phénomène à quatre causes principales [2].

On peut d'abord se représenter un point de départ commun d'où chacun de ces peuples a emporté un certain acquit de civilisation. On peut, en second lieu, tenir compte de la théorie psychique d'Adolf Bastian, qui dit que des idées primitives, provenant de l'unité psychique originelle de la race humaine, subissent des modifications locales sous l'influence du « milieu », tout en restant sans modification dans leur essence. Troisièmement on peut songer à la théorie de la convergence de Friedrich Ratzel qui rattache surtout celle-ci à la transmission venant du dehors et ainsi au problème des communications. Quatrièmement on peut, pour expliquer la convergence, penser à la théorie sociologique qui fait surtout ressortir la signification d'un développement social égal.

L'explication donnée en premier lieu servit de base à la conclusion du Professeur Kern, tirée de données linguistiques et établissant que le pays d'origine des peuples malais-polynésiens doit être cherché en Asie occidentale, entre les tropiques au

1. Steinmetz, *De studie der Volkenkunde*; 's Gravenhage 1907, p. 48.
2. Pour une déclaration par convergence voir entr'autre : F. Graebner, *Methode der Ethnologie*, Heidelberg 1911, p. 94.

— 257 —

bord de la mer ou bien en Indonésie, ou encore sur la côte occidentale de l'Indochine; M. Kern suppose comme frontière septentrionale la frontière méridionale de la Chine, à peu près là où elle touche le tropique du Cancer; il situe la frontière méridionale au 8e degré de latitude sud et certainement pas au sud de Java, probablement en Tjampa, Cochinchine, Cambodge et les littoraux limitrophes(Verslagen en medeelingen Kon.Akad. van Wetenschappen; afd. Letterkunde, 3º Rjs. p. VI, 1889).

Ce sont surtout les théories de Bastian et Ratzel qui ont donné lieu à de violentes controverses entre les experts et qui ont fait entrer en lice des talentueux lutteurs. Avant de nous prononcer de façon plus précise sur ces deux théories, il convient dès l'abord de souligner l'importance qu'il y aurait à établir, en traitant cette question, une distinction entre les biens spirituels et les biens matériels d'une civilisation. Il va de soi qu'on s'imagine plus aisément l'adoption d'objets par des voies de communication, que celle d'idées de mythes, de notions de justice ou religieuses. « Des pointes de flèches en fer ou des motifs d'ornement se laissent adopter très facilement, mais il en est autrement pour un acquit psychique ayant des racines profondes dans l'état social et qui ne peut être adopté qu'à condition que le terrain soit préparé et propre à produire spontanément le même fruit [1] ».

C'est pour cette raison que nous citons en premier lieu un exemple, où l'adoption d'une partie de l'acquit matériel de la civilisation de l'Archipel indien saute aux yeux, pour passer ensuite à un exemple d'une parallèle, concernant l'acquit spirituel de la civilisation humaine.

Spencer et Gillen, profonds connaisseurs des tribus habitant l'Australie Centrale, parlant des habitants actuels du conti-

---

1. Steinmetz: *Endokannibalismus, Mitth. der Anthrop. Gesellschaft Wien,* XXVI p. 56, tiré du dr. J. Eisenstädter, *Elementargedanke und Uebertragungstheorie in der Volkerkunde,* Stuttgart 1912.

nent de l'Australie disent qu'ils sont restés en dehors de l'influence de peuples étrangers; exception faite d'une contrée peu étendue au Nord-Est [1]. Même à l'Ouest du golfe de Carpentarie, où les contacts avec les Malais de l'Archipel indien furent fréquents, ceux-ci ne paraissent avoir guère influencé les habitudes du pays, la foi populaire et l'aspect des habitants originels. Malgré tout ce qu'on a dit sur les influences malaises dans ces contrées, l'expérience de ces auteurs est que rien ne trahit ces influences, bien que les renseignements sur le commerce d'échange d'écaille et articles similaires avec les Malais soient exacts.

Il est vrai que les auteurs rencontraient le plus grand nombre d'individus aux cheveux crépus dans les contrées où l'influence soi-disant malaise se serait fait le plus fortement valoir. Il en est de même d'ailleurs sur les autres parties du littoral du nord, par exemple chez l'Anula et la Mara, dans la baie sud-ouest du golfe de Carpentarie, où le cannibalisme est en honneur et où l'on mange aussi les cadavres de certains défunts. Là on attribue les cheveux crépus laineux à un apport de sang papouais, et l'influence de ce peuple dans ces contrées serait, selon Spencer et Gillen, la seule trace d'influence étrangère à observer dans l'aspect extérieur de la population.

On rencontre le long du golfe de Carpentarie, du côté du cap York et vers l'ouest, du côté de Port-Darwin, deux types de pirogues, dont une confectionnée de morceaux d'écorce cousus ensemble, et l'autre faite de troncs d'arbres creusés. Ce dernier type n'est pas de confection indigène; les naturels disent qu'ils les échangent avec des Malais venant les trouver pour faire le commerce d'écaille et de tripang. Les rapports relatifs à ces pirogues malaises dans le golfe de Carpentarie datent de loin.

1. *The northern tribes of Central Australia* by *Baldwin Spencer* and. F. J. Gillen, London, 1904, p. 17, 53, 680.

ETHNOLOGIE COLONIALE

Matthew Flinders[1], qui visitait ces contrées en 1792 et 1802, constata dans les îles de Pellew des traces de Bouginais ou d'autres Indonésiens, notamment leurs pirogues; Phillip King[2] déclare, lui aussi, avoir trouvé des traces de Malais sur la côte nord-ouest de l'Australie[3]. Brough Smyth[4] est d'avis que les Malais fréquentent probablement déjà depuis des siècles la côte nord-ouest de l'Australie pour chercher du tripang; il trouvait non seulement des pirogues malaises à Port Essington, mais d'après lui certaines faïences indiqueraient également l'influence de « Macassar People ». Lumholtz est cependant d'avis que l'influence des Malais sur la presqu'île d'York, qui est selon lui un fait avéré, est de date récente et que les contacts entre Malais et Australiens doivent avoir eu lieu dans une période proche de la nôtre[5]. Quoiqu'il en soit, de toutes ces communications[6] il résulte qu'en effet des pirogues malaises furent trouvées en Australie au nord-ouest, ce qui n'a rien d'étonnant, vu les expéditions régulières, entreprises encore dans ces dernières années par des pêcheurs de Timor et Makassar vers l'Australie. Lorsque les Australiens du nord-ouest pourront imiter dans une quantité suffisante ces pirogues échangées avec les habitants de l'Archipel-indien, de sorte qu'elles constitueront une part importante de leur acquit maériel de civilisation, les anciens renseignements subsisteront pour démontrer qu'on se trouve en présence d'un cas d'adoption de biens de civilisation, cas très compréhensible,

1. *A. Voyage to terra australis;* London 1814.

2. *Voyage to Torres-Straits in search of the survivors of the ship « Charles Isabella », C. M. Lewis Commander; arranged from the Journal and Log Book of the Commander;* Sydney 1837.

3. *Ratzel-Völkerkunde* 1894. I p. 331.

4. R. Brough Smyth- *The aborigines of Victoria.* London 1878, I. p. 407, 422.

5. C. Lumholtz: *Among Cannibals.* London 1889, p. 554.

6. Voir aussi J. Maccilvray. *Narrative of the voyage of H. Ms. Rattlesnake,* London 1852, pris chez Sir John Lubbock, *The origin of civilisation and the primitive condition of man,* London 1875, p. 472. où il est question de « canoes hollowed out of the trunk of a tree which they (the Australians of Port-Essington) buy from the Malays. »

d'ailleurs, dont la conclusion s'impose, attendu que dans la lutte pour l'existence, les autochtones s'empressaient d'adopter le bateau le plus parfait, au lieu de leurs embarcations en écorce, moins propres à la navigation et la pêche côtières, que le tronc d'arbre creusé des étrangers.

Il en est tout autrement pour ce qui concerne un autre exemple d'analogie constatée dans l'acquit de civilisation, propre à mettre en lumière la similitude des dispositions spirituelles de l'humanité sur une grande partie de la terre, analogie se manifestant en tout premier lieu si l'on considère les usages, les idées et les philosophies établis sur la base animiste, la mort et le deuil. Ce sont surtout les usages de deuil qui révèlent des parallélismes frappants sous ce rappot. Citons le cas suivant.

Le 7 mars 1437 Hendrick van Roode, prisonnier du bailli de la Haye, se coupait la gorge avec un tesson de faïence dans la prison de la Haye et mourait le lendemain. Le portier Aernt Nayer ou Nayde s'en aperçut naturellement trop tard; les chirurgiens : Mrs. Matheeusz et Piet van Hoirtich constataient en qualité d'experts qu'il avait porté la main sur lui-même. Selon les usages du pays, on devait alors pratiquer une ouverture dans le mur de la prison, par laquelle il fallait traîner le cadavre sur une claie, suspendue entre deux chiens et « jusqu'à la potence dans les dunes ». Van Roode ayant des parents et amis influents, on leur céda le cadavre à leur demande pour en disposer selon leur volonté et désir [1].

Selon les usages du pays un trou fut percé dans le mur, par lequel le cadavre fut sorti. Quels étaient ces usages et quelle était leur signification? Deux siècles plus tard, en 1633, sous le gouverneur-général Hendrik Brouwer, une ambassade néerlandaise arrivait à Bali et y fut témoin des cérémonies à l'occasion

1. Jaarboekje *Die Haghe* 1906, p. 15.

du décès de la mère du Déwa-agoeng de Kloengkoeng. « Au côté droit de la porte de la maison on avait pratiqué dans le mur une ouverture, par où le cadavre fut sorti; donc leurs cadavres ne sont jamais sortis par la vraie porte [1] ».

Un criminel de la Haye, qui se suicide, et une mère, princesse du sang de Bali; singulière coïncidence! Mais il y a mieux, la société est plus mêlée encore. Les Groënlandais ne sortent pas les cadavres par l'entrée de la maison, mais par les fenêtres, ou encore ils détachent une peau à l'arrière de la cabane et les passent par là. Une femme se tient là et agite un copeau enflammé en disant : « Il n'y a plus rien à trouver ici ». Les Samoyèdes ne feront jamais sortir leurs morts par la porte de leur cabane; ils pratiquent à cet effet dans la paroi une ouverture spéciale, qu'ils s'empressent ensuite de boucher soigneusement, convaincus qu'ainsi l'âme ne pourra plus retrouver le chemin du retour.

Chez les Indiens Sitkas le cadavre qui doit être brûlé est sorti par le mur d'arrière enlevé à cet effet [2].

Et l'on peut continuer ainsi : chez les anciens peuples nordiques; en Saxe.....; en Lorraine.....; en Allemagne.....; à peu près partout.....; chez les Germains en général.....; etc. Mais le même usage existe aussi en dehors de l'Europe et de l'Amérique. Les disciples de Zoroastre en Perse [3] « abandonnaient (et abandonnent) les cadavres en pâture aux oiseaux de proie, les vautours, et les déposaient sur des hauteurs dans des constructions circulaires, spécialement construites dans ce but et ouvertes par le haut (des dakhmas appelés aujourd'hui aux Indes britanniques « towers of silence »). Le mort est transporté vers cet endroit par deux porteurs au moins — anciennement à travers une brèche pratiquée dans le mur de l'habitation — sur

---

1. *Wilken's Verspreide geschriften*, III, p. 406.

2. Robinsohn. *Psychologie der Naturvölker*, p. 45.

3. *Het Parsisme*, par le Dr. W. Caland. Baarn 1913, p. 24.

une litière en fer, suivi par les prêtres et les membres de la famille, marchant deux à deux.

De même au Siam et aux îles de Fidji, cet usage existait, mais ce n'est guère que dans l'Archipel indien qu'on peut le considérer comme général.

Cet usage est connu chez les païens du district Tonsawang en Minahassa [1], les Makassaires et Bouginais, les Toradjas de l'intérieur de Célèbes, les Papous de Windesi, les Kajas — et les Kenja-Dajaks, les Toba-bataks, chez les Niassais et à Halmaheira [2], et certains auteurs ne manquent pas de mentionner quelle en est la signification.

L'ambassade de 1633, dont il a été parlé ci-dessus, s'expliquait fort clairement à ce sujet : « C'est pour ne pas rencontrer le diable qui connaît le passage de la vraie porte, mais ignore le trou fait à côté ».

D'autres auteurs mentionnent expressément que l'on voulait empêcher l'âme du mort de retrouver le chemin du retour; c'est pourquoi le trou, fait pour cette occasion dans le mur ou la paroi, était refermé le plus vite possible et c'est aussi pour cette raison que la femme du Groënland dit : « Il n'y a plus rien à trouver ici. » L'usage doit donc être rangé parmi les usages répandus sur toute la terre, ayant pour but de protéger en général les survivants contre des visites indésirables des âmes de défunts.

Il s'agit en tout premier lieu des morts, que l'on craignait plus particulièrement durant leur vie, tels que des criminels (la Haye, Allemagne) ou des puissants de ce monde (Bali, Toba, Fidji) ou des personnes à qui on attribuait une âme particulièrement vindicative, comme les femmes mortes en couches (Nias). On discerne dans tous ces usages la crainte des morts et l'incer-

1. Wilken. l. c.
2. Alb. C. Kruyt. *Het animisme.* La Haye, 1906, p. 264, etc.

titude à l'égard de leurs âmes, des défunts, que l'on ne pouvait soupçonner vindicatives tant qu'il s'agissait des proches, à moins cependant — et c'est là un élément de respect dans les usages — que les survivants négligeassent le culte des morts et les offrandes s'y rattachant.

On discerne cependant un autre élément encore dans ces usages, à savoir : la croyance populaire, générale, qui veut qu'un esprit, que l'âme d'un défunt revienne à l'endroit de sa mort. De là vient qu'on détruit la maison du défunt chez un grand nombre de peuples, ou bien qu'on laisse mourir les malades hors de chez eux, ou qu'une colonie se déplace, après un cas de décès.

Ailleurs on promène le cadavre plusieurs fois autour de la maison ou du cimetière, ou on l'emporte en courant jusqu'au tombeau, que l'on referme précipitamment, ou bien encore on l'enterre nuitamment et en secret. Tous ces usages sont des ruses pour rendre difficile ou même impossible le retour de l'âme du défunt.

Wilken rappelle les paroles que Gœthe met dans la bouche de Méphistophélès :

> *'s ist ein Gesetz der Teufel und Gespenster :*
> *Wo sie hereingeschlüpft, da müssen sie hinaus.*
> *Das Erste steht uns frei, beim Zweiten sind wir Knechte.*

Il peut paraître très audacieux de vouloir attribuer à l'adoption des usages et des idées existant chez un grand nombre de peuples répartis sur la surface du globe. La solution qui s'impose dès l'abord est de supposer des réactions identiques sur la vie psychique, au fond conforme, de tous ces peuples, quelques différents que soient les milieux où ils vivent et quelques prononcées que puissent paraître les divergences héréditaires entre leurs vies intérieures.

Or, pour ce qui concerne la théorie des convergences, il va de soi que même dans un groupe d'îles comme celui de l'Archipel des Indes néerlandaises et sur les côtes des continents battus par les océans limitrophes, les communications étaient assez aisées, la mer offrant des conditions favorables. Parmi les peuples navigateurs asiatiques établis sur le littoral s'étendant de l'Arabie jusqu'au Japon, ce sont surtout les habitants de l'Insulinde et groupes d'îles, situés à l'est, qui, hardis navigateurs, ont étendu leur civilisation de Madagascar jusqu'à l'île de Pâques, sinon bien plus loin encore. Car les Malais de la Polynésie, navigateurs experts entre tous, sillonnent depuis des siècles l'océan dans leurs étroites pirogues, munies de balanciers marchant à la rame ou captant le vent dans des voiles fabriquées de nattes tressées.

Aujourd'hui encore l'audace des expéditions de ces insulaires frise l'invraisemblable. Ainsi les habitants des Carolines voguent dans leurs petites pirogues jusqu'aux Philippines, et en 1909 une de ces minuscules embarcations de l'île Oleaï (Carolines) poussa jusqu'à Shanghaï [1]. L'équipage de cinq hommes, surpris par une tempête, avait passé quatre-vingt-dix-sept jours en mer et parcouru des centaines de lieues marines, se nourrissant d'eau de pluie et de poissons, qu'ils prenaient la nuit. S'il ne pleut pas, les marins se livrent à des baignades prolongées pour que la peau conserve son humidité; ils devinent les poissons et les tortues à une grande distance par le mouvement de l'eau et attirent les dauphins en agitant l'eau avec les mains. Pendant la tempête, ils se jettent à l'eau et s'accrochent en nageant à leur pirogue, et les marins expérimentés que l'on rencontre parmi eux naviguent sans boussole, s'orientant d'après le soleil et les étoiles; ils connaissent bien les courants capricieux, les vents alizés et la

1. *Deutsches Kolonialblatt* 1910, p. 389.

position des îles, des récifs, des bas-fonds ainsi que les endroits où vit le poisson et la tortue. Il n'y a donc rien d'étonnant que de pareils navigateurs puissent entreprendre des migrations d'un groupe d'îles à l'autre.

La différence générale entre la théorie de convergence et la théorie psychologique ne concerne pas seulement ces insulaires, mais tous les peuples répandus sur la surface du globe et il n'est nullement téméraire d'affirmer, à l'égard de ce problème envisagé dans toute son étendue, que la théorie concernant le développement de manifestations spéciales de civilisation à des lieux différents par suite de la conformité psychique originelle de la nature humaine gagne de plus en plus de terrain[1]. Certains savants croient avoir trouvé une quatrième façon d'expliquer les manifestations analogues des idées de groupes ethniques, bien éloignés les uns des autres, en la conformité de leur développement social pour autant qu'il se manifeste en des idées répandues généralement. Cette explication, que l'on a parfois désignée par le terme de sociologique, a trouvé en Lévy-Brühl, dans son livre déjà nommé, un défenseur éloquent. Il prétend que, pour comprendre le mécanisme des institutions sociales, il est indispensable de se détacher de l'idée que les notions généralement existantes sont assujetties aux lois de la psychologie individuelle, point de vue qui mènerait à des conclusions erronées, surtout lorsqu'un membre d'une société civilisée est appelé à se prononcer sur des sociétés dites primitives. On ne saurait juger les manifestations de la civilisation des peuples primitifs en partant de la conviction, élevée au rang d'axiome par beaucoup d'ethnologues, de l'existence d'un « esprit humain » toujours et partout identique envisagé du point de vue logique, d'autant plus que les notions populaires générales, institutions, pratiques de religion, etc., de

1. Eisenstädter donne un bon résumé sur ce problème. *Elementargedanke und Uebertragungstheorie in der Vœlkerkunde.* Stuttgart, 1912.

par leur généralité, précisément, s'imposent à l'individu comme
un article de foi accepté, et non comme l'aboutissant de raisonnements individuels. Il s'en suit que — et cela surtout dans des
sociétés primitives, où les idées généralement reçues jouent un
rôle important, — il n'y aurait guère de place pour le « comment et pourquoi » individuel. Il serait donc extrêmement difficile de suivre et de juger le mode de penser de peuples non-civilisés d'après notre enchaînement d'idées habituel, d'après nos
méthodes intellectuelles, d'après notre logique. La recherche
des points de ressemblance entre leur manière de penser et la
nôtre reposerait dans ce cas, dès le début, sur la supposition
nullement établie *à priori*, que le même mécanisme de la pensée
est, des deux côtés, identique, supposition peu vraisemblable du
fait seul que dans les sociétés primitives, la vie spirituelle de
l'individu se trouve très fortement influencée par les notions
communes au groupe entier. La « praelogique » mise ainsi dans
le débat, aboutit à l'explication d'une religion et d'usages
analogues, par suite de notions et d'actions communes, plus puissantes que la personnalité. On ne peut dénier à cette argumentation un côté attrayant, en tant qu'elle veut faire ressortir la signification de l'homme par rapport à son entourage social, et en tant
qu'elle veut démontrer qu'il existe un lien indissoluble entre la
vie spirituelle d'une communauté et les individus qui la forment.
Mais si l'on se pose la question : « La conscience sociale », pour
l'appeler ainsi, est-elle le fond de la conscience individuelle ou
bien ne faut-il pas plutôt voir dans toutes les manifestations spirituelles attribuées à la communauté que la résultante des idées
individuelles? La réponse affirmative à cette dernière question
n'exclut nullement qu'on garde présent à l'esprit l'existence d'une
action réciproque entre la communauté et l'individu. Il est plus
facile de prétendre que de prouver que cette action réciproque a
eu pour résultat qu'il s'est dégagée de cette « praelogique » une

autre logique de nature fort différente et incapable de concevoir celle dont elle est sortie [1].

Ne serait-il pas plus exact de voir dans cette « praelogique » une différence de degré avec la nôtre, plutôt qu'une conscience humaine, de tout autre nature qu'on a voulu le faire croire? Et cette différence de degré ne trouverait-elle pas surtout une explication en deux circonstances, étroitement liées, à savoir : le grand rôle que joue le mysticisme dans la pensée de l'homme primitif et la place restreinte réservée à la connaissance exacte des faits? On peut convenir parfaitement que le non-civilisé ne demande pas le « comment et le pourquoi » de beaucoup de choses de son entourage, qui lui apparaissent journalières, toutes simples, naturelles (tels qu'un grand nombre de phénomènes naturels périodiques) sans qu'il soit besoin, pour cela, de conclure à des idées de communauté auxquelles les idées des individus seraient subordonnées à un point tel que cette « logique magique » (le mot est de Wundt) ne pourrait être estimée à sa juste valeur par l'homme civilisé. Si l'homme primitif, de par son mode mythologique de penser, ressent à un degré moindre le besoin d'une explication de cause et effets que celui qui ne juge que d'après des raisons empiriques, il n'est nullement pour cela besoin de conclure à une manière de penser séparée de la nôtre par un précipice infranchissable.

Aussi la différence dans la manière de penser que l'on constate entre les peuples dits non-civilisés et les sociétés scientifiquement développées paraît-elle devoir être recherchée bien plus dans l'inexactitude des prémisses de l'argumentation, que dans cette argumentation même, car le besoin de conclusions finales existe chez le primitif aussi bien que chez le savant; seulement le premier a pris comme point de départ l'existence

1. Goblet d'Alviella, *Histoire de la Science des Religions*, 1911, p. 37.

d'êtres plus capricieux encore que l'homme le plus capricieux de son entourage. Chez nous on constate souvent aussi que la vérité d'aujourd'hui se trouve être l'erreur de demain, non parce que cette vérité fut l'aboutissant d'un raisonnement moins logique, mais parce que des données plus nombreuses et plus exactes conduisirent le même processus de raisonnement à des résultats différents; l'erreur n'en est que relative, parce que la faute n'est pas dans le raisonnement, mais dans les notions empiriques [1]. C'est pourquoi nous ne pouvons suivre complètement le raisonnement des Indigènes qu'à condition de partir des données dont ils disposent. C'est aussi pourquoi d'une part leur développement intellectuel et moral fait espérer une meilleure compréhension réciproque, et que d'autre part l'ethnologie mène à apprécier le point de vue indigène. Le problème : qu'est-ce que la vie, la maladie? se résume toujours à celui-ci : quel rapport faut-il voir entre les phénomènes de la vie, de la maladie et les organes et forces connus de nous? Puisque l'Indigène possède aussi peu de connaissance à l'égard de ces organes qu'à l'égard de ces forces, il subsistera nécessairement entre la cause et l'effet un abîme qu'il comblera en s'imaginant l'influence de puissances surhumaines. Du moment qu'il s'agit de discerner les causes, la soif de savoir est vite apaisée chez l'homme primitif; c'est que la réponse se trouve chez lui dans un cercle très restreint, c'est-à-dire chez les puissances et forces supranaturelles agissant dans le domaine du surnaturel. Il cherche la réponse dans le monde invisible des esprits, qui assouvit toute soif de savoir, et que tout individu peut développer d'après ses propres dispositions pratiques, par des palais au delà du firmament, des feux dans le sein de la terre, ou encore par le séjour des dieux sur les montagnes et le monde invisible des démons. Il va de soi que ce monde des

1. Dr. R.-P. Mees. *Opmerkingen over de vorming en den aard onzer kennis*, 's Gravenhage, 1897 ; 2e éd., p. 54.

esprits, donnant réponse à tout, ne stimule pas le désir de chercher et de réfléchir, vu surtout le petit nombre de phénomènes que l'homme primitif observe. Il n'y a donc pas lieu de s'étonner si — et cela non seulement chez des hommes primitifs — l'on relève des fautes dans l'indication de la cause, même si le sujet pense logiquement. Bastian [1] cite un exemple : un promeneur rencontre une femme attirant l'attention; quelques pas plus loin il butte contre un arbre et se casse une jambe. Sur son lit de maladie il combine l'impression de la vieille « sorcière » (ou spécialement son regard courroucé) avec l'événement survenu et aboutit au *post hoc, ergo propter hoc,* tandis qu'un esprit d'analyse plus développé discerne la cause de la fracture de la substance osseuse dans la chute sur le morceau de bois; un penseur de cette trempe, exercé en « calcul des probabilités », déplacera ainsi plutôt la causalité vers ce point, aussi bien au profit de la vie sociale que dans son intérêt personnel, afin d'être dorénavant plus prudent. Les exemples de ce genre se présentent à profusion.

En général les natifs croient par exemple que chaque fois qu'une personne, souffrant d'une maladie contagieuse, en a infecté une autre, cela lui procurera une guérison totale ou partielle. De là le moyen, estimé souvent excellent par des Indigènes contre des maladies vénériennes : les rapports intimes avec une femme saine [2]. Même pour les maladies constatées chaque jour et dont la cause naturelle saute aux yeux, l'Atchinois préfère penser à des puissances invisibles qui ont causé la maladie, et ceci d'autant plus volontiers qu'il fait intervenir lui-même de pareilles puissances pour causer, par des moyens magiques, la maladie et le désastre. Un tuyau de bambou, rempli de cheveux, d'ongles et

---

1. *Zur Verständigung über Zeit-und Streitfragen in der Lehre vom Menschen.* Berlin, 1898, p. 19.

2. Snouck Hurgronje, *De Atjèhers,* Batavia, 1893 I, p. 139. Pour ce qui concerne les maladies de peau il existe une foi analogue; voir Kruyt. *Het animisme* La Haye, 1906, p. 65.

toutes sortes d'autres objets, enfoui sous la route à suivre par la victime ou sous l'escalier de sa demeure, apportera la ruine, etc [1]. Dans tout l'Archipel indien la thérapeutique indigène repose encore en grande partie sur la superstition, et la simple application d'une médecine naturelle sans sorcellerie, est une rare exception, même dans les indispositions les plus simples et les plus communes; nombre de maladies sont combattues par la sorcellerie [2].

Ainsi l'indigène considère la mort aussi comme une chose contre nature. Au centre de Sumatra les taches de décomposition sont attribuées au pinçon des mauvais esprits (Kleiweg de Zwaan). Chez les Toradja's il court différents récits et légendes qui doivent servir à expliquer l'origine de la mort : par un hasard les premiers hommes ne reçurent pas de souffle éternel : ils mangèrent le fruit d'une plante très éphémère au lieu d'une pierre de durée éternelle, etc. [3]. Comme moyens de prolonger la vie on rencontre les plus bizarres, à notre avis. Une tribu de Dajaks au Kapouas en Bornéo aurait tué anciennement la sœur cadette à l'approche de la mort d'un garçon (les filles sont un bien moins apprécié que les garçons), afin de faire revivre le mourant en lui faisant manger un morceau de sa chair [4].

Dans ce même but, c'est-à-dire pour fortifier leur force vitale, des vieillards ont parfois comme société des jeunes femmes ou jeunes filles. Ainsi on nous communique par exemple, que Olivier van Noort, dans son premier voyage des Hollandais autour du monde (1598-1600) apprit à l'est de Java sur « l'archiprêtre

1. Snouck Hurgronje, l. c., p. 458 et 459.

2. Snouck Hurgronje, l. c., p. 49. Dr. J. J. van Loghem (*Geneeskundig Tijdschrift voor N. I. dl.* 52 afl. 2, p. 176) est aussi de l'opinion que l'historien indigène rapportant sur l'épidémie de la peste qui sévit à Java au commencement du XX° siècle n'aurait pas pensé à établir un rapport entre la maladie de l'homme et celle du rat sans l'initiative de la thérapeutique européenne.

3. Kruyt, *de Barée sprekende Toradja's van Midden Celebes*, Batavia 1912, II, p. 82.

4. Hose et Mc. Dougall, *The Pagan Tribes of Borneo*, Londres, 1912, II. p. 9. note.

des Indiens à Java qui avait bien 120 ans », qu'il avait cependant beaucoup de femmes, qui devaient le réchauffer et le nourrir de leur lait, seule nourriture que son grand âge lui permît d'absorber [1].

Sans tenir compte de ce fait, on retrouve un usage, qui existe ailleurs aussi dans l'Archipel; on raconte du dernier vieux roi de Lombok qu'il partageait sa couche avec de jeunes concubines pour prolonger ainsi sa vie (cf. Bois I. l. s.).

Des fautes de raisonnement de cette nature devront donc souvent être expliquées par l'état de civilisation de l'homme primitif lui-même, qui comporte une observation moins juste, un horizon borné et moins d'esprit d'analyse. Plus il y a de progrès dans la connaissance de la nature et de l'humanité, plus il y a aussi de progrès dans le discernement plus juste des causes.

Muni de ces armes, l'homme se sentira de plus en plus indépendant du monde des esprits, menaçant désastre; il occupera un point de vue supérieur aux dogmes, lié seulement par la religion du cœur. La philosophie enfantine, qui croyait pouvoir expliquer tous les phénomènes autour de l'homme ou en lui, en admettant que tout ce qui vit et tout ce qui se présente comme vivant soit par le mouvement, soit par la prétendue émanation d'une force, est animé par un esprit doué de pensée, de sentiment et de volonté, différent seulement de l'esprit humain par le degré de puissance, cette philosophie ne peut être appelée à vrai dire une confusion qu'en tant que la compréhension défectueuse est une source de confusion. Car l'homme primitif cherche, lui aussi, le repos dans la réflexion sur les rapports entre ce qui lui est connu (aussi défectueux que cela puisse paraître à nos yeux) et l'inconnu, qui demande souvent une solution. Il n'est pas

1. Voyage merveilleux des Hollandais fait par le détroit de Magellan et ensuite autour de la terre avec quatre vaisseaux : sous l'amiral Olivier van Noort d'Utrecht, appareillé en 1598, à Utrecht. Chez Lucas de Vries, libraire à la Snippevlucht 1652, p. 63.

question chez la masse des Javanais d'une compréhension du rapport causal des choses telles que les procurent des observations rigoureuses et la réflexion [1].

« Ils voient dans le monde qui les entoure une quantité variée de puissances opérant d'une façon incompréhensible et chacun d'entre eux tâche de les faire agir en sa faveur, ou tout au moins pas à l'encontre de ses intérêts...

Chez ces petites gens, dont les conditions de vie matérielles sont restées presqu'entièrement les mêmes pendant des siècles, les formes supérieures de civilisation, que les Hindous et Mahométans importèrent successivement dans leur pays, ont apporté peu de modification dans la façon de considérer la vie et l'univers. Bien des notions anciennes se perpétuèrent sous des noms nouveaux » [1].

Il en est à peu près ainsi de la grande masse du peuple dans tout l'Archipel indien. En tant que le degré de civilisation se manifeste dans la formation de conclusions logiques, la masse des Indigènes offre généralement encore l'image de l'homme primitif, comme celui-ci se rencontre d'ailleurs aussi, on pourrait dire, sur toute la terre. La ressemblance, à ce point de vue, avec des gens dispersés dans le monde entier, démontre bien que nous ne devons pas voir les peuples indigènes comme vivant sur des îles inabordables de vie spirituelle, dont il ne serait plus possible de s'échapper, mais que nous devons les considérer comme des habitants de la même maison, avec lesquels nous arriverons facilement sur un bon pied d'entente, si nous voulons seulement nous donner la peine de comprendre leurs idées et leurs aspirations.

Nous autres Hollandais nous *devons* vouloir cela, parce que la tâche grandiose nous est réservée de collaborer avec quarante

1. Snouck Hurgronje dans *De Gids*, septembre, 1908, p. 430.

millions d'Indigènes à leur éducation sociale, spirituelle et morale.

Au début nous avons parlé de la nécessité qu'il y a de cultiver la notion de solidarité, de tolérance et d'appréciation mutuelle des races vivant dans nos colonies.

Dans ce qui précède nous avons exposé comment cette solidarité, cette tolérance, cette appréciation mutuelle peuvent être facilitées.

Quelle réponse avons-nous trouvé à cette question?

Elle est bien simple : une chose seulement est nécessaire : un jugement exact sur ceux avec qui nous collaborons.

A la question : Qu'ai-je affaire de juger ceux qui sont de dehors (1. Cor. V : 12) le poète indien Rabindranath Tagore répondra dans un de ses Cantiques sacrés (12) : Le voyageur doit frapper à chaque porte étrangère pour trouver la sienne, et on doit avoir parcouru les mondes extrêmes pour atteindre au sanctuaire intérieur.

De même chaque sujet d'une nation colonisatrice doit frapper à la porte de la science des hommes et des sociétés, non seulement pour découvrir où est sa propre place dans l'humanité, mais aussi pour éprouver et ressentir combien il est difficile de juger ceux qui se trouvent « dehors » et avec lesquels, pour atteindre le même but, nous voulons nous sentir UNIS autant que possible en pensées et en actions.

TABLE DES MATIÈRES

TABLE DES PLANCHES

ACHEVÉ D'IMPRIMER LE 12 AOUT
MIL NEUF CENT VINGT-SEPT, PAR
L'IMPRIMERIE FLOCH A MAYENNE POUR
LES ÉDITIONS DU MONDE NOUVEAU